LA CONSTITUTION POUR L'EUROPE

Valéry Giscard d'Estaing
présente

LA CONSTITUTION POUR L'EUROPE

FONDATION ROBERT
SCHUMAN

Albin Michel

Les opinions exprimées dans ce livre sont celles de l'auteur et ne reflètent pas l'opinion officielle des Communautés européennes. La responsabilité pour l'élaboration du *Projet de traité établissant une Constitution pour l'Europe* appartient exclusivement à la Convention européenne, instance *sui generis* créée pour mener une réflexion sur l'avenir de l'Europe.

22, rue Huyghens, 75014 Paris
www.albin-michel.fr
ISBN 2-226-14201-0

INTRODUCTION À LA LECTURE DU PROJET DE CONSTITUTION POUR L'EUROPE

par Valéry Giscard d'Estaing

Je ne crois pas qu'il existe beaucoup de personnes, à l'exception des étudiants en droit public, qui fassent de la lecture des Constitutions leur distraction favorite !

Or la publication récente de deux chiffres m'a frappé. Alors qu'à l'automne 2002, selon l'Institut Gallup, 28 % seulement des Européens connaissaient l'existence de la Convention européenne, cette proportion est passée à 45 % au printemps 2003. Plus surprenant encore, à la question : « Avez-vous l'intention de lire le texte du Traité constitutionnel, soit en résumé, soit en détail ? », 51 % des personnes interrogées répondaient par l'affirmative. Ce chiffre atteignait 64 % en France.

C'est à ces lecteurs potentiels, animés par la curiosité de savoir ce que l'on propose pour organiser l'Europe, que s'adresse cette introduction. Son ambition, modeste est celle de faciliter la lecture du texte. Il ne s'agit pas de faire le récit complet des travaux de la Convention, ce qui exigerait plusieurs volumes et des développements techniques, mais d'accompagner le lecteur dans sa démarche, pour la rendre plus aisée en répondant à trois questions qu'il se posera inévitablement :

Pourquoi cette Constitution, à quelle nécessité répond ce projet constitutionnel ? Qu'est-ce que la Convention a apporté, qu'on n'aurait pas réussi à faire sans elle ? Et, en dernier lieu, quels sont les principes qui ont guidé l'élaboration du projet, et qui ont permis un ralliement quasi unanime des conventionnelles et des conventionnels autour du texte final ?

I.

La naissance du projet constitutionnel

L'idée de réunir une Convention est venue, on le sait, de l'échec répété de réformer les institutions européennes par la technique des conférences intergouvernementales, où les États négocient selon la méthode diplomatique habituelle, en vue d'aboutir à une solution qui respecte les intérêts de chacun. Après la conclusion de l'accord, chacun rentre chez soi et expose à son opinion publique les succès qu'il a remportés, c'est-à-dire les avantages qu'il a réussi à obtenir, ou à protéger, évidemment au détriment des autres. On ne peut guère en attendre un bond en avant de la construction européenne, les élargissements successifs, en accroissant le nombre des États participants, ayant augmenté à proportion la diversité des intérêts nationaux à défendre.

Or, depuis les années 1990, deux impératifs rendaient indispensable la réforme des institutions européennes : d'abord la volonté, exprimée dans le traité de Maastricht, de mettre en place une véritable Union politique européenne, s'étendant progressivement à la politique extérieure, à la défense commune, à la justice et à la sécurité transfrontalière ; ensuite le grand élargissement qui faisait passer l'Europe fondatrice des Six, devenue aujourd'hui l'Europe des Quinze, à une Europe composée de vingt-cinq ou vingt-sept États membres. Il n'est pas besoin d'être expert pour réaliser que des institutions conçues pour délibérer et décider à six sont hors d'état de le faire de manière efficace dans une communauté de vingt-sept membres !

Devant cette double nécessité de réforme, deux tentatives

ont été entreprises. Elles ont abouti aux traités d'Amsterdam et de Nice, dont les résultats ont été jugés insatisfaisants par leurs auteurs eux-mêmes. Aussi ont-ils décidé de reprendre l'exercice sur une base différente.

À l'automne 2001, pendant que la Belgique exerçait la présidence semestrielle de l'Union européenne, son Premier ministre, Guy Verhofstadt, a cherché le moyen d'engager une nouvelle démarche. Il a réuni un groupe de personnalités de haut niveau, dont les deux futurs vice-présidents de la Convention européenne, l'ancien président du Conseil italien, Giuliano Amato, et l'ancien Premier ministre de la Belgique, Jean-Luc Dehaene, qu'il a chargés d'identifier les domaines dans lesquels l'Union européenne avait besoin d'être réformée. Ce travail a abouti à un document d'une qualité remarquable, que le Premier ministre belge a eu l'habileté de faire endosser par le Conseil européen réuni à Laeken, près de Bruxelles, le 15 décembre 2001. Cette « déclaration de Laeken » décidait la mise en place d'une « Convention sur l'avenir de l'Europe » chargée de proposer des réponses aux nombreux points d'interrogation qu'avaient relevés les experts. Un membre de phrase, glissé à la fin du texte, et dont je me suis toujours demandé comment il avait pu être accepté par les participants, entrebâillait une porte en posant la question de « savoir si cette simplification et ce réaménagement des traités ne devraient pas conduire à terme à l'adoption d'un texte constitutionnel. Quels devraient être les éléments essentiels d'une telle Constitution ? » C'est par cette mince ouverture que la Constitution a réussi à se faufiler et à devenir le projet décrit dans ce livre.

Au cours des premières sessions de la Convention, la référence à une Constitution faisait l'objet d'un rejet catégorique de la plupart des conventionnels britanniques et d'un grand nombre de conventionnels de l'Europe du Nord. Le sujet constituait un tabou, et le simple emploi du terme était ressenti comme une provocation.

Certains signes laissaient présager, cependant, qu'une évolution pourrait se produire : dans mon discours d'ouverture de la Convention, le 27 février 2002, la seule phrase qui ait été interrompue par des applaudissements affirmait « que notre recommandation aurait un poids et une autorité déterminante *si nous parvenions à réaliser un large consensus sur un projet que nous présenterions en commun* ». J'ajoutais que « nous ouvririons alors la voie vers une Constitution pour l'Europe ».

La démarche vers un texte constitutionnel a été facilitée par deux éléments. L'un était technique, l'autre politique.

L'Union européenne fonctionnait jusqu'ici avec plusieurs traités (Rome, Maastricht, eux-mêmes modifiés par les traités d'Amsterdam et de Nice), et de nombreux protocoles. Les objectifs, les compétences et les instruments d'action étaient dispersés entre ces quatre textes. Le système était organisé autour de trois piliers : le pilier communautaire essentiellement pour le marché unique, le deuxième pilier pour la politique étrangère et de sécurité commune, et le troisième pilier pour les problèmes de sécurité et de justice pénale transfrontalière. Bref, une organisation confuse, multipliant les systèmes de gestion, et totalement opaque aux yeux des malheureux citoyens. D'où la désaffection de ceux-ci, reflétée par la baisse constante des taux de participation aux élections européennes.

Pour compliquer encore les choses, l'Union européenne n'avait pas de personnalité juridique unique, à la différence des États-Unis d'Amérique et de la Fédération de Russie. Elle disposait de personnalités différentes, celles des Communautés européennes et celle de l'Union, qui n'était pas encore clairement établie. Selon les circonstances, elle faisait appel aux unes ou à l'autre, en dansant d'un pied sur l'autre.

La Convention pouvait-elle espérer mettre de la clarté dans

cette confusion, en aboutissant à un texte unique, dotant l'Union européenne d'une personnalité juridique unique ?

Cette tâche paraissait surhumaine. Des tentatives avaient été engagées, notamment sur le plan universitaire, en vue de la codification ou de la fusion des traités. Elles avaient trouvé rapidement leurs limites, car elles étaient contraintes de mener leurs travaux « à droit constant ».

La Convention s'est attaquée hardiment à cette tâche. Son secrétariat (excellent, je le souligne) a commencé par établir un impressionnant état des lieux, décrivant la situation existante des compétences, des procédures et des instruments d'action de l'Union. Les résultats de ce travail étaient immédiatement transcrits sur le réseau Internet, avant d'être soumis à l'appréciation critique des conventionnels.

À partir de cette masse considérable de documents, recueillie au cours du printemps 2002 et complétée par les rapports fort bien structurés que le Parlement européen avait consacrés à ces sujets, deux groupes de travail ont été constitués en vue d'étudier, l'un la question de la personnalité juridique de l'Union, et l'autre la simplification des procédures et des instruments de l'Union. Tous deux ont été présidés avec une autorité et une rigueur d'esprit exceptionnelles par le vice-président italien Giuliano Amato. Lorsque ces groupes de travail ont commencé à présenter leurs conclusions à partir de septembre 2002, il devenait visible que nous avancions en direction d'une personnalité juridique unique de l'Union et de la reconnaissance d'une seule structure institutionnelle pour l'ensemble des activités de l'Union. Ainsi commençaient d'apparaître les traits caractéristiques d'une future Constitution de l'Europe.

Dans le même temps, certains conventionnels nous pressaient d'avancer plus vite. Ils nous mettaient en demeure de déposer, avant la fin du mois d'octobre 2002, un avant-projet de Constitution, qu'ils pourraient ensuite discuter en détail. Cette proposition, lorsqu'elle était exprimée en séance publique, soulevait l'enthousiasme. Elle me paraissait cependant doublement irréaliste.

Nous n'étions pas en état de rédiger un texte satisfaisant, car la plupart de nos groupes de travail étaient encore au milieu de leur parcours, qui ne s'achèverait qu'à la fin de l'année 2002 voire au début de 2003.

Mais surtout, cette demande ignorait un facteur clé de la réussite du projet : le rôle du temps. L'action du temps était indispensable pour permettre aux conventionnels de dégager peu à peu un esprit commun, et aussi pour développer un itinéraire de pensée qui puisse, en dix-huit mois, s'éloigner d'une approche initiale simplificatrice et superficielle, pour avancer en direction de concepts plus vigoureux et plus créatifs, comme j'aurai l'occasion de le dire plus loin.

Il fallait bien, cependant, répondre à cette forte demande, car je tenais à ce que la Convention conserve une culture démocratique. Si des désaccords, voire des affrontements, étaient inévitables, il me semblait que nous devions éviter à tout prix une déchirure qui opposerait les conventionnels entre eux, ou les conventionnels au Praesidium de la Convention, ou encore les conventionnels au Président. Même si on m'a reproché d'exercer la présidence de manière trop directive – ce qui me semblait difficile à éviter si on voulait conduire l'embarcation jusqu'au port – j'ai veillé à ce que les pratiques démocratiques fussent scrupuleusement respectées.

Chacun a pu disposer librement de son temps de parole ; les euro-sceptiques se sont exprimés comme ils l'entendaient, et lorsqu'une de mes propositions ne rencontrait pas de consensus, comme celle, par exemple, de réunir un « Congrès des peuples d'Europe », permettant la rencontre périodique des parlementaires nationaux et des parlementaires européens, je n'insistais pas pour forcer son adoption.

Que proposer alors pour répondre à la demande massive des conventionnels ? Avec John Kerr, l'habile, spirituel et fin manœuvrier secrétaire général de la Convention, nous avons imaginé de présenter aux conventionnels une sorte de table des matières constituant un avant-projet du futur Traité constitutionnel.

Il restait à le rédiger. J'ai mis en forme un premier brouillon, avec l'assistance de John Kerr, venu travailler avec moi à Paris. Nous avons établi un schéma, partant du préambule, puis définissant les valeurs et les objectifs de l'Union ; la citoyenneté et les droits fondamentaux ; les compétences et les actions de l'Union ; ses institutions ; la mise en œuvre de ses compétences ; sa vie démocratique ; son action dans le monde, etc. Soit, en tout, 46 articles.

J'ai discuté de ce schéma avec Giuliano Amato. Il a souhaité le regarder de plus près. Sur la nappe d'un restaurant bruxellois, je lui ai présenté le projet. Il a proposé un certain nombre d'améliorations. Pendant le va-et-vient des serveurs, surpris de notre concentration, je rectifiais au fur et à mesure les formules employées. Le dernier client parti, nous nous sommes retirés à notre tour avec notre avant-projet en poche.

Celui-ci a été approuvé par le Praesidium de la Convention, c'est-à-dire le groupe, institué par la déclaration de Laeken, composé de treize membres, qui avait « la responsabilité de fournir une première base de travail à la Convention ». Cette approbation a été obtenue sans grande difficulté, car chacun préférait conserver et affûter ses armes pour le moment où il faudrait passer de la table des matières à la rédaction des articles !

Le 28 octobre, je présentais à la Convention l'« avant-projet du Traité constitutionnel ». Ce n'était encore que l'architecture du futur traité, certains ont même dit son « squelette ». La Convention, d'abord surprise, l'a accueilli favorablement. Quelques critiques se sont exprimées, mais le sentiment général était qu'un pas important venait d'être franchi : cette « architecture » était novatrice en ce sens qu'elle ne se coulait pas dans le moule des traités antérieurs, mais qu'elle s'inscrivait dans une logique néoconstitutionnelle.

Comme dans les chantiers navals, le navire était lancé, mais il n'était encore pourvu ni de ses moteurs, ni de sa superstructure, ni de ses instruments de navigation.

L'avant-projet du 28 octobre 2002 comprenait 46 articles. Le projet soumis à Thessalonique est composé de 59 articles, présentés dans le même ordre, qui résultent des additions introduites par les travaux ultérieurs de la Convention.

II.

L'apport spécifique de la Convention

La Convention européenne a été une aventure, en ce sens que son point d'arrivée est très éloigné de son point de départ. Il est certain que le consensus finalement réuni sur le texte qui vous est présenté n'aurait pas pu être obtenu dans les premiers mois de la Convention.

Que s'est-il donc passé ? Quel a été le parcours de la Convention ?

Au départ, sa composition la rendait quelque peu disparate : seize parlementaires européens, quinze représentants des gouvernements de l'Union, deux commissaires européens et trente parlementaires nationaux, auxquels venaient s'ajouter treize représentants des gouvernements des pays candidats et vingt-six membres de leurs parlements nationaux. Dans cet ensemble bigarré, les expériences européennes étaient totalement différentes : dix-huit conventionnels siégeaient dans des institutions européennes, et la plupart des représentants des gouvernements avaient participé à des négociations antérieures. Les parlementaires nationaux avaient acquis leur connaissance de l'Europe à travers le prisme des débats politiques internes. Enfin et surtout, les trente-neuf conventionnels venus des pays alors candidats n'avaient jamais participé à la vie d'aucune des institutions européennes qu'il s'agissait de réformer : Parlement, Conseil ou Commission.

Cette hétérogénéité présentait des inconvénients : les conventionnels ne se connaissaient pas entre eux, ce qui interdisait au départ tout esprit commun de la Convention. Ils étaient placés dans des situations d'inégalité matérielle : les membres des institutions de Bruxelles s'appuyaient sur leur logistique personnelle ; leurs assistants qui garnissaient les derniers rangs de la salle et qui ne s'interdisaient pas d'applaudir leurs interventions, leur secrétariat, leurs facilités de communication, et leurs relations familières avec les journalistes. Les autres débarquaient dans les gares ou à l'aéroport de Bruxelles à la veille de chaque session, recherchaient leur chambre d'hôtel et transportaient dans leur serviette les dossiers dont le secrétariat les inondait.

Il s'y ajoutait le fait que les conventionnels venus des pays candidats – la Convention était alors la seule institution européenne à les accueillir – craignaient d'être traités comme des intrus. Ils butaient sur la difficulté de faire reconnaître l'usage de leur langue, qui était exclu par la déclaration de Laeken. Ils redoutaient d'être confinés dans un rôle de représentation, siégeant sur des strapontins, sans participation véritable aux délibérations.

Cette fragilité humaine initiale de la Convention la rendait vulnérable à une attitude d'autoprotection, consistant à se réfugier dans l'espace clos de la pensée unique bruxelloise. Car il existe bien une pensée unique des institutions européennes siégeant à Bruxelles, pensée souvent conflictuelle, mais qui comporte un vocabulaire codé, des sujets tabous (l'acquis communautaire ou le monopole d'initiative de la Commission, par exemple), et une méthode de discussion qui écarte certains sujets et en privilégie d'autres.

Au cours des premières sessions de la Convention, la référence aux thèmes habituels de la pensée unique était saluée par des ovations passionnées. Puis, avec le temps, les conventionnels en sont venus à une appréciation plus sobre et plus ouverte des enjeux. Et les applaudissements se sont clairsemés.

La singularité de la composition de la Convention a comporté, en contrepartie, un avantage, et même un immense avantage. Comme elle ne représentait de manière précise ni les institutions, ni les gouvernements, ni même les partis politiques, elle constituait une sorte d'image de l'Europe tirée au sort. Ceux qui ont écouté et observé attentivement ses travaux ont pu voir surgir une forme d'expression de l'Europe réelle, comme ne peuvent les fournir ni les représentations institutionnelles, inévitablement repliées sur elles-mêmes, ni les rencontres des dirigeants, toujours fugitives et limitées aux sujets portés à l'ordre du jour.

Ces seize mois d'expression libre sur l'Europe ont beaucoup fait progresser la conscience qu'on peut avoir de l'Europe réelle d'aujourd'hui, telle qu'elle est vécue, souhaitée, rejetée ou ignorée par les Européens eux-mêmes.

Chaque fois d'ailleurs que ce genre de rencontre a été organisé, au gré de l'histoire (on peut penser à la Grande Commission législative russe de 1767 et aux États généraux français de 1789), selon une formule où se rejoignent le besoin comprimé d'expression, l'aspiration à des structures représentatives nouvelles et le désir de prendre en charge des responsabilités collectives, son résultat a été d'aboutir à une perception différente de la réalité. La Convention a contribué à faire surgir l'Europe réelle des années 2000, bien différente des préjugés, des schémas et des redites. Cette identification progressive a entraîné les conventionnels en direction d'un consensus final, impossible à imaginer à l'origine.

Quels sont donc les signes distinctifs de cette Europe réelle ?

D'abord sa diversité.

La culture dominante au sein des institutions bruxelloises sous-estime systématiquement cette diversité, parce qu'elle constitue un obstacle sur la voie de l'homogénéisation de l'Europe, qui est un des objectifs qu'elles poursuivent. Elles imaginent pouvoir réduire cette diversité par le haut, en imposant des normes et en exerçant des pressions sur les mécanismes identitaires.

Seize mois de vie quotidienne au milieu des représentants de l'Europe m'ont convaincu que cette démarche avait peu de chances d'aboutir. Elle explosera d'abord sur des obstacles politiques, non seulement le refus de la Grande-Bretagne et de certains pays du Nord, mais aussi sur le désir des nouveaux États membres, à peine sortis d'une période d'oppression assimilatrice, de conserver un espace identitaire dont ils resteraient maîtres.

Mais allons plus loin : cette diversité fait partie de l'Europe. Elle figure dans le patrimoine génétique de notre continent, et l'absence des puissants facteurs unificateurs que sont la langue unique, la religion commune et l'exercice autoritaire du pouvoir centralisateur – inévitablement tyrannique – ne permet d'imposer un modèle uniforme européen.

D'ailleurs, l'observation conduit à constater que cette diversité des modes de vie ne s'est guère atténuée au cours des cinquante années de mise en place de l'Union européenne. Pour moi, qui ai parcouru notre continent pendant dix-huit mois, le bâton de pèlerin conventionnel à la main, je n'ai pas vu de signes que le mode de vie des Suédois se soit rapproché de celui des Portugais, ni celui des Néerlandais de celui des Grecs. Ou, s'ils l'ont fait, c'est davantage sous l'effet de la mondialisation que sous la pression de l'européanisation. En revanche, les écarts de niveau de vie ont été sensiblement réduits grâce à la solidarité européenne.

L'Europe doit s'organiser à partir de sa diversité et non contre sa diversité. Elle ne peut s'inspirer directement ni de l'exemple américain (assimilation par l'unité linguistique) ni de l'analogie avec la Chine (plus de 80 % de la population chinoise provient de la seule ethnie Han). Elle doit définir elle-même sa forme d'équilibre entre les exigences de sa diversité et la nécessité de constituer un ensemble cohérent. C'est la raison qui nous a conduits à proposer dans le préambule, comme devise pour l'Europe : « Unie dans la diversité ».

Répartition de la population (en millions d'habitants)
et du PIB (en milliards d'euros) dans les États membres

	PAYS	**POPULATION**			**PIB**		
6 pays > 40 millions d'habitants	Allemagne	82,44	336,06	74 %	1 545,93	20,93 %	77 %
	France	59,34			1 157,89	15,67 %	
	Royaume-Uni	58,92			1 087,58	14,72 %	
	Italie	56,33			1 028,84	13,93 %	
	Espagne	40,40			549,13	7,43 %	
	Pologne	38,63			304,38	4,12 %	
8 pays entre 8 et 16 millions d'habitants	Pays-Bas	16,10	85,13	19 %	295,48	4,00 %	17 %
	Grèce	10,98			117,48	1,59 %	
	Portugal	10,33			125,49	1,70 %	
	Belgique	10,31			209,15	2,83 %	
	République Tchèque	10,21			122,82	1,66 %	
	Hongrie	10,17			101,46	1,37 %	
	Suède	8,90			149,52	2,02 %	
	Autriche	8,13			158,42	2,14 %	
11 pays de moins de 6 millions d'habitants	Slovaquie	5,37	30,49	7 %	48,95	0,66 %	6 %
	Danemark	5,36			108,58	1,47 %	
	Finlande	5,19			103,24	1,40 %	
	Irlande	3,88			72,09	0,98 %	
	Lituanie	3,47			22,25	0,30 %	
	Lettonie	2,34			13,35	0,18 %	
	Slovénie	1,99			27,59	0,37 %	
	Estonie	1,36			10,68	0,14 %	
	Chypre	0,70			9,79	0,13 %	
	Luxembourg	0,44			12,46	0,17 %	
	Malte	0,39			5,34	0,07 %	
	TOTAL	451,68		100 %	7 387,89	100 %	

Le second signe distinctif de l'Europe réelle est celui des disparités considérables de population et de ressource existant entre les États membres.

Le tableau ci-contre, établi par le secrétariat de la Convention, indique la répartition de la population et du produit intérieur brut entre les vingt-cinq États membres de l'Union, anciens et nouveaux. J'ai gardé constamment ce tableau dans mon dossier durant les débats de la Convention.

Il met en évidence trois groupes :

Celui des pays, au nombre de six, dont la population avoisine ou dépasse quarante millions d'habitants ; ils représentent 74 % de la population de l'Union et 77 % de son PIB.

Le groupe des pays moyens, dont la population est comprise entre huit et seize millions d'habitants. Ils sont huit et représentent 19 % de la population totale et 17 % du PIB. L'existence de ce groupe est insuffisamment prise en compte dans les réflexions européennes.

Enfin, le groupe des pays les moins peuplés, dont la population est inférieure à six millions d'habitants. On en compte 11, qui constituent 7 % de la population et 6 % du PIB de l'Union.

Ces données ne doivent pas être utilisées de manière démagogique, en cherchant à développer un antagonisme entre les trois catégories, comme certaines manœuvres ont tenté de le faire aux lisières de la Convention. Il s'agit d'éléments factuels, qu'il faut avoir présents à l'esprit quand on avance certaines propositions. Prenons un exemple : nombreux sont ceux qui ont imaginé que, dans un état futur de l'Union, on puisse élire au suffrage universel le président du Conseil européen, ou que l'on puisse faire ratifier certaines propositions par un référendum organisé dans l'ensemble de l'Union. Il faut être conscient que les électeurs des quatre pays les plus peuplés représenteront 57 % du nombre des électeurs, ce qui leur donnerait, par application de la règle démocratique « un être, une voix », une influence déterminante dans la prise de ces décisions.

En sens inverse, la majorité du nombre des États, si l'on s'en tient aux treize pays les moins peuplés, serait représentative de 10,5 % de la population de l'Union et de 10 % de son PIB. On imagine combien il serait difficile à une Commission européenne composée, comme le proposaient les amendements déposés par les représentants de la Commission jusqu'à la fin de nos travaux, d'un commissaire par État membre, sans limitation de nombre, et votant à la majorité simple de ses membres, de se voir attribuer des compétences plus étendues – par exemple en matière de coordination économique ou sociale –, alors que la légitimité de ses décisions pourrait être contestée par plus des quatre cinquièmes de la population ou des forces économiques et sociales de l'Union !

Notons cependant que la portée de ces observations doit être tempérée par le fait que, dans la vie future de l'Union, il est peu probable qu'on voie apparaître souvent une coalition des pays peuplés, ou une ligue des pays les moins peuplés. Il est vraisemblable que des alliances plus variées se formeront en fonction des sujets traités : États de l'Europe du Nord ou pays méditerranéens ; pays contributeurs nets et pays débiteurs ; États à culture fédérale ou États à dominante centralisatrice. Mais, de toutes manières, le problème de la légitimité, aux yeux de l'opinion, des décisions prises ne peut être ignoré.

Ces données objectives ne constituent pas des obstacles insurmontables sur la voie de l'intégration, mais elles jalonnent le parcours à suivre. S'il est inévitable, et d'ailleurs souhaitable, que l'évolution se fasse en direction de la démocratie, c'est-à-dire du choix exprimé par le plus grand nombre, la nature duale de l'Union européenne – Union des citoyens et Union des États – impose que l'on se préoccupe de garantir les droits des États, tels qu'ils sont ressentis par ceux-ci. Ils expriment notamment la demande d'être tenus informés des projets de la Commission. C'est pour prendre en compte cette préoccupation que la Constitution prévoit que le collège restreint des commissaires européens – restreint pour s'ajuster au nombre des fonctions à exercer – sera complété par la désignation de commissaires sans droit de vote, assurant ainsi l'information des États membres et leur souhait de disposer d'un relais au sein de la Commission européenne.

Le dernier trait que je voudrais mentionner concernant cet état de « l'Europe réelle » est la détérioration de son système institutionnel.

Je n'entreprendrai pas la description de cette détérioration, pour ne pas être accusé de marquer ma préférence pour une institution ou pour une autre. D'autant que cette détérioration était inévitable dans un système qui n'a connu aucune modification depuis la création du Conseil européen en 1974, et la première élection au suffrage universel du Parlement européen en 1979. La rouille est passée par là, alors que le nombre de participants s'élevait de neuf à quinze, et que le système connaissait le formidable ébranlement de la réunification de l'Allemagne et de la libération de l'est de l'Europe.

Le signal qui m'a alerté sur cette détérioration lorsque je suis revenu à Bruxelles pour la Convention est l'état de tension et d'antagonisme existant entre les institutions européennes. J'en ai eu la démonstration lorsqu'il m'a fallu choisir les membres du secrétariat de la Convention. Mon seul critère était celui de la capacité personnelle d'exercer la fonction. Mais lorsque j'avais le malheur de désigner une collaboratrice ou un collaborateur venant d'une des institutions – secrétariat du Conseil ou Commission –, cette nomination était ressentie et dénoncée par l'autre comme une agression !

Cet antagonisme est une situation anormale, dont les effets sont négatifs. Elle conduit à une rivalité harassante des compétences et à la déformation du fameux triangle institutionnel, qui reste pourtant la base du système européen.

Dans ce triangle, imaginé par les Pères fondateurs, la

répartition des rôles était relativement simple : la Commission proposait le bien commun européen, le Parlement donnait son avis et le Conseil des ministres décidait.

Avec le temps, ce dispositif a évolué. De simple donneur d'avis, le Parlement est devenu colégislateur. La Commission s'est vu attribuer des tâches de gestion et des missions exécutives. Mais le système décisionnel restait encore celui du triangle.

Lors du début des travaux de la Convention, nous nous sommes trouvés placés devant un choix nouveau qui provenait en droite ligne de l'antagonisme des institutions : on demandait à la Convention de choisir entre la méthode communautaire et la méthode intergouvernementale. Dans ce manichéisme contemporain, la méthode communautaire était présentée comme l'expression du bien et la méthode intergouvernementale comme celle du mal. Il nous a fallu plusieurs sessions pour bien saisir la nature du changement proposé. La généralisation de ce qu'on appelait alors la méthode communautaire n'aurait pas eu seulement pour objet de transférer l'ensemble des compétences de l'Union au fameux triangle institutionnel – ce que beaucoup pouvaient approuver au sein de la Convention –, mais aussi d'aplatir ce triangle institutionnel, en affaiblissant systématiquement celui des côtés qui exprime le rôle exercé par le Conseil.

Lorsque les conventionnels ont pris conscience de la direction dans laquelle on cherchait à les entraîner – ce qui s'est produit dans le courant de l'automne 2002, à l'occasion de la diffusion d'un document baptisé Pénélope, élaboré au sein de la Commission européenne, et qui poussait jusqu'à l'extrême la doctrine d'affaiblissement du rôle du Conseil –, ils ont commencé à réagir et se sont ralliés progressivement, puis massivement, à la conception selon laquelle le triangle institutionnel devait être maintenu. C'était la seule formule compatible avec la nature duale de l'Union : Union des citoyens et Union des États.

En revanche, ils ont retenu de ce débat qu'il était impératif que chacun des côtés du triangle soit réformé et renforcé. C'était vrai du Conseil, qui avait perdu son unité primitive en s'éparpillant dans une multitude de formations spécialisées, sans vue politique globale. C'était vrai aussi de la Commission qui, depuis la crise de 1999, avait du mal à retrouver sa vraie nature, celle d'un collège restreint et respecté qui identifie et propose aux autres institutions le bien commun européen et qui gère selon le mode exécutif les missions qui lui sont confiées. Il a été difficile pour la Convention d'identifier la source du pouvoir réel au sein de la Commission : se trouvait-elle à la présidence qui, dès le début de nos travaux, nous avait prodigué ses encouragements en déclarant : « La Convention détient entre ses mains l'avenir global de la construction européenne ! » ? Dans le collège des commissaires dont nous savions que, malgré l'excellence de beaucoup de ses membres (notamment certaines femmes), il avait du mal à faire l'unanimité sur les propositions qu'il nous adressait ? Ou encore dans les services administratifs, qui nous apportaient pour certains une collaboration précise et efficace, à côté d'autres qui nous inondaient d'amendements dont on peut dire, sans trop de malice, que l'obscurité du style et le conservatisme défensif permettaient de discerner l'origine ?

Pour le Parlement européen, la situation était différente. Il avait réalisé par ses rapports, notamment ceux de sa Commission constitutionnelle, un excellent travail de défrichage des sujets que nous avions à traiter. Dès qu'il s'est agi des compétences de l'Union, de leur exercice et du cadre institutionnel, nos groupes de travail ont pu puiser largement aux sources qui leur venaient du Parlement.

Bref, de cette prise de conscience de la détérioration du système institutionnel de l'Europe réelle, les conventionnels ont abouti à la conclusion que le triangle institutionnel devait être maintenu, mais que des propositions devaient être faites pour renforcer et adapter chacun de ses côtés.

C'est le dispositif qui a été finalement retenu dans la Constitution.

Une dernière réflexion, si vous me la permettez, portera sur la perception psychologique que les travaux de la Convention nous ont donnée de l'Europe des années 2000, telle qu'elle est vue par ses citoyens et aussi par l'ensemble des habitants du monde.

L'Europe reste une organisation ; elle n'est pas encore une entité politique.

On la regarde comme une sorte d'agglomération d'États qui se sont dotés de certaines institutions, au demeurant mal connues, y compris des grands responsables du reste du monde (Conseil européen, Conseil des ministres, Commission européenne, sans oublier la confusion avec le Conseil de l'Europe !). Quant à la substance identitaire, on continue de la situer au niveau de l'État-société national. À la question posée dans le monde : d'où venez-vous ? on répond : de Grande-Bretagne, d'Espagne, ou de Pologne. Jamais, ou rarement, d'Europe !

La bizarrerie, l'étrangeté, c'est que, pour les Européens, la dimension de l'Europe étant supérieure à celle de leur État national, ils situent l'Europe *au-dessus* de leur propre État. Par contre, sur le plan de leur perception, ils se ressentent *davantage* comme français, comme italiens ou comme suédois que comme européens. C'est cette sorte d'*inversion des identifications* qui alimente le malaise de beaucoup de citoyens européens d'aujourd'hui. Il s'y ajoute le fait qu'ils se veulent à l'heure actuelle enracinés dans leur mode de vie national, mais qu'ils pressentent que, pour eux, la dimension de l'avenir sera celle de l'Europe. D'où une tension psychologique supplémentaire.

Il me semble que nous devrions, prudemment et patiemment, mettre en ordre cette hiérarchie des perceptions. Un tel problème ne se pose ni aux États-Unis, ni au Brésil, ni en

Chine. Le problème est propre à l'Europe : l'Europe se situe au-dessus de la vie dans les États membres, mais elle est moins vécue que la vie enracinée dans chacun d'eux.

Les conventionnels ont apporté à cette question difficile, qui doit encore mûrir, de premiers éléments de réponse.

À défaut d'être perçue comme une entité politique, l'Union peut être ressentie comme un espace commun. Pas seulement un espace libre, mais un espace habité par des pratiques et des institutions communes : c'est le motif pour lequel, par exemple, la Convention a souhaité améliorer la gouvernance économique de la zone euro, pour développer l'idée selon laquelle il existe non seulement une monnaie européenne mais une « économie européenne ».

De même, dans la référence que la Constitution fait à la sécurité et à la lutte contre la criminalité transfrontalière, elle introduit la notion selon laquelle l'Union devient un espace commun au sein duquel le grand banditisme ainsi que les trafics de drogue et d'êtres humains pourront être poursuivis sur tout son territoire.

Une autre initiative de la Constitution vise à ordonnancer l'exercice des fonctions communes non pas verticalement, dans une relation hiérarchique qui serait perçue comme une confiscation excessive du pouvoir par les opinions publiques nationales, mais à côté, et légèrement au-dessus, des dirigeants nationaux. Ce sera le cas du président du Conseil européen, initialement élu par ses collègues et devenant ainsi *primus inter pares*. Et ce sera vrai également du ministre des Affaires étrangères de l'Europe, qui siégera au Conseil européen et à la Commission, mais qui présidera le Conseil des ministres des Affaires étrangères.

La dernière piste pour faciliter la prise de conscience de l'entité politique européenne est celle d'une identification progressive par reconnaissance des valeurs propres à l'Europe. C'est délibérément que les conventionnels ont écarté, dans les articles 2 et 3 consacrés aux valeurs et aux principes, la référence à l'adjectif « universel ». Certes, beaucoup de ces valeurs et de ces principes sont universels, ou ont vocation à le devenir. Mais les conventionnels ont voulu souligner que l'Europe était un espace spécifique concernant certaines de ces valeurs, au respect desquelles elle porte une attention particulière. Je citerai la tolérance (qui ne figure à ma connaissance dans aucun autre texte constitutionnel), la lutte contre l'exclusion, le respect scrupuleux de l'égalité entre les femmes et les hommes, la protection des droits des enfants et le strict respect du droit international.

Ainsi l'Union européenne peut-elle continuer à devenir un « espace identifié » avant d'être reconnue, au cours des cinquante prochaines années, comme une entité politique originale.

Sous la pression sympathique d'un groupe de conventionnels motivés, nous avons fini par ajouter dans la Constitution un article portant sur les symboles de l'Union : le drapeau, désormais largement répandu dans les aéroports, les lieux de transit et les établissements scolaires, l'hymne, dont il reste à écrire les paroles, et la devise, dont je souhaite qu'elle figure dans sa formulation latine, « *Diversitatis unita* », sur la prochaine génération des signes monétaires de l'Union.

III.

La substance de la Constitution

Au terme de cet itinéraire, comment se présente l'architecture du projet de la Constitution ? Qu'allez-vous découvrir en parcourant ce livre ?

Sa structure est simple. Elle est constituée de quatre parties : le dispositif constitutionnel proprement dit ; la Charte des droits fondamentaux ; la description des politiques de l'Union ; les dispositions finales.

Nous allons les examiner successivement.

LE DISPOSITIF CONSTITUTIONNEL

Ce dispositif figure en tête du projet. Il est précédé d'un court préambule et comporte 59 articles. Il est divisé en neuf titres.

Nous avons rédigé le préambule dans les derniers mois de la Convention. Nous pensions en effet que ce préambule devait exprimer la synthèse du projet européen et qu'il était préférable d'attendre, pour le mettre au point, d'avoir fait un tour complet de la question.

J'ai soumis au Praesidium, au début du mois de mai 2003, un avant-projet auquel celui-ci a apporté plusieurs améliorations et qu'il a adopté ensuite sans difficulté. Ce préambule soulignait un trait caractéristique de l'Europe : celui d'être un continent porteur de civilisation. Il en rappelait les phases successives : grecque et romaine ; puis il mentionnait l'élan spirituel et religieux qui l'a parcouru, « toujours présent dans son patrimoine », avant de rappeler la contribution du siècle des Lumières et celle des philosophies rationalistes.

Il indiquait que l'Europe, « unie dans sa diversité », entendait poursuivre cette trajectoire de civilisation pour le progrès de ses peuples et dans le respect des droits de chacun.

Ce préambule a été bien accueilli par la Convention, mais il a soulevé des réserves de la part de certains milieux religieux chrétiens.

Les autorités religieuses avaient en effet présenté à la Convention trois demandes : l'une portait sur le respect du statut des Églises, la seconde sur le souhait de voir les institutions européennes entretenir un dialogue régulier avec ces Églises. Et la troisième exprimait le souhait qu'une « référence chrétienne », ou une référence à Dieu, figurât dans la Constitution.

La Convention a répondu positivement aux deux premières

demandes, qui sont satisfaites par les dispositions qui figurent à l'article 51 sur le statut des Églises.

En revanche, la troisième demande soulevait une question à laquelle la Convention précédente sur la Charte des droits fondamentaux avait apporté une réponse négative. Sous la pression des représentants de deux États, la France et la Suède, et les réticences de plusieurs autres, elle avait écarté la référence aux valeurs religieuses, qu'acceptaient les autres participants, et s'était contentée de mentionner le « patrimoine spirituel et moral » de l'Europe. Il me semblait qu'une évaluation correcte de l'histoire de l'Europe, notamment la reconnaissance du rôle prépondérant que la religion avait joué, du VIe siècle jusqu'au XVIIe siècle, dans la formation de la culture et de l'identité européennes, au point que les pouvoirs politiques et spirituels étaient largement confondus, justifiait que l'on passât outre l'objection et que l'on mentionne « l'héritage religieux de l'Europe, dont les valeurs sont toujours présentes dans son patrimoine ». La formule a été acceptée par la Convention ; elle constituait une innovation importante par rapport à la pratique constitutionnelle de beaucoup des États membres.

Ainsi décrites et placées dans la continuité historique de l'Europe, il était évident qu'il s'agissait des valeurs chrétiennes. Fallait-il le dire explicitement, comme le demandaient certains conventionnels ? J'ai souhaité que le débat soit public, et non feutré, pour éviter les prises de position ambiguës. Le principal argument de sens contraire était qu'une référence publique à une religion appellerait inévitablement la demande qu'elle soit complétée par l'énumération des autres religions qui ont été ou sont pratiquées en Europe. Et la référence religieuse prendrait alors une signification différente.

J'ai consulté le Praesidium de la Convention en demandant à chacun de ses membres de se prononcer individuellement. Le consensus qui s'est dégagé, de justesse il est vrai, s'est orienté vers la formule consistant à « s'inspirer des héritages culturels, religieux et humanistes de l'Europe », l'héritage religieux désignant manifestement la référence chrétienne, mais sans que celle-ci soit explicitée.

C'est la formule qui figure dans le préambule de la Constitution.

L'ordre de présentation des articles de la Constitution n'est pas arbitraire, mais il faut en donner la justification. D'ordinaire, dans un texte de cette nature, on commence par définir les institutions : le président, le parlement, le gouvernement. On précise par la suite la manière dont ils exercent leurs pouvoirs. Cet ordre est naturel parce que la Constitution s'applique à un État ou à une nation préexistant, que l'on se propose d'organiser en vue de son fonctionnement régulier.

Dans le cas de l'Union européenne, la situation est inverse. L'Union européenne n'existe, au moins aujourd'hui, qu'en fonction des compétences qu'on lui attribue, ou du rôle qu'on veut lui faire jouer. Il est donc naturel de préciser ces compétences et de définir ce rôle *avant* de vouloir mettre en place son système institutionnel.

LA DÉFINITION ET LES OBJECTIFS DE L'UNION

L'article 1 définit la nature de l'Union européenne. Il reprend – à un adjectif près, mais celui-ci est important – le texte que nous avions présenté dans notre avant-projet d'octobre 2002. Si vous voulez bien vous y arrêter un instant, cet article donne, je crois, une définition exacte de l'Union européenne, définition qui n'existe pas à l'heure actuelle.

Je vais vous en commenter le choix des mots retenus et revus par l'Académie française, à laquelle j'exprime ma gratitude ! La Constitution « établit » l'Union européenne, à la différence des États qui se « dotent » d'une Constitution. La Constitution jaillit en quelque sorte du Traité constitutionnel.

C'est une union d'États. Nous n'avons pas retenu l'expression d'États-nations, car certains États membres, en raison de leur histoire, ne se reconnaissent pas ce caractère. La nature de cette Union tient au fait que les États membres *lui confèrent des compétences pour atteindre des objectifs*. À la différence d'une nation fondée sur sa composition ethnique ou sur la communauté d'intérêts et de culture que partage sa population, l'Union européenne *existe en fonction des objectifs communs définis par ses États membres.* Une nation se constitue « à partir » de facteurs identitaires. L'Union européenne s'unit « en vue » d'atteindre certains objectifs.

Ces objectifs étant définis, les États membres confèrent à l'Union des compétences pour les atteindre.

Que le lecteur me permette ici une courte diversion. Dans le projet de texte qui venait d'être préparé par les rédacteurs anglophones du secrétariat en vue de sa diffusion auprès des conventionnels, l'expression utilisée était celle de « compétences attribuées par la "Constitution" ». Ceci avait été inscrit sans malice, mais lorsque ce passage a été découvert par la presse euro-sceptique britannique, celle-ci a failli s'en étrangler d'indignation, ce qui, aux yeux des partisans de l'Europe, eût été accueilli comme un moindre mal ! Mais ce bonheur n'aurait été que fugitif, car dès le lendemain, après avoir vérifié le texte avec John Kerr, nous avons confirmé que les compétences étaient bien « conférées par les États membres ». C'est ce que nous appelons le principe d'attribution, approuvé par l'ensemble des conventionnels.

L'originalité de l'Union européenne, et ceci doit être compris par chaque citoyenne et par chaque citoyen d'Europe, c'est que pour atteindre ses objectifs, l'Union utilise *deux* démarches : la coordination des politiques des États membres et l'exercice sur le mode communautaire (j'avais proposé de dire ici « fédéral »), c'est-à-dire par les institutions européennes, de celles des compétences qu'ils transfèrent à l'Union.

C'est la clé de tout.

La poursuite des objectifs de l'Union repose, à tout instant, sur ces deux *types d'action* : une coordination active et organisée de leurs politiques par les États membres et la gestion par les institutions de l'Union des compétences que les États membres lui ont transférées. Il est évident que ces deux formes d'action doivent être complémentaires et convergentes, mais le recours à l'une ou à l'autre dépend des compétences qui ont été effectivement transférées à l'Union. Cette notion n'est pas encore clairement perçue par les citoyens de l'Union, et je ne suis pas certain qu'elle le soit par l'ensemble de ses dirigeants politiques. Quand on entend dire : « Que fait l'Union européenne pour l'emploi ? », on mélange des demandes qui s'adressent en fait aux États membres pour les compétences qu'ils gardent dans ce domaine – et ce sont les plus nombreuses ! – et aux institutions européennes pour la partie relativement limitée des compétences qui leur ont été transférées.

Le débat politique et électoral européen manquera de clarté aussi longtemps que l'opinion n'aura pas fait plus nettement la distinction entre ce qui ressort de la coordination des politiques des États et ce qui résulte de l'action spécifique des institutions européennes.

Je reviendrai sur ce point à propos des compétences de l'Union.

Mais je voudrais, avant de quitter l'article 1, m'expliquer sur le remplacement des mots « sur le mode fédéral » par l'expression « sur le mode communautaire ».

C'est intentionnellement que j'avais utilisé le mot « fédéral » dans le premier texte qui a été diffusé au Praesidium. D'abord, pour la simple raison que le mot est exact : la gestion de l'euro par la Banque centrale européenne est aussi « fédérale » que celle du dollar par le système de réserve fédérale des États-Unis. Il en va de même pour la politique commerciale commune où les pouvoirs de Pascal Lamy sont aussi « fédéraux » que ceux de Robert Zoellick. Et c'est encore le cas pour la politique de la concurrence.

L'emploi délibéré de l'adjectif « fédéral » avait à mes yeux une valeur pédagogique, en ce sens qu'il conduisait à prendre en compte une réalité qui existe déjà.

Mais un double phénomène s'est produit. La référence fédérale a trouvé moins de soutien dans la Convention que je ne l'escomptais, peut-être en raison de la présence des nouveaux États membres qui n'étaient pas encore disposés à l'accueillir. Et surtout, le blocage sémantique de la communauté anglo-saxonne, qui y voyait le signe avant-coureur d'un pouvoir central fort, est resté catégorique.

Il m'a semblé qu'un combat entre un camp peu motivé et un adversaire déterminé ne rendrait pas service à la cause de l'unité de l'Europe.

Aussi, dans le texte que j'ai préparé pour le Praesidium, ai-je substitué à l'expression « sur le mode fédéral » la formule « sur le mode communautaire », en ayant recours à un vocabulaire qui avait la faveur de beaucoup de conventionnels.

Sur le plan de l'anecdote, il se trouve que je suis allé trois jours plus tard, c'est-à-dire le 22 mai, dîner à Downing Street à l'invitation du Premier ministre britannique Tony Blair. Comme cette rencontre coïncidait avec la sortie du nouveau texte, le changement de vocabulaire a été présenté par la presse comme un résultat bénéfique de ce dîner : capitulation pour les uns, suprême habileté pour les autres ! Ce n'était, au mieux, qu'une heureuse coïncidence.

Les articles 2 et 3 précisent les valeurs et les objectifs de l'Union.

La Convention a longuement débattu la question de savoir s'il était réellement nécessaire d'avoir deux articles différents, ou si un seul ne serait pas suffisant. Les partisans de l'article unique craignaient que les « principes » ne souffrent d'un certain déclassement par rapport aux « valeurs ». Nous avons été inondés d'un flot d'amendements des conventionnels visant à compléter la liste des valeurs de l'Union.

Nous avons finalement arrêté la démarche suivante. En premier lieu, il existe bien une différence de nature entre les valeurs et les objectifs. Les valeurs sont permanentes, indifférentes au jeu des événements. Elles s'imposent à chacun et à tous. Elles expriment un niveau élevé d'ambition et de respect pour les sociétés qui les adoptent. Les objectifs désignent des buts à atteindre, qui correspondent à des besoins ou à des attentes pouvant évoluer avec le temps. Ils supposent la mise en œuvre de politiques appropriées.

Nous avons donc rédigé un article relativement bref sur les valeurs, qui énumère six valeurs fondamentales pour l'Union européenne, et qui précise que notre société doit être caractérisée par le pluralisme, la tolérance, la justice, la solidarité et la non-discrimination.

Les objectifs de l'Union, détaillés dans l'article 3, sont plus nombreux. Ils sont en quelque sorte davantage opérationnels. Ils concernent notamment la vie économique et sociale, l'environnement, le progrès scientifique, mais aussi l'exclusion sociale, la protection sociale, l'égalité entre femmes et hommes et la protection des droits des enfants.

Parmi les objectifs de l'Union, la Constitution retient également la cohésion économique, sociale et territoriale de l'Union, et le respect de sa diversité culturelle et linguistique. L'Union doit veiller au respect du patrimoine culturel européen.

Enfin, l'article 3 définit les objectifs que l'Union poursuit dans ses relations avec le reste du monde.

Pour illustrer la manière de répartir un même sujet entre les valeurs et les objectifs, je prendrai le cas d'un sujet qui a retenu longuement l'attention des conventionnels, celui de l'égalité entre femmes et hommes. Certaines conventionnelles, surtout des pays du Nord, insistaient pour que cette égalité figure parmi les valeurs de l'Union. Elles faisaient même de cette reconnaissance la condition de leur acceptation future du projet de Constitution. D'autres soutenaient l'idée qu'il s'agissait bien d'un des objectifs que l'Union devait poursuivre, et qu'il convenait donc de l'inscrire dans l'article 3. La détermination était plus forte chez les premières, mais le nombre penchait en faveur des secondes. Alors que faire ? Il a été finalement convenu que l'égalité, dans sa formulation générale, figurerait parmi les six valeurs de l'Union (respect de la dignité humaine, liberté, démocratie, égalité, État de droit et respect des droits de l'homme). La disposition spécifique concernant l'égalité entre femmes et hommes compterait au nombre des objectifs de l'Union. Ce qui fut finalement accepté.

L'article suivant énumère les quatre libertés fondamentales venues du traité de Rome, et caractéristiques de l'objectif d'intégration économique de l'espace européen : la libre circulation des personnes, des biens et des services, des capitaux, ainsi que la liberté d'établissement. On y ajouta l'interdiction de toute discrimination exercée en fonction de la nationalité des ressortissants des États membres.

Et ce titre s'achève sur la proclamation de la personnalité juridique de l'Union européenne. L'Union européenne devient ainsi un être de droit. L'Europe existe enfin, au moins pour les juristes !

LA CHARTE DES DROITS FONDAMENTAUX

Le titre II de la Constitution règle le sort de la Charte des droits fondamentaux de l'Union, en l'intégrant dans la Constitution.

On se souvient qu'il s'agit d'un document élaboré, à la demande du Conseil européen réuni à Cologne, par une première Convention présidée par l'ancien président de la République fédérale d'Allemagne, Roman Herzog.

À Nice, le Conseil européen a « proclamé la Charte »,

mais sans lui donner de portée juridique, certains États membres souhaitant en rester là. Pour contourner l'obstacle, la déclaration de Nice a souhaité qu'un « processus porte sur la question du statut de la Charte des droits fondamentaux ». En termes choisis, cela signifiait que chacun campait sur ses positions, les uns souhaitant donner une portée juridique au contenu de la Charte, les autres, Grande-Bretagne en tête, refusant de le faire.

C'est la situation que nous avons retrouvée, telle quelle, au départ de la Convention. Un grand nombre de conventionnels – à dire vrai, le plus grand nombre – souhaitait que la Charte fasse partie intégrante du traité constitutionnel. Les opposants proclamaient que ce n'était pas nécessaire, puisqu'il existait déjà une Charte européenne des droits de l'homme et une Cour européenne de justice, siégeant à Strasbourg, et qu'ils ne souhaitaient pas soumettre leurs propres décisions de justice, au demeurant les plus évoluées d'Europe, à des institutions considérées comme moins responsables. Enfin, ils rejetaient certaines des avancées sociales de la Charte, telles que la reconnaissance du droit de grève et l'accès aux services d'intérêt économique général, en estimant qu'elles ne trouvaient pas leur place dans un texte de cette nature.

Il a fallu confier à un groupe de travail, conduit avec dextérité et une culture juridique étendue par le commissaire européen Antonio Vittorino, le soin de démêler cet écheveau. Ce groupe a abouti, après de longues discussions, à deux conclusions qui répondaient aux demandes, souvent véhémentes, de très nombreux conventionnels : il ne fallait pas toucher au texte de la Charte et celle-ci devait avoir la même force juridique que l'ensemble de la Constitution !

Il restait à trancher un problème de forme : où placer cette Charte dans la Constitution, alors qu'elle comprend cinquante-quatre articles ? Les plus ardents demandaient qu'elle figurât en tête, comme une sorte de préambule. D'autres la voyaient volontiers présentée sous forme d'un protocole annexé à la Constitution.

J'ai pensé que le temps aiderait à régler le problème. À partir du moment où les conventionnels auraient sous les yeux les premiers articles du texte constitutionnel, ils réaliseraient d'eux-mêmes qu'il n'était pas possible d'imposer au lecteur – à vous-même ! – l'effort de parcourir les cinquante-quatre articles de la Charte avant d'aborder la substance des dispositions constitutionnelles.

C'est ainsi qu'il a été décidé de faire de la Charte des droits fondamentaux *la deuxième partie de la Constitution*, en lui conférant une valeur juridique identique à celle de la première partie. Son préambule a été placé en tête de cette deuxième partie, et il a été complété par des précisions concernant son interprétation par les juridictions de l'Union et des États membres.

L'ensemble de ce dispositif a été approuvé lors du consensus final de la Convention, et c'est ce texte que vous avez sous les yeux.

LES COMPÉTENCES DE L'UNION

Depuis le début des travaux de la Convention, j'ai pensé que le problème des compétences de l'Union était au centre de notre travail. C'est d'ailleurs le débat classique dans tous les États qui se regroupent au sein d'une structure fédérale : États-Unis d'Amérique, Allemagne, Brésil, Mexique, notamment : de quelles compétences faut-il doter l'Union ? Et quelles compétences doivent rester du domaine des États membres ?

Les chefs de gouvernement que j'ai rencontrés au cours de mes premières tournées de président de la Convention – qu'il s'agisse de Gerhard Schröder, de José María Aznar, de Tony Blair ou des Premiers ministres scandinaves – ont tous insisté sur l'importance primordiale qu'ils attachaient à cette question. C'était la seule manière, selon eux, de répondre à l'irritante question que se pose l'opinion publique : « Qui fait quoi en Europe ? », et aussi de mettre fin à la dérive plus ou moins clandestine des compétences européennes, qui alimente les campagnes des Euro-sceptiques.

Mais ce sentiment n'était guère partagé par la majorité des conventionnels. L'évocation du problème de la délimitation des compétences de l'Union et des États membres les laissait relativement indifférents.

Cette attitude était compréhensible de la part des représentants des institutions européennes – Parlement et Commission – car beaucoup d'entre eux craignaient d'y voir un moyen de contenir le développement de leur champ d'activité. Mais elle était moins explicable de la part des parlementaires nationaux, puisqu'il s'agissait d'éviter l'effritement continu de leurs domaines de compétence. La seule interprétation possible de leur réaction était de penser qu'ils étaient encore tétanisés devant l'effet de puissance du dispositif bruxellois des institutions européennes. Quant aux représentants des nouveaux États membres, ils étaient trop préoccupés par leurs conditions d'entrée dans l'Union, fixées par le contenu des traités, pour s'intéresser à ce qu'ils considéraient comme une dissertation théorique sur les futures compétences de l'Union.

Bref, peu d'intérêt pour cette question essentielle. Seuls les conventionnels allemands et autrichiens, rodés par leur pratique fédérale, ainsi que quelques conventionnels français et nordiques, notamment suédois, alimentaient le débat de leurs propositions.

Une première solution eût consisté à établir deux listes : une liste définissant les compétences attribuées à l'Union et une autre énumérant les compétences conservées par les États membres. L'avantage de cette formule, qui avait initialement ma préférence, était de rassurer la partie de l'opinion européenne qui craint de voir disparaître celles des compétences nationales auxquelles elle est viscéralement attachée : l'éducation, l'organisation du régime de santé, la protection sociale, les relations entre les partenaires sociaux, le droit civil, etc. Bien qu'elle fût soutenue par les conventionnels allemands et certains britanniques, il était visible que cette solution n'avait guère de chance de réunir un consensus au sein de la Convention. Elle a donc été abandonnée au profit d'une définition clarifiée, et encadrée par la subsidiarité, des seules compétences de l'Union.

Cette matière connaissait un état de grande confusion, comme on le retrouvera plus tard lorsque nous examinerons l'exercice des compétences de l'Union. Les données de départ sont relativement simples : les compétences sont celles qui figurent dans le traité de Rome. Il s'agissait alors de créer une communauté économique en supprimant les obstacles aux échanges et en harmonisant les législations qui concernent les activités du marché. Cela entraînait la mise en place d'un dispositif de surveillance de la concurrence et de gestion commune du commerce international. Jusque-là les compétences étaient claires et reconnues. Mais le temps y a ajouté un grand nombre de strates. Les unes ont utilisé la clause de flexibilité, qui permet à l'Union d'agir pour atteindre certains objectifs, sans que les traités aient prévu les pouvoirs d'action nécessaires, en ayant recours à des « dispositions appropriées ». Les autres ont résulté des demandes des gouvernements, y compris des gouvernements euro-sceptiques, lorsqu'il s'est agi de renvoyer sur l'Europe le soin de régler des problèmes qu'on ne souhaitait pas, ou qu'on ne réussissait pas, à traiter sur le plan national. On les évacuait vers le haut, en direction de l'Europe, tout en déplorant par la suite son inefficacité à les résoudre. Nombreux sont ainsi les communiqués des Conseils européens successifs qui annoncent le lancement de politiques nouvelles en matière d'emploi, de protection de l'environnement, d'amélioration de la compétitivité, sans que les compétences correspondantes aient été vérifiées ou transférées.

Il en a résulté une zone grise de compétences, dans laquelle naviguent à la fois les institutions européennes, soucieuses de développer leurs moyens d'action, et les bureaucraties nationales qui cherchent à profiter de ce clair-obscur européen pour faire déboucher leurs projets favoris, lorsque ceux-ci sont contrariés sur le plan intérieur.

La meilleure illustration de cette dérive est l'apparition des « compétences complémentaires », catégorie qui ne figure nulle part dans les traités, mais qui a fini par acquérir droit de cité dans la pratique courante des institutions européennes.

L'inconvénient le plus sérieux de ce désordre était son opacité aux yeux des citoyens européens, cause à la fois d'incompréhension et de méfiance. Et même si, en théorie, ces dispositions conservaient un caractère démocratique puisqu'elles jaillissaient de traités ou d'institutions ayant eux-mêmes leur légitimité, elles étaient dépouillées de la qualité ultime qui authentifie le caractère démocratique : la transparence.

La perspective du travail d'Hercule à accomplir pouvait susciter le découragement, d'autant plus qu'il ne s'accompagnait d'aucun soutien enthousiaste.

S'il a été mené à bien, c'est grâce à l'action méritoire des groupes de travail sur les compétences de l'Union et sur l'exercice de ces compétences, qui s'est poursuivie pendant tout l'automne 2002. Je voudrais rendre hommage à l'assiduité et à la disponibilité d'esprit de ces conventionnels anonymes qui n'ont pas hésité à pénétrer dans cette broussaille, la serpe à la main.

Leur tâche a été facilitée, là encore, par les travaux préparatoires du Parlement, qui avait approuvé les excellents rapports consacrés à ces matières par sa Commission constitutionnelle, sous la plume de son rapporteur Alain Lamassoure.

Au terme de ce long voyage, la clarté a pu être introduite dans les compétences de l'Union européenne.

D'abord, par l'affirmation de trois principes : principes d'attribution, de subsidiarité et de proportionnalité.

Principe d'attribution : les compétences de l'Union sont celles que les États membres lui attribuent dans la Constitution. Toutes les autres compétences continuent d'appartenir aux États membres.

Principe de subsidiarité : l'Union intervient seulement, et dans la mesure où les objectifs de l'action envisagée ne peuvent pas être atteints de manière suffisante par les États membres, tant au niveau national que local. Un dispositif spécial, sur lequel je reviendrai, garantit le respect de principe de subsidiarité.

Principe de proportionnalité enfin : l'action de l'Union ne doit pas dépasser ce qui est nécessaire pour atteindre les objectifs de l'Union.

Ces principes sont complétés par une remise en ordre des compétences de l'Union, désormais regroupées en trois catégories : les compétences exclusives de l'Union ; les compétences partagées de l'Union et des États membres ; les actions communes pour appuyer, coordonner ou compléter l'action des États membres, sans remplacer leurs compétences. La jurisprudence de la Cour de justice a été très utile pour établir cette répartition.

Les compétences exclusives sont celles où l'Union légifère seule et peut adopter des actes juridiquement obligatoires. Elles sont peu nombreuses et constituent, en quelque sorte, le « cœur fédéral » de l'Union européenne. Il s'agit de la politique monétaire de la zone euro, de la politique commerciale commune et de l'Union douanière. Il s'y ajoute la conservation des ressources biologiques dans l'espace maritime européen.

Dans le cas des *compétences partagées*, l'Union et les États membres ont tous deux le pouvoir de légiférer. Mais les États membres n'exercent leur compétence que dans la mesure où l'Union n'a pas exercé la sienne, ou a cessé de l'exercer. Seuls les domaines où la Constitution, dans sa troisième partie consacrée aux politiques de l'Union, attribue une compétence à l'Union peuvent faire l'objet d'une compétence partagée.

On voit que cette notion de compétences partagées

concerne particulièrement le pouvoir de légiférer. Or dans les domaines nouveaux de la recherche, de la technologie et de l'espace, il s'agit moins de légiférer que de définir et de mettre en œuvre des programmes. C'est pourquoi une disposition particulière fait référence à ces matières au sein des compétences partagées.

Enfin, le troisième domaine est celui des *actions d'appui, de coordination ou de complément.* Le titre de ce domaine définit bien les actions en cause : les compétences restent celles des États membres, le rôle de l'Union pouvant consister à les appuyer ou à les coordonner. Elle ne peut pas imposer l'harmonisation des législations des États membres. Un membre de phrase est important dans l'énumération des domaines d'action d'appui : ceux-ci sont pris « dans leur dimension européenne ».

Quand on parle de santé ou d'éducation, il faut entendre « la santé dans sa dimension européenne », tel le cas des épidémies transfrontalières, et « l'éducation dans sa dimension européenne », tels les échanges universitaires et l'enseignement des langues de l'Union.

On doit souhaiter que les dirigeants de l'Union européenne s'imprègnent de cette définition des compétences, de manière à ce que dans l'avenir, lorsqu'ils auront à débattre des actions que peut conduire l'Union, ils déterminent avec soin le type de compétences auquel ils entendent faire appel.

Pour être complet – mais une préface ne peut malheureusement pas être complète –, ajoutons que des dispositions spécifiques visent la coordination des politiques économiques et la politique étrangère et de sécurité commune.

Enfin, la clause de flexibilité, celle qui correspond au fameux article 308 du traité de Rome au nom duquel ont été décidées de nombreuses extensions des compétences de l'Union, est profondément remaniée. Si cette clause reste soumise à la règle de l'unanimité des États membres, la Commission européenne qui fait la proposition devra désormais attirer sur elle l'attention de chacun des Parlements nationaux, pour permettre à ceux-ci de faire connaître à leurs gouvernements, représentés au Conseil, leur réaction sur cette demande d'extension des pouvoirs d'action des institutions européennes, avant que le Conseil ne se prononce sur elle.

Dans l'ordre adopté pour la rédaction de la Constitution, les articles sur les compétences sont immédiatement suivis par ceux qui portent sur les institutions de l'Union, et c'est ensuite seulement qu'est exposée la manière dont les institutions mettent en œuvre les compétences. Cet ordre est conforme à la logique constitutionnelle, mais il me semble que je peux l'inverser, pour la commodité du lecteur, et traiter tout de suite de l'exercice des compétences de l'Union, que nous venons de décrire, en réservant pour la fin le « grand » sujet des institutions de l'Union européenne.

L'EXERCICE DES COMPÉTENCES DE L'UNION

La confusion que nous avons décrite dans les compétences de l'Union se retrouvait, et au-delà, dans la mise en œuvre de ses instruments d'action.

La démonstration nous en a été apportée d'une manière qui frisait le comique. J'avais demandé au secrétariat de la Convention de rédiger, parmi la documentation de base proposée aux conventionnels, une note qui recense et analyse les instruments d'action de l'Union européenne. La rédactrice qui en était chargée, une Espagnole vive et scrupuleuse, que les conventionnels connaissaient bien car c'est elle qui enregistrait leurs demandes de temps de parole, a accompli un travail remarquable en identifiant seize instruments d'action différents : directives, règlements, recommandations, avis conformes et non conformes, décisions, rapports de comitologies, etc. Aussitôt publié sur Internet, son rapport a été contesté par d'autres experts. Certains d'entre eux décrivaient une typologie comportant plus de vingt instruments ! Une seule chose était claire : personne n'était capable de nous indiquer la liste exacte des instruments d'action dont disposait l'Union européenne.

Ici encore, un travail important de simplification et de rationalisation a été accompli. Giuliano Amato s'y est beaucoup investi. Il m'a même semblé qu'il en faisait ses délices...

Le nombre des instruments a été ramené à six et leur nature mise en conformité avec les pratiques habituelles des institutions démocratiques. C'est ainsi que l'Union européenne pourra disposer désormais de lois européennes, de lois-cadres européennes, de règlements européens, de décisions européennes, de recommandations et d'avis. La portée juridique de chacun de ces instruments est soigneusement définie par l'article 32 de la Constitution.

La plus grande innovation est celle qui consiste à introduire une procédure unique et transparente pour l'adoption des lois et des lois-cadres européennes. Baptisée « procédure législative », celle-ci se substitue aux formes de « codécision » et de « coopération » en vigueur jusqu'ici, qui ont représenté à l'époque une avancée importante du droit européen. Le déroulement de cette procédure législative sera semblable à celui qui est utilisé dans la plupart de nos parlements et qui est donc familier à l'opinion publique : la Commission européenne dépose une proposition de loi, celle-ci est discutée par le Parlement européen, puis transmise au Conseil des ministres, qui exerce alors la fonction d'une sorte de « Conseil des États ». Si les deux institutions parviennent à un accord, la loi européenne est adoptée. Dans le cas contraire, elle n'est pas adoptée.

En application d'une règle générale, le Parlement se prononce à la majorité simple de ses membres, le Conseil des ministres à la majorité qualifiée. Nous reviendrons sur la question de cette majorité qualifiée à propos des institutions.

Une autre innovation est celle des règlements délégués, qui permet de simplifier les procédures administratives en déléguant à la Commission, dans des conditions très strictes et sous la surveillance continue du Parlement et du Conseil des ministres, le soin d'édicter des règlements qui complètent certains éléments non essentiels de la loi.

Cette unification des instruments d'action de l'Union européenne entraînait un avantage considérable : la disparition des fameux « piliers » introduits par les traités de Maastricht et d'Amsterdam pour gérer les aspects spécifiques des politiques étrangères et de sécurité commune, et de la politique de sécurité et de justice pénale.

Désormais, toutes les politiques de l'Union, y compris ces deux branches essentielles, feront appel à la même gamme d'instruments d'action.

Leur emploi tiendra compte, naturellement, des données propres à certaines politiques, comme c'est le cas dans nos pratiques nationales. Les articles 39 à 42 décrivent les dispositions particulières à la mise en œuvre de ces politiques : politique étrangère, politique de défense et de sécurité commune, et gestion de l'espace de sécurité et de justice pénale.

Ces articles introduisent des innovations importantes : le rôle confié au ministre des Affaires étrangères de l'Union ; la création d'une Agence européenne de l'armement, de la recherche et des capacités militaires ; la possibilité pour les États membres qui remplissent des critères de capacités militaires plus élevés, d'établir entre eux une coopération structurée.

Le titre V sur l'exercice de compétences de l'Union s'achève sur un article consacré aux coopérations renforcées. On sait que d'excellents esprits, dont Jacques Delors, estiment que pour faire avancer une union de vingt-cinq membres, il sera souvent nécessaire de faire appel à une avant-garde d'États pionniers, décidés à aller plus vite et plus loin que les autres. La Constitution autorise cette démarche en posant quelques règles simples : ces coopérations renforcées doivent être ouvertes à tous les États membres désireux d'y participer ; seuls les représentants au Conseil des ministres des États participants prennent part à l'adoption des décisions, et seules leurs voix sont dénombrées dans les votes à la majorité qualifiée ; enfin, les actes adoptés dans le cadre d'une coopération renforcée ne lient que les États participants, ce qui est conforme au bon sens !

À ces dispositions sur l'exercice des compétences de l'Union se rattachent deux protocoles qui répondent explicitement à deux des quatre demandes formulées dans le traité de Nice, mais aussi aux souhaits exprimés par de nombreux conventionnels dès le début de nos travaux.

Le premier porte sur le rôle des parlements nationaux dans l'Union européenne. Ces parlements sont considérés par les citoyens comme détenteurs d'une expression forte de leur identité politique. On le vérifie lors de chaque élection. Or ces parlements ne disposent d'aucune participation directe à la vie des institutions européennes depuis que les députés européens sont élus directement au suffrage universel et non désignés par les parlements nationaux, dernier lien à être rompu.

La réponse à cet argument consiste à rappeler que les parlements nationaux ont le pouvoir d'agir sur leur propre gouvernement, qui siège lui-même au Conseil des ministres, où sont adoptées toutes les décisions européennes, à l'exception, toutefois, des compétences exclusives de l'Union. Pour que les parlements nationaux puissent exercer ce pouvoir, il est nécessaire qu'ils soient informés de toutes les propositions législatives faites par les institutions européennes et qu'ils disposent d'un délai suffisant pour faire connaître leurs réactions à leur gouvernement, avant que celui-ci n'en délibère au sein du Conseil des ministres.

Ce protocole pose des règles strictes concernant la diffusion de ces informations et le respect de ces délais. Il définit aussi un « code de bonne conduite » concernant l'information complète des Parlements nationaux par les institutions européennes.

Le second protocole concerne l'application du principe de subsidiarité. Ce principe a été introduit dans le traité de Maastricht. Je me souviens de la démarche que j'avais effectuée alors, en tant que rapporteur du texte au Parlement européen, auprès du ministre néerlandais des Affaires étrangères, pour lui demander son soutien lors du débat au Conseil européen.

Le principe avait bien été retenu, mais rien, ou presque rien, n'avait été décidé pour en imposer le respect. Le dispositif reposait sur la seule bonne volonté des institutions. L'affrontement s'est poursuivi sans conclusion entre les partisans du contrôle politique – mais à qui le confier ? – et les tenants du contrôle juridictionnel – mais qui pourrait saisir la Cour de justice ? Pendant ce temps, l'opinion publique s'irritait – notamment dans les pays fédéraux – de constater que les empiétements au principe de subsidiarité se poursuivaient, sans appeler de réaction.

Mandatée par la déclaration de Laeken, la Convention a décidé de se saisir du problème. Dès ses premières sessions, elle a constitué un groupe de travail, présidé par l'actif et imaginatif député européen Inigo Mendez de Vigo. Celui-ci a élaboré une solution qui combinait élégamment l'approche politique et l'approche juridictionnelle, et confiait une responsabilité nouvelle aux parlements nationaux. Après des débats minutieux en séance publique, elle a fait l'objet d'un consensus quasi unanime de la Convention.

Son économie générale est la suivante : la Commission européenne envoie toutes ses propositions législatives aux parlements nationaux des États membres, accompagnées d'une fiche contenant les éléments permettant de les apprécier au regard des principes de subsidiarité et de proportionnalité. Dans un délai de six semaines, tout parlement national, ou toute chambre de ce parlement, peut émettre un avis motivé sur les raisons pour lesquelles il estime que la proposition n'est pas conforme au principe de subsidiarité. Si le nombre des avis motivés représente au moins un tiers des avis exprimés par les parlements ou leurs chambres, la Commission est tenue de réexaminer sa proposition. À l'issue de ce réexamen, la Commission peut décider soit de maintenir sa proposition, soit de la modifier, soit de la retirer.

Les États membres, leur parlement national ou une chambre de celui-ci peuvent saisir la Cour de justice, déclarée compétente pour traiter de la violation par un acte législatif du principe de subsidiarité.

Dans la mise au point de ce dispositif, une attention particulière a été portée au cas des États qui, comme l'Allemagne, comptent dans leur parlement une chambre directement représentative des pouvoirs régionaux.

Ce protocole apporte, je crois, une réponse complète à la demande d'un contrôle efficace du principe de subsidiarité.

LES INSTITUTIONS DE L'UNION

Venons-en maintenant – enfin ! direz-vous – aux institutions de l'Union. Votre impatience à les aborder a été partagée par beaucoup de conventionnels – moins nombreux peut-être parmi les parlementaires nationaux et les représentants des nouveaux États membres –, qui piaffaient d'envie d'ouvrir ce débat, qu'ils savouraient d'avance, avec délice, comme un bonbon pour l'esprit. Car il ne s'agissait de rien d'autre à leurs yeux que de l'enjeu de tous les grands débats politiques : le partage du pouvoir.

J'avoue que ma conception était différente. Dans la démarche vers l'Union de l'Europe, la nature des institutions dépend largement des objectifs que l'on se propose d'atteindre. S'il s'agit de gérer une monnaie commune, l'essentiel est de donner aux institutions en charge une garantie complète d'indépendance. Si l'on veut progresser en direction d'une politique étrangère commune, il faut obtenir une implication forte des gouvernements et de leurs ministres. Si l'objectif est d'améliorer la cohésion économique et sociale, on doit veiller à ce que l'image des institutions soit perçue par les partenaires sociaux comme représentative et démocratique. Il était donc nécessaire, je crois, de commencer par définir les objectifs de l'Union, ses compétences, et la nature des instruments dont elle a besoin pour atteindre ses objectifs.

Il fallait attendre ensuite la maturation des esprits de la Convention pour que celle-ci rejette d'elle-même les solutions extrêmes, ou simplistes. Il en est ainsi de la mise en place d'un État fédéral fort, effaçant les personnalités des États membres ; ou encore de la concentration de l'essentiel des pouvoirs au sein d'une seule des institutions de l'Union – Conseil ou Commission –, qui ferait disparaître l'équilibre institutionnel dont un ensemble aussi complexe que l'Union européenne, avec ses quatre cent cinquante millions d'habitants et sa diversité culturelle et linguistique, a besoin pour pouvoir s'adapter, réagir aux crises, et même, encore fragile, pour survivre.

Ces solutions écartées, la Convention a entrepris sa démarche vers une rénovation et un renforcement de chacun des côtés du triangle institutionnel : Parlement, Conseil des ministres et Commission.

Avant d'en décrire les résultats, je voudrais insister sur une difficulté particulière, liée au calendrier.

Deux des trois institutions européennes, le Parlement et la Commission européenne, devront être renouvelées en 2004 pour une durée de cinq ans. Il paraît peu réaliste d'imaginer que la Constitution européenne puisse être ratifiée dans les vingt-cinq États membres et devenir opérationnelle avant ces échéances. On sait, en effet, que les élections européennes sont programmées du 10 au 13 juin 2004, et que la procédure de désignation du nouveau président de la Commission s'engage au cours du Conseil européen de la fin du premier semestre 2004.

Même si, comme je le souhaite ardemment, le projet de Traité constitutionnel est approuvé par la conférence intergouvernementale et adopté par le Conseil européen de Rome d'ici la fin de l'année, il faudra encore le transmettre aux États membres aux fins de ratification.

Cela signifie que nous risquons de rencontrer une situation où, la Constitution ayant été acceptée, deux des trois institutions européennes qui resteront en place jusqu'en 2009 auront été désignées et composées selon les modalités prévues par le traité de Nice. Pour le Parlement européen, les conséquences en seront limitées. Pour la Commission, celle-ci sera composée de vingt-cinq commissaires – un par État membre – et les États les plus peuplés verront disparaître leur second commissaire, qu'ils détenaient depuis le traité de Rome de 1957. Or cette Commission d'« ancien régime » devra faire face à l'échéance redoutable du renouvellement des accords financiers de l'Union européenne.

Pour quelques-uns, ces données de calendrier comportent néanmoins certains avantages. C'est le cas des nouveaux États membres. Leurs traités d'adhésion prévoient leur représentation au sein de la Commission. Il semblait difficile, voire désobligeant, de leur demander d'y renoncer avant même qu'ils aient pu exercer cette représentation. À partir de 2009, au contraire, tous les États membres seront placés sur la même ligne de départ.

C'est aussi le cas pour les États membres qui sont attachés aux dispositions du traité de Nice en matière institutionnelle : modalités de vote au Conseil, composition du Parlement européen et composition de la Commission. Il est vrai que le traité de Nice indique lui-même que certaines de ses dispositions sont provisoires. Il prévoit, par exemple, dans l'article 4 de son protocole, que « lorsque l'Union compte vingt-sept États membres, le nombre de commissaires est inférieur au nombre d'États membres ». Or, c'est la situation qui a toutes les chances de se produire dans les prochaines années. En proposant de reporter au 1er novembre 2009 l'application des dispositions qui remplacent le traité de Nice, la Convention a cherché à faciliter, pour les États concernés, leur approbation du texte de la Constitution.

Il n'en reste pas moins vrai que beaucoup de citoyens européens seront désorientés lorsqu'ils constateront qu'une Constitution qu'ils ont approuvée, et que leur pays a ratifiée, ne sera complètement mise en œuvre que plusieurs années plus tard.

La Constitution énumère les cinq institutions de l'Union, dans l'ordre traditionnel (article 18,2). Ce sont :

le Parlement européen
le Conseil européen
le Conseil des ministres
la Commission européenne
la Cour de justice.

C'est dans le même ordre que je présenterai les dispositions qui les concernent.

Le Parlement européen

Le Parlement européen est reconnu comme exerçant, avec le Conseil des ministres, les fonctions législatives et budgétaires de l'Union. Après avoir été créé comme organe consultatif, le voici qui devient un Parlement de plein exercice. Sa reconnaissance est désormais complète. Il sort renforcé de la Convention. La Constitution prévoit qu'il élit désormais le président de la Commission européenne.

Le seul problème est celui de sa composition, c'est-à-dire du nombre des députés européens et de la répartition des sièges entre les États membres. Le Parlement européen actuel avait adopté une résolution courageuse : le nombre des députés ne dépasserait pas sept cents ; les sièges seraient répartis à la proportionnelle entre les États, avec un minimum de quatre élus par État membre. La Constitution reprend ces dispositions, mais avec un nombre maximum plus élevé de sept cent trente-six députés, nécessaire pour prendre en compte, d'ici 2009, l'éventualité de l'adhésion de la Bulgarie et de la Roumanie. Avant les élections européennes de 2009, le Conseil européen devra adopter, sur proposition du Parlement européen, une décision fixant la composition du Parlement, sur la base des principes énoncés dans la Constitution : représentation proportionnelle en fonction du nombre des citoyens, dégressive au départ, avec un seuil minimum de quatre députés par État membre. Ce chiffre peut paraître faible. Mais, si l'on pense que l'État le moins peuplé compte quatre cent mille habitants, il faudrait plus de huit cents députés allemands et cent députés suédois ou hongrois pour assurer une représentation égale des citoyens ! Or le principe de cette représentation égale est à la base de toutes les Assemblées élues au suffrage universel, à l'image du Parlement européen.

La Constitution attribue au Parlement européen le pouvoir d'élire le président de la Commission. Tous dans la Convention, les conventionnels, les membres du Praesidium et moi-même, étions favorables à cette solution. Mais une fois ce principe affirmé, une question se posait : comment s'effectuera la sélection des candidats ? Le Parlement pourra-t-il élire un des siens à la présidence de la Commission sans rompre l'indépendance souhaitable des trois côtés du triangle institutionnel ? Si la candidature est libre, les candidats à l'élection ne seront-ils pas amenés à prendre, vis-à-vis du Parlement, des engagements dont ils seront prisonniers une fois qu'ils seront élus président de la Commission ? Peut-on laisser aux partis politiques la responsabilité de sélectionner les candidats, et le risque ne serait-il pas alors de politiser ouvertement la Commission, chargée pourtant d'exprimer « le bien commun européen » ?

Lorsque j'ai posé cette question au grand président de la Commission que fut Jacques Delors, et bien que sa sensibilité politique soit différente de la mienne, il m'a fait la réponse suivante : « Si j'avais été clairement identifié à une formation politique, quarante pour cent des propositions que j'ai menées à bien n'auraient pas pu aboutir ! »

Compte tenu de tous ces arguments, la Convention s'est ralliée à une solution originale et créative, qui ressemble, à certains égards, à la procédure d'*advise and consent* en vigueur aux États-Unis d'Amérique. Le Parlement élit le président de la Commission et dispose dans ce domaine d'un pouvoir de refus.

Pour mesurer le chemin parcouru, je rappelle les dispositions existantes du traité de Nice qui vont s'appliquer en 2004 : « Le Conseil européen *désigne* la personnalité qu'il envisage de *nommer* président de la Commission ; cette désignation est *approuvée* par le Parlement. »

La Constitution modifie profondément l'esprit de ce dispositif, en fixant des règles nouvelles : « Le Conseil européen *propose au Parlement* un candidat à la fonction de président de la Commission... Si ce candidat ne recueille pas la majorité des membres du Parlement, le Conseil européen propose, dans un délai d'un mois, un nouveau candidat au Parlement européen. »

C'est bien une élection par le Parlement, assortie d'un pouvoir de refus.

Le Conseil européen

Concernant le Conseil européen, il convenait d'abord de mettre un terme à une confusion entretenue depuis son « institutionnalisation » par le traité d'Union européenne de 1991, qui consistait à utiliser le même mot de Conseil pour désigner tantôt le Conseil européen, tantôt le Conseil des ministres. C'était, pour quelques adversaires irréductibles, une manière détournée de nier, ou de contester, l'existence du Conseil européen. Or cette posture est devenue absurde au fil des années, puisque chacun reconnaît le rôle joué par le Conseil européen (composé des chefs d'État ou de gouvernement, c'est-à-dire du président de la République pour la France, et des Premiers ministres pour la quasi-totalité des autres pays) dans les impulsions données au développement de l'Union (monnaie unique, politique étrangère et de sécurité commune) et dans la définition des choix stratégiques de l'Union. Il suffit d'ailleurs de participer à ses débats, comme je l'ai fait en présentant les rapports sur l'état d'avancement des travaux de la Convention, pour avoir la perception, en quelque sorte physique, de sa position centrale.

Au demeurant, les traités existants reconnaissent déjà son rôle. C'est ainsi que le traité de Nice indique à l'article 127 alinéa 2 : « Le Conseil réuni au niveau des chefs d'État et de gouvernement désigne la personnalité qu'il envisage de nommer président de la Commission ; cette désignation est approuvée par le Parlement européen. » Il est évident que ce n'est pas le Conseil des ministres qui pourrait accomplir cette tâche !

La Constitution définit donc le rôle du Conseil européen et précise sa composition : les chefs d'État ou de gouvernement de l'Union, et le président de la Commission européenne, auxquels vient se joindre le ministre des Affaires étrangères de l'Union.

Le Conseil européen et le Conseil des ministres ayant désormais leur reconnaissance propre, le terme le « Conseil » disparaît du texte de la Constitution. Il est remplacé, selon le cas, c'est-à-dire selon la tâche à accomplir, par la mention plus précise du « Conseil européen » ou du « Conseil des ministres ».

L'innovation majeure est celle de l'élection du président du Conseil européen.

À l'heure actuelle, chacun le sait, la présidence du Conseil européen est tournante, avec une rotation tous les six mois.

Les inconvénients de cette situation sont connus : absence de continuité et de suivi ; définition de nouvelles priorités pour l'Union à chaque semestre et, souvent, effacement des priorités précédentes ; insuffisance d'identification médiatique. Depuis le début des travaux de la Convention, j'étais convaincu que la rotation de la présidence ne pourrait pas être maintenue, car il n'existe aucune possibilité pour que l'opinion puisse répondre par l'affirmative à la question : « Acceptez-vous que dans les dix prochaines années, où les États-Unis et la Russie auront sans doute deux présidents, l'Union européenne ait vingt présidents successifs, et jamais deux fois le même ? »

Ce n'était pas, au départ, la perception majoritaire de la Convention, où dans l'esprit de chacun régnait l'espoir ou la nostalgie que son propre pays puisse un jour accéder à la présidence. Mais le réalisme a gagné peu à peu du terrain. D'abord en fonction du nombre, puisque avec vingt-cinq ou vingt-sept États membres, le retour du balancier n'aurait lieu que tous les douze ou treize ans et demi. Ensuite, en fonction de l'observation par les conventionnels de la situation présente. Bien que la Convention ait eu la chance de bénéficier pendant sa durée de trois présidences de grande qualité – espagnole, danoise, et grecque –, elle a ressenti la discontinuité qu'apportait dans l'expression des positions du Conseil le changement semestriel de président. Un événement sympathique a apporté un éclairage nouveau à cette observation. Après qu'il eut exercé avec beaucoup de soin et de compétence la présidence de l'Union européenne pendant le deuxième semestre de 2002, le Premier ministre danois, M. Rasmussen, a déclaré en janvier 2003, dans une conférence prononcée dans une enceinte académique de son pays, que l'expérience qu'il venait de vivre l'avait convaincu de la nécessité d'arrêter la rotation de la présidence !

Il en est allé de même pour la Convention. Aussi la Constitution propose-t-elle que le président du Conseil européen soit élu par le Conseil européen, à la majorité de deux tiers des États membres, représentant au moins 60 % de la population, pour une durée de deux ans et demi, renouvelable une fois. Pourquoi cette majorité, et non pas la majorité simple des États, comme me l'a demandé à Thessalonique un membre du Conseil européen ? C'est pour éviter qu'en raison des écarts importants entre les populations des États membres, le président ne soit élu par un vote qui ne représente qu'une minorité des citoyens de l'Union, et ne risque dès lors d'être contesté.

La Constitution définit les fonctions du président du Conseil européen. Elles sont simples : présider et animer les travaux du Conseil européen ; faciliter par ses contacts la cohésion et le consensus au sein du Conseil européen ; assurer la préparation et la continuité des travaux du Conseil européen, en coopération avec le président de la Commission ; enfin assurer à son niveau et en cette qualité la représentation extérieure de l'Union européenne pour les matières relevant de la politique extérieure et de sécurité commune. Il y a là, on le constate, matière à s'occuper !

Quant au choix de ce président, le Praesidium a eu à débattre d'une proposition indiquant que, pour pouvoir être élu, celui-ci devrait être membre du Conseil européen, ou avoir siégé en son sein. S'il est évident que le titulaire d'une telle fonction a tout intérêt à ne pas la découvrir au moment où il commence à l'exercer, et que son autorité sera d'autant mieux reconnue qu'il aura déjà siégé parmi ses collègues qui ont choisi de l'élire, les membres du Praesidium, puis ceux de la Convention, ont estimé qu'il était préférable de faire confiance aux membres du Conseil européen, qui auront la sagesse de mesurer eux-mêmes le poids de ces arguments, plutôt que de vouloir les enfermer dans des règles trop rigides.

En revanche, les conventionnels ont maintenu la disposition selon laquelle le président du Conseil européen ne peut pas exercer de mandat national. On voit mal, en effet, comment celui-ci pourrait répondre, dans son parlement, aux questions des parlementaires, comment il pourrait être appelé à subir une motion de censure, comment il pourrait, enfin, participer à une campagne électorale.

Avant de quitter le sujet du Conseil européen, je voudrais présenter quelques remarques à propos d'arguments qui ont été habilement répandus par les adversaires institutionnels de la réforme : le risque d'un conflit dans une Europe à deux têtes, et le danger d'un dédoublement coûteux des moyens administratifs.

Le premier argument est le reliquat de l'antagonisme interinstitutionnel que nous avons découvert en arrivant à Bruxelles. Si les institutions sont destinées à se combattre, il est certain qu'il vaut mieux couper une de leurs têtes ! Mais si, au contraire, les futurs président du Conseil européen et président de la Commission sont des hommes et des femmes décidés à travailler ensemble au bien commun européen, la différence de leurs attributions assure qu'il n'y aura pas entre eux de risque de conflit ! D'ailleurs, tous les géomètres savent que si les triangles ont trois côtés, ils ont aussi trois sommets : ce sont, ici, la présidence du Parlement, la présidence du Conseil européen et la présidence de la Commission.

Le second argument sur le dédoublement des moyens administratifs ne résiste pas à l'examen. La Commission dispose déjà de services, dont les effectifs avoisinent vingt et un mille personnes, dont huit mille fonctionnaires d'encadrement. De son côté, le secrétariat du Conseil emploie environ deux mille cinq cents personnes, dont quatre cents fonctionnaires d'encadrement. Ce secrétariat assure dès maintenant la préparation et le suivi des travaux du Conseil européen et du Conseil des ministres. Je ne vois pas de difficulté à ce que la future présidence de l'Union européenne puisse trouver au sein de ces structures, comme je l'ai fait moi-même pour la Convention européenne, l'équipe restreinte et motivée dont elle aura besoin pour l'assister dans sa tâche.

En revanche, on doit relever qu'une remarque, de plus

grande portée, a été adressée à la solution retenue dans la Constitution : les modalités d'élection du président du Conseil européen laissent trop peu de place à la démocratie. Son collège électoral est trop restreint. Conscient de cette insuffisance, j'ai essayé, sans succès, de faire prévaloir une solution plus évolutive. Il était normal, au stade initial, de commencer par une élection au sein du Conseil européen, de même, d'ailleurs, que les conseils municipaux élisent souvent leurs maires. La réforme est trop importante pour qu'on prenne le risque de la rendre traumatisante. Mais après deux ou trois élections de ce type – aux alentours des années 2020 –, il est vraisemblable qu'une forte demande commencera à se manifester pour démocratiser ce collège électoral. Avec l'intention de faciliter cette évolution, j'avais imaginé que la responsabilité d'élire le président puisse être, le moment venu, transférée à un Congrès, composé pour un tiers de parlementaires européens et pour deux tiers de parlementaires nationaux. Le Praesidium ne m'a pas suivi dans cette proposition. Mais je reste persuadé que le problème de l'élargissement du collège électoral de l'élection du président, c'est-à-dire de la démocratisation du système, ne pourra pas être indéfiniment éludé.

Le Conseil des ministres

Concernant le Conseil des ministres, la Constitution propose de le réunifier et de rétablir son autorité. Pour comprendre cette proposition, un bref rappel historique est nécessaire.

Lorsque je suis arrivé en 2002 à Bruxelles, j'étais précédé de la réputation d'être favorable au Conseil des ministres, sans doute parce que j'avais contribué en décembre 1974, avec mon ami le chancelier Helmut Schmidt, à la création du Conseil européen, et donc, dans l'état d'antagonisme des institutions, d'être défavorable à la Commission !

En réalité, l'institution que j'ai trouvée la plus détériorée était le Conseil des ministres. Cette situation ne devait rien à la qualité des hommes, car le secrétaire général du Conseil et son adjoint, Javier Solana et Pierre de Boissieu, étaient deux personnalités remarquables, qui n'ont pas manqué, par ailleurs, d'apporter un soutien efficace et discret aux travaux de la Convention. Elle s'expliquait par une lente dérive due à l'accroissement du nombre des participants, à la complexité croissante des sujets traités, et au moindre intérêt porté à ses travaux par les grands responsables politiques.

À l'origine, le Conseil des ministres était un petit club de six personnes, composé des ministres des Affaires étrangères des États membres. Cette situation était due au fait que le traité de Rome avait été mis au point par les diplomaties des États membres et que celles-ci souhaitaient veiller à sa bonne application.

Bien que l'on n'y parlât jamais de politique extérieure et que les liaisons avec Bruxelles ne bénéficient pas encore de la création du Thalys, les ministres des Affaires étrangères venaient participer, assidûment et longuement, aux séances du Conseil des ministres. Ils assuraient ainsi la cohérence politique de ses décisions. Les autres ministres ne se réunissaient pas officiellement en Conseil, à l'exception des ministres de l'Économie et des Finances, qui s'en tenaient strictement aux matières douanières et financières du traité de Rome.

En 2002, à l'ouverture des travaux de la Convention, nous avons découvert une situation toute différente. Le Conseil des ministres des « Affaires générales » existait toujours. Les États membres y étaient toujours représentés, en théorie, par les ministres des Affaires étrangères, mais son fonctionnement avait été bouleversé.

Lorsque le Conseil des ministres traite d'affaires étrangères, ce qui est devenu fréquent, les ministres des Affaires étrangères y siègent effectivement. Mais lorsqu'il débat d'affaires générales, leur présence y est épisodique, voire exceptionnelle. C'est pourtant là qu'aboutit, en fin de parcours, toute la procédure législative de l'Union européenne, dont on sait combien elle est importante – voire prééminente – dans la vie économique des États membres. Comment ceux-ci sont-ils alors représentés au Conseil ? Les représentants-suppléants disposent-ils de l'autorité suffisante sur les services administratifs et de l'influence qui leur permettent d'assurer la cohérence politique des décisions du Conseil des ministres ? Les chefs de gouvernement sont-ils à même d'être informés du suivi des travaux de ce Conseil ?

De plus, ce Conseil, conçu jadis par le traité de Rome comme devant être unique, a éclaté en une multitude de Conseils spécialisés. Ces Conseils, héritiers des anciennes rencontres informelles des ministres techniques, ont pris progressivement l'habitude de se considérer comme des démembrements autonomes du Conseil des ministres, et se reconnaissent le pouvoir de délibérer, de prendre des « décisions », qu'ils communiquent aussitôt à la presse, voire de voter, bien que les règles de vote n'aient été à l'origine applicables qu'au Conseil des Affaires générales. On a fini par dénombrer jusqu'à seize de ces Conseils spécialisés !

Cette confusion a été accrue, et le sera encore davantage, par l'effet de nombre, qui veut que, dès maintenant, chaque participant se fasse accompagner par d'importantes délégations, venues pour chercher à imposer leurs choix bureaucratiques et qui transforment la salle du Conseil en une véritable assemblée.

Cette situation comporte beaucoup d'avantages pour les intéressés : la multiplicité des réunions ; le fait que les ministres spécialisés peuvent goûter le bonheur de délibérer entre eux, à l'abri des arbitrages de synthèse qui leur sont imposés au sein de leur gouvernement national.

Mais cette dispersion fait perdre de vue l'unité du système et le besoin de cohérence politique, tout autant nécessaire, et peut-être même davantage, sur le plan européen que sur le plan national.

Le Conseil européen a bien identifié cette situation, et a

entrepris de la corriger, depuis le Conseil de Séville en juin 2002. Il a pris des décisions utiles, mais, comme il l'indique lui-même, la portée de son action est limitée par les dispositions des traités en vigueur.

La Constitution édicte les règles qui permettront d'établir un bon fonctionnement du système :

Le Conseil des ministres est composé d'un représentant nommé par chaque État membre, au niveau ministériel, pour chacune de ses formations. Cette disposition s'appliquera au Conseil des ministres des Affaires générales où siégera un seul et même titulaire, de niveau ministériel. Ce représentant est seul habilité à exercer le droit de vote de l'État qu'il représente. S'il ne le fait pas, nul ne pourra le faire à sa place.

C'est à ce Conseil des ministres, appelé Conseil législatif et des Affaires générales, qu'il revient d'assurer la cohérence des travaux du Conseil des ministres. Lorsqu'il agit en qualité de législateur, ses séances sont publiques, et la représentation des États membres peut être complétée par un ou deux représentants de niveau ministériel dont les compétences correspondent au sujet mis à l'ordre du jour.

Parallèlement, il est institué un Conseil des ministres des Affaires étrangères, chargé d'élaborer et de coordonner les politiques extérieures de l'Union, selon les lignes stratégiques définies par le Conseil européen. Innovation importante : ce Conseil est présidé à titre permanent par le ministre des Affaires étrangères.

Quant aux Conseils des ministres spécialisés, c'est au Conseil européen que revient de prendre la décision qui leur permet de se réunir.

Les présidences de ces Conseils spécialisés doivent bénéficier, elles aussi, d'une plus grande stabilité. C'est pourquoi la Constitution prévoit qu'elles pourront être exercées pour des périodes d'au moins un an par les représentants des États membres, selon un système de rotation. Le Conseil européen se voit confier le soin d'établir les règles de cette rotation, « en tenant compte des équilibres politiques et géographiques européens et de la diversité des États membres ».

Le vote à la majorité qualifiée

La Constitution prévoit que, sauf dans les cas où elle en dispose autrement, le Conseil des ministres statue à la majorité qualifiée. Qu'est-ce à dire ?

Le vote à la majorité qualifiée pose deux problèmes, qui ont soulevé des discussions passionnées au sein de la Convention : comment vote-t-on et sur quoi vote-t-on ?

Notons d'abord que le vote à la majorité qualifiée a lieu au Conseil des ministres – où tous les États membres sont représentés –, considéré dans le traité de Rome comme l'instance finale de décision du système européen.

Ce vote était jusqu'à maintenant déterminé par un barème, pondéré en fonction de la population des États suivant une grille qui avantageait les États moyennement peuplés et surtout les moins peuplés. C'est ainsi qu'à l'origine les trois États fondateurs les plus peuplés – Allemagne, France et Italie – disposaient chacun de dix voix, les Pays-Bas et la Belgique de cinq voix, le Luxembourg de deux voix. Les pays les plus peuplés étaient ainsi assurés d'une large majorité.

En réalité, ce système a peu fonctionné, car le Conseil des ministres votait rarement.

Au fur et à mesure des élargissements, on a pris l'habitude d'insérer dans la grille des droits de vote les nouveaux membres au niveau que leur assignait le chiffre de leur population. Comme il s'agissait, à l'exception de la Grande-Bretagne, de pays moyennement peuplés, le groupe des États les plus peuplés, tout en conservant encore une large majorité de la population, a perdu la majorité des voix. Le traité de Nice a tenté de réactualiser ce barème. Il est parvenu à des résultats ambigus, puisque sur les trois cent quarante-cinq droits de vote, les pays les plus peuplés disposent de cent soixante-dix voix, alors qu'ils comptent 74 % de la population. Pour les pays les moins peuplés, la situation est évidemment inverse.

Devant cette situation, le président européen et les responsables politiques ont recherché une règle de vote plus équitable, en direction de ce qu'on appelle la double majorité : majorité du nombre des États, représentant au moins la majorité de la population.

Je me souviens qu'au début des travaux de la Convention, Helmut Schmidt m'avait donné le conseil suivant : « Vous devriez déclarer qu'aucune mesure ne peut être adoptée en Europe si elle n'est pas approuvée par la majorité des parlementaires européens et la majorité du Conseil des ministres. Tout le monde vous approuvera ! »

Oui, mais quelle majorité ! ? À plusieurs reprises, pendant l'hiver 2002, j'ai interpellé les conventionnels qui réclamaient le recours au vote à la majorité qualifiée, en leur demandant : « Pouvez-vous nous dire de quelle majorité qualifiée vous parlez ? », sans réussir à obtenir de réponse.

C'est seulement dans les derniers mois de la Convention que le problème a pris toute sa dimension. Alors que jusque-là l'opinion commune, vaguement définie dans les débats en séance publique, paraissait s'orienter vers la double majorité, certains conventionnels ont commencé à lui manifester une opposition irréductible, en exigeant le maintien du barème du traité de Nice.

Le débat s'est poursuivi avec une certaine véhémence dans la Convention et surtout au Praesidium.

Il est finalement apparu qu'il n'était pas possible de faire figurer dans la Constitution un barème de vote qui ne s'inspirait d'aucun principe clair et qui devrait être renégocié à chaque élargissement. La règle de la double majorité paraissait constituer une référence compréhensible et démocratique pour l'opinion publique. Pour souligner que les décisions européennes font l'objet d'une nette approbation populaire, il a paru souhaitable de porter à 60 % le taux de représentation de la population. La majorité qualifiée devient alors « la majorité des États membres, représentant au moins les trois cinquièmes de la population de l'Union ».

Pour répondre aux préoccupations des États attachés au barème des droits de vote de Nice, il a été convenu que la nouvelle règle ne s'appliquerait que lorsque l'ensemble des dispositions de la Constitution serait entré en vigueur, c'est-à-dire à partir du 1er novembre 2009, après l'élection européenne du printemps 2004.

Mais alors, cette majorité qualifiée, à quels sujets s'applique-t-elle ? Et quels sont les sujets qui devraient être encore décidés à l'unanimité ?

Cette question a dominé les dernières séances de la Convention. Le projet constitutionnel envisageait de faire du vote à la majorité qualifiée la règle générale de décision du Conseil des ministres, avec de rares exceptions d'unanimité. De nombreux conventionnels demandaient la suppression totale de ces exceptions, en invoquant l'argument selon lequel, dans une Europe à vingt-cinq ou vingt-sept membres, le maintien du droit de veto individuel, c'est-à-dire de la décision à l'unanimité, risquerait de bloquer toutes les avancées ultérieures de l'Union.

Il était nécessaire d'entrer plus avant dans le détail du débat. Il est apparu très vite que certaines décisions politiques sensibles, en matière de politique étrangère et de défense, devaient continuer de relever de décisions prises à l'unanimité. S'il y avait un large consensus pour maintenir les domaines de la fiscalité sur les revenus et sur le patrimoine dans le champ des décisions unanimes, la Convention souhaitait manifestement pouvoir étendre le vote à la majorité qualifiée aux dispositions fiscales susceptibles de fausser la compétition sur le marché.

C'est dans la troisième partie de la Constitution relative aux politiques de l'Union que vous trouverez les réponses à chacune de ces demandes. La Convention a cherché à étendre aussi loin que possible le champ des décisions prises à la majorité qualifiée. Elle s'est heurtée parfois à des positions contradictoires ! C'est ainsi que lorsqu'un conventionnel suédois (à ce propos, je voudrais dire combien les interventions des conventionnels suédois m'ont impressionné par leur modération et leur sobriété de ton, et m'ont inspiré de sympathie pour leur pays) a proposé de faire entrer dans le domaine des votes à la majorité qualifiée le régime linguistique des institutions européennes – plus compliqué et plus onéreux que celui des Nations unies –, sa suggestion a été accueillie par un silence embarrassé.

La Constitution est allée, je crois, aussi loin qu'elle pouvait avancer sans briser le consensus. Mais surtout, elle a introduit une disposition nouvelle qui permettra aux États membres, s'ils en décident ainsi, de faire évoluer les choses. L'article 24, dans ses alinéas 4 et 5, établit en effet un mécanisme qui permet de faire passer l'adoption de lois européennes ou de lois-cadres européennes du régime du vote à l'unanimité à celui du vote à la majorité qualifiée. Les conditions strictes mises à cette décision – décision prise à l'unanimité par le Conseil européen, après une période minimale d'examen de six mois et information des Parlements nationaux – excluent tout risque de semi-clandestinité ou de détournement de procédure. Cette mesure innovante, qui permet de respecter intégralement les droits des États membres tout en leur donnant la possibilité d'avancer constitue un pivot essentiel de la Constitution.

La Commission européenne

Enfin, *last but not least*, les dispositions de la Constitution concernant la Commission européenne.

Ses attributions sont confirmées sans aucune restriction, avec netteté et précision : promotion de l'intérêt général européen et monopole d'initiative concernant les actes législatifs de l'Union (sauf exceptions dûment prévues par la

Constitution) ; exécution du budget et gestion des programmes ; fonctions de coordination et d'exécution selon les conditions fixées par la Constitution ; représentation extérieure de l'Union, à l'exception de la politique étrangère et de sécurité commune. On mesure combien ces attributions sont nombreuses, importantes, exigeantes, distinctes des tâches assumées par le Conseil européen et le Conseil des ministres.

Le président de la Commission est élu par le Parlement avec droit de refus pour celui-ci, dans les conditions que nous avons décrites. C'est désormais le président qui désignera les membres de la Commission. Il les choisira parmi les candidats proposés par chacun des États membres, qui devront établir à cette fin une liste de trois noms de personnes qualifiées, des deux sexes. Les membres de la Commission sont ensuite soumis collectivement à un vote d'approbation du Parlement européen.

Les pouvoirs du président de la Commission sont étendus : il définit les orientations de la Commission, décide de son organisation interne, et nomme ses vice-présidents.

Quant à la Commission elle-même, c'est un collège de quinze membres, composé du président, du ministre des Affaires étrangères de l'Union et de treize commissaires européens, dont le nombre correspond aux fonctions à exercer par la Commission. Cette Commission est complétée par un certain nombre de commissaires sans droit de vote, dans des conditions que nous verrons dans un instant.

Ce dispositif est le fruit d'un travail intense de réflexion de la Convention. Celle-ci était placée devant un dilemme : soit une Commission européenne nombreuse, répondant à la demande d'un commissaire par État membre ; soit un collège restreint, correspondant au nombre de fonctions à remplir et dont les membres seraient désignés suivant une règle de rotation.

Il était clair que la première formule avait la préférence de nombreux conventionnels. Elle répondait au souhait de leur opinion publique et à l'attente de leurs médias. Pour les nouveaux États membres, elle correspondait aux dispositions prévues dans leur traité d'adhésion. Enfin, elle bénéficiait du soutien militant de la Commission et de son président.

Elle présentait, en revanche, de sérieux inconvénients. Le nombre excédentaire des commissaires conduirait à une dispersion, inutile et coûteuse, des attributions de chacun. Le caractère de « collège restreint chargé d'identifier le bien commun européen », qui avait été voulu par les rédacteurs du traité de Rome (la Commission, dans le texte initial, comptait neuf membres), serait impossible à maintenir. L'ancien président de la Commission européenne, Jacques Delors, n'avait-t-il pas déclaré voici quelques années : « Au-delà de quinze membres, la Commission cesse d'être un collège ! » Enfin, la règle de vote proposée – le vote à la majorité simple des membres de la Commission – mettait en situation de minorité permanente les commissaires issus des pays les plus peuplés, qui n'auraient été que six sur vingt-cinq.

On pouvait penser que s'il s'était trouvé dans le Praesidium ou à la Convention un esprit machiavélique dont l'objectif eût été d'affaiblir le rôle de la Commission, son jeu aurait consisté à soutenir les propositions que la Commission a avancées jusqu'à la conclusion de nos travaux : un commissaire par État membre, sans limitation de nombre, et une Commission décidant à la majorité simple de ses membres.

En effet, ces propositions fermaient définitivement la voie à deux des aspirations de la Commission : l'ambition lointaine de se voir reconnaître la vocation à devenir le gouvernement de l'Europe, puisqu'un tel gouvernement devrait alors comprendre obligatoirement un seul membre allemand, un seul britannique, mais trois baltes, et, lorsque l'élargissement sera achevé, cinq ou six représentants de l'ex-Yougoslavie ; et la revendication plus immédiate de jouer un rôle actif dans la conduite de la politique étrangère de l'Union, alors que les États membres les plus engagés dans cette politique se seraient trouvés en situation de constante minorité au sein de la Commission.

Il était difficile de comprendre l'insistance mise à défendre ces propositions. Elles étaient évidemment assurées de donner à leurs protagonistes une large popularité à la fois parmi les conventionnels et parmi les représentants de beaucoup d'États membres. Mais à quelles fins ? En vue de quel mode de fonctionnement de l'Union européenne ?

Intrigué par ces positions, j'ai demandé à rencontrer le 22 mai le président de la Commission, Romano Prodi. Je souhaitais écouter ses explications. Je n'ai pas été convaincu par son argumentation. « Il existe des gouvernements aussi nombreux », m'a-t-il affirmé. Sans doute, mais les tâches de l'administration interne recouvrent des compétences plus diversifiées que celles de la Commission, et, surtout, ces gouvernements ne sont pas sujets à la contrainte de la composition obligatoire d'un ministre par territoire. « Tout dépendra, a-t-il ajouté, de la manière dont la Commission sera organisée. On pourra constituer des groupes de membres, habilités à prendre des décisions en son nom. » Mais alors, pensai-je, que deviendraient la fameuse collégialité de la Commission et sa mission de définir l'intérêt commun européen ?

La Convention a pris peu à peu le chemin du réalisme. La nécessité de conserver à la Commission son caractère de collège restreint a recueilli la préférence de la majorité des familles politiques. Mais il subsistait encore deux réticences : comment les États membres seraient-ils informés du déroulement des travaux de la Commission ? Et si le nombre des commissaires est inférieur à celui des États membres, à quelles règles devrait obéir leur rotation ?

Pour répondre à la première demande, demande qui s'affaiblira peut-être avec le temps dans la mesure où le fonctionnement de la Commission deviendra plus transparent, la Constitution prévoit que le président de la Commission pourra nommer des commissaires sans droit de vote, venant de tous les États membres non représentés au collège des commissaires européens. Cette disposition a paru répondre à l'attente des conventionnels.

Sur le second point, la Constitution a retenu le principe d'une rotation égale, qui serait établie par une décision du Conseil européen. Sous réserve d'un traitement sur un pied d'égalité, chacune des Commissions successives devrait être constituée de manière à refléter l'éventail démographique et géographique de l'ensemble des États membres de l'Union. La tâche ne sera pas aisée et devra être traitée avec grand soin, mais elle sera facilitée par le fait qu'il y aura d'autres fonctions à exercer, dans un esprit de large diffusion du pouvoir : présidence du Conseil européen, présidence de la Commission, présidence du Conseil des ministres des Affaires générales et ministre des Affaires étrangères de l'Union.

La Constitution précise enfin la fonction et le rôle du ministre des Affaires étrangères de l'Union. Cette innovation peut avoir une portée considérable si elle est bien comprise et bien gérée. L'Union souffre de la dispersion des politiques étrangères de ses États membres. Même si chacune d'elles peut être expliquée par des considérations historiques ou des intérêts nationaux légitimes, le spectacle que leurs contradictions offrent au reste du monde donne l'image d'un continent divisé, incertain sur son avenir, doutant de lui-même et de son rôle. Ce n'est pas par un tour de passe-passe institutionnel que se réalisera l'unité de la politique étrangère de l'Union ! C'est par un effort de convergence, une pédagogie minutieuse et patiente, que l'on peut espérer acheminer les hauts dirigeants responsables de cette politique, c'est-à-dire les chefs de gouvernement et les ministres des Affaires étrangères, en direction d'une attitude où ils considéreront que leur rôle consiste à définir et donc à chercher à influencer la politique extérieure commune de l'Union européenne, avant de la mettre en œuvre ensemble (même s'il est évident qu'il subsistera, par ailleurs, des domaines propres aux relations bilatérales : Commonwealth, relations de l'Espagne avec l'Amérique latine, francophonie, etc.). Le rôle de la Constitution est de mettre en place les instruments qui faciliteront l'avancée dans cette voie.

L'un d'entre eux est évidemment la stabilité de la présidence du Conseil européen, puisque le président devra « faciliter la continuité et la cohésion au sein du Conseil », où se rencontrent régulièrement les chefs de gouvernement, et où il pourra encourager le suivi de leurs réflexions.

L'autre instrument est la création du poste de ministre des Affaires étrangères de l'Union européenne. Il existe déjà, depuis le traité d'Amsterdam, un « haut représentant pour la politique extérieure et de sécurité commune ». Cette fonction, exercée à l'heure actuelle – excellemment d'ailleurs – par le secrétaire général du Conseil, Javier Solana, va changer de nature : elle deviendra un poste ministériel, dont le titulaire, nommé par le Conseil européen, participera désormais aux travaux du Conseil européen.

C'est à lui que reviendra la tâche éminente, passionnante, d'assurer la convergence des politiques étrangères de l'Union. Ainsi que le précise l'article 39, le Conseil européen fixe les objectifs de la politique étrangère et de sécurité commune de l'Union. Le Conseil des ministres des Affaires étrangères élabore cette politique. Il siège alors sous la présidence du ministre des Affaires étrangères de l'Union et celui-ci l'exécute, comme mandataire du Conseil des ministres.

Ce dispositif est clair et novateur. Il ressemble d'ailleurs à ce qui est mis en pratique dans la plupart des États du monde.

Il restait encore à régler un problème, qui a retenu longuement l'attention du groupe de travail présidé par Jean-Luc Dehaene. Celui-ci s'est passionné pour cette cause : comment assurer la cohérence de cette politique étrangère avec celles des actions que la Commission a vocation à conduire dans le domaine international, telles que, notamment, la coopération et l'aide au développement ? Quelle liaison horizontale faut-il établir entre ces politiques ?

La solution qu'a finalement retenue la Convention, après s'être longuement interrogée, est celle de la « double casquette ». Le ministre des Affaires étrangères de l'Union sera, de plein droit, un des vice-présidents de la Commission. Il y sera chargé des relations extérieures et de la coordination des autres aspects de l'action extérieure de l'Union. L'exercice de cette double fonction exigera de sa part beaucoup de fermeté et de doigté : fermeté pour éviter que ne se développe un glissement des compétences clairement réparties par la Constitution ; et doigté pour veiller à la bonne entente et à l'esprit de coopération entre des centres de décision différents et de culture parfois éloignée.

Dans le domaine de la défense, à la suite des travaux du groupe animé par le commissaire européen Michel Barnier, des progrès sensibles ont été proposés. Outre une Agence d'armement déjà évoquée, la Constitution prévoit différentes formes de coopérations renforcées, ainsi qu'une défense mutuelle. Une clause de solidarité a également été introduite dans la Constitution.

La Cour de justice

La Convention a estimé qu'il n'y avait pas lieu de modifier en profondeur les compétences et les règles de fonctionnement de la Cour de justice, qu'elle met en œuvre à la satisfaction générale et qui ont été actualisées dans le traité de Nice. La Constitution élargit toutefois sensiblement les compétences de la Cour, notamment en matière de sécurité et de justice. Elle en précise seulement la terminologie. Désormais, l'expression « Cour de justice » englobe l'ensemble formé par la Cour de justice européenne, le tribunal de grande instance et les tribunaux spécialisés.

La Constitution fixe également les conditions de nomination des magistrats et la durée de leur mandat.

Le titre IV consacré aux institutions s'achève par l'évocation d'autres institutions et organes : la Banque centrale européenne, dont le statut est laissé intact pour souligner son indépendance ; la Cour des comptes ; ainsi que les organes consultatifs de l'Union que sont le Comité des régions et le Comité économique et social. Je tiens à souligner l'assiduité avec laquelle leurs observateurs ont suivi les travaux de la Convention et la grande pertinence de leurs contributions.

La première partie de la Constitution s'achève par les titres VI à IX. Je voudrais vous en signaler les dispositions les plus innovantes.

Le titre sur la vie démocratique de l'Union pose le principe de l'égalité des citoyens de l'Union européenne, dans toutes les activités de celle-ci. Ainsi les citoyens européens sont reconnus comme égaux entre eux à l'égard des institutions européennes. Cette égalité constitue la relation fondamentale entre les citoyens et l'Union. C'est une règle appelée à éclairer et à guider l'évolution future de l'Union.

Ce titre introduit également, à la demande instante de nombreux conventionnels, le droit pour les citoyens, au nombre d'au moins un million, d'inviter la Commission à présenter une proposition sur une question pour laquelle ces citoyens estiment qu'un acte de l'Union est nécessaire pour atteindre les objectifs de la Constitution.

Un autre titre, le titre VIII, pose le problème des relations de l'Union avec son « environnement proche ». C'est un sujet qui donne souvent lieu à des propositions impulsives ou simplificatrices, comme s'il n'existait pas d'autres solutions possibles que l'adhésion à l'Union européenne, ou le refus de cette adhésion. L'article 56 offre la possibilité de conclure des accords spécifiques avec les pays concernés – on peut penser aux grands pays voisins de l'Europe – pouvant comporter des droits et obligations réciproques, ainsi que la possibilité de conduire des actions communes. On peut souhaiter que les réflexions de l'Union sur son avenir explorent les possibilités que leur offre cette nouvelle direction, en gardant présentes à l'esprit les formules que les États-Unis d'Amérique mettent en œuvre concernant leurs relations avec leurs « grands voisins » situés comme eux sur le continent nord-américain, le Canada et le Mexique, dont nul de part et d'autre ne propose l'intégration.

La dernière innovation porte sur « le retrait volontaire de l'Union ». Qu'on ne s'y trompe pas : il ne s'agit pas de l'expulsion d'un État membre, mais de la possibilité pour cet État, s'il le souhaite, de se retirer de l'Union suivant des règles constitutionnelles. L'objet de cette disposition est de répondre aux arguments exprimés ici où là dans le monde, selon lesquels l'appartenance à l'Union européenne serait une contrainte antidémocratique, presque diabolique, à laquelle les malheureux citoyens n'auraient aucun moyen d'échapper. L'article 59 – dernier article du dispositif constitutionnel – décrit la manière régulière, démocratique et sereine, qui permettrait à tout État dont les citoyens exprimeraient la volonté de mettre fin aux contraintes qu'engendre la présence de leur pays dans l'Union européenne de se retirer volontairement de celle-ci.

LES POLITIQUES DE L'UNION

La troisième partie de la Constitution décrit les politiques de l'Union. Elle reprend, pour l'essentiel, le contenu des traités antérieurs puisque, dans la déclaration de Laeken, la Convention n'a pas reçu mandat de réexaminer le contenu de ces politiques.

Néanmoins, la Convention a procédé, avec l'assistance de juristes mis à sa disposition par les institutions européennes, à une réécriture de l'ensemble de ces textes. Ce travail poursuivait un triple objectif : mettre la description des politiques de l'Union en conformité avec les définitions des compétences et des instruments d'action de l'Union données dans la première partie ; fournir aux institutions européennes les « bases juridiques » nécessaires à la conduite de ces politiques ; enfin, procéder à un toilettage des textes.

Je ne pense pas qu'il y ait lieu pour vous, lecteur, d'entreprendre la lecture en continu de cette troisième partie, qui concerne des sujets de nature variée. Il suffira de vous reporter aux articles qui décrivent les politiques de l'Union sur les thèmes qui suscitent votre curiosité, ou qui concernent vos intérêts professionnels.

Sachez cependant que la Constitution préserve « l'exception culturelle », c'est-à-dire le maintien de règles particulières de négociation lorsque les accords commerciaux portent sur les domaines audiovisuel et culturel.

Il a en effet été possible de trouver un consensus sur ce point controversé en introduisant un lien entre la procédure de négociation et l'article sur les objectifs de l'Union qui engage celle-ci à respecter la diversité culturelle et linguistique de l'Union.

Je ferai une mention particulière des articles qui concernent un sujet vital pour l'avenir de l'Union européenne : sa gouvernance économique et sociale. Le thème est resté présent à la Convention jusqu'à la fin de ses débats. Le groupe de travail sur la gouvernance économique, présidé avec une grande objectivité par Klaus Hänsch, ancien président du Parlement européen, a eu beaucoup de difficulté à trouver un consensus. À la demande des conventionnels eux-mêmes, un nouveau groupe de travail a été instauré pour traiter les problèmes de l'Europe sociale.

Des réflexions de ces deux groupes, la Constitution a retenu plusieurs propositions : ajouter la dimension sociale à la procédure d'élaboration des grandes orientations de politique économique annuelles ; légitimer, par un protocole, la reconnaissance de l'Euro-groupe, composé des ministres de l'Économie et des Finances des pays de la zone euro, et le doter d'une présidence stable, élue pour deux ans et demi ; prévoir que les pays de la zone euro puissent s'imposer un degré plus élevé de coopération économique et de convergence budgétaire, et en assurer eux-mêmes la surveillance ; décider enfin que, lors de la fixation des grandes orientations de politique économique, seuls les États membres de la zone euro prendront part au vote sur la partie des dispositions qui la concerne, les autres États pouvant, bien entendu, participer aux délibérations.

DISPOSITIONS GÉNÉRALES ET FINALES

La quatrième partie contient les dispositions générales et finales de la Constitution. Elle prévoit notamment l'abrogation de tous les traités antérieurs, tout en assurant la continuité juridique.

La Convention a également débattu de la question sensible des procédures de modification future de la Constitution. Tout en étant consciente du problème que poserait le maintien de la procédure actuelle – ratification unanime par tous les États membres – dans une Union élargie, elle n'a pu qu'esquisser certaines pistes possibles. La Constitution consacre notamment la règle selon laquelle les futures modifications devront être élaborées par une Convention.

Voilà, c'est fini !

Je pose la plume. Filtrés par les persiennes, les rayons du soleil de cet été incandescent tracent sur la table où j'écris de minces rainures brûlantes qui tournent paresseusement avec les heures.

Cette Constitution, les conventionnels l'ont rédigée avec des mots simples et des phrases courtes, pour en faciliter la lecture. Nous avons fait une chasse acharnée aux redites, aux adverbes, aux formules ambiguës, aux expressions emphatiques, aux vœux pieux. Plutôt qu'avec une plume, nous aurions préféré travailler avec un ciseau pour tailler la pierre.

Mais cette simplicité voulue ne doit pas vous égarer. Ne la prenez pas pour de la sécheresse ! Sous la mince croûte du parler juridique romain et de la formation classique, vous n'aurez pas de peine à découvrir une immense pulsion, qui anime tout le texte : celle d'un continent à la recherche, difficile et souvent tourmentée, de son unité, mais qui attend de connaître le jour où, malgré les différences de langue, d'histoire, de culture, d'âge et de ressources, les cœurs de toutes les Européennes et de tous les Européens sauront battre à l'unisson !

VALÉRY GISCARD D'ESTAING

Projet de traité établissant une

CONSTITUTION POUR L'EUROPE

Adopté par consensus par la Convention européenne
les 13 juin et 10 juillet 2003

REMIS AU
PRÉSIDENT DU CONSEIL EUROPÉEN
À ROME
18 JUILLET 2003

PRÉFACE

aux Parties I et II du Projet de Traité
établissant une Constitution pour l'Europe
remises au Conseil européen réuni à Thessalonique
le 20 juin 2003.

Le Conseil européen réuni à Laeken, en Belgique, les 14 et 15 décembre 2001, constatant que l'Union européenne abordait un tournant décisif de son existence, a convoqué la Convention européenne sur l'avenir de l'Europe.

Cette Convention a été chargée de formuler des propositions sur trois sujets : rapprocher les citoyens du projet européen et des Institutions européennes ; structurer la vie politique et l'espace politique européens dans une Union élargie ; faire de l'Union un facteur de stabilisation et un repère dans l'organisation nouvelle du monde.

La Convention a identifié des réponses aux questions posées dans la déclaration de Laeken :

– elle propose une meilleure répartition des compétences de l'Union et des États membres ;

– elle recommande une fusion des traités, et l'attribution à l'Union de la personnalité juridique ;

– elle établit une simplification des instruments d'action de l'Union ;

– elle propose des mesures pour accroître la démocratie, la transparence et l'efficacité de l'Union européenne, en développant la contribution des parlements nationaux à la légitimité du projet européen, en simplifiant les processus décisionnels, en rendant le fonctionnement des Institutions européennes plus transparent et plus lisible ;

– elle établit les mesures nécessaires pour améliorer la structure et renforcer le rôle de chacune des trois Institutions de l'Union en tenant compte, notamment, des conséquences de l'élargissement.

La déclaration de Laeken a posé la question de savoir si la simplification et le réaménagement des traités ne devraient pas ouvrir la voie à l'adoption d'un texte constitutionnel. Les travaux de la Convention ont finalement abouti à l'élaboration d'un projet de Traité établissant une Constitution pour l'Europe, texte qui a recueilli un large consensus lors de la session plénière du 13 juin 2003.

C'est ce texte que nous avons l'honneur de présenter aujourd'hui, le 20 juin 2003, au Conseil européen réuni à Thessalonique, au nom de la Convention européenne, en souhaitant qu'il constitue le fondement d'un futur Traité établissant la Constitution européenne.

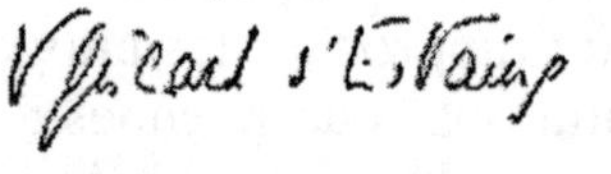

Valéry Giscard d'Estaing
Président de la Convention

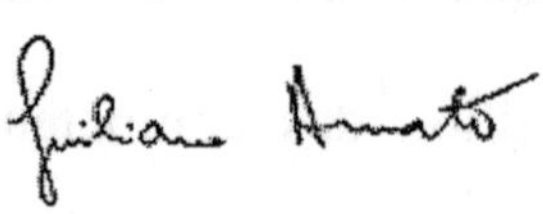

Giuliano Amato
Vice-Président

Jean-Luc Dehaene
Vice-Président

PRÉAMBULE

Χρώμεθα γάρ πολιτεία ... καί ὄνομα μὲν διά τὸ μή ές ολίγους άλλ' ές πλείονας οικεῖν δημοκρατία κέκληται...

Notre Constitution... est appelée démocratie parce que le pouvoir est entre les mains non d'une minorité, mais du plus grand nombre.

Thucydide II, 37

Conscients que l'Europe est un continent porteur de civilisation ; que ses habitants, venus par vagues successives depuis les premiers âges, y ont développé progressivement les valeurs qui fondent l'humanisme : l'égalité des êtres, la liberté, le respect de la raison,

S'inspirant des héritages culturels, religieux et humanistes de l'Europe, dont les valeurs, toujours présentes dans son patrimoine, ont ancré dans la vie de la société le rôle central de la personne humaine et de ses droits inviolables et inaliénables, ainsi que le respect du droit,

Convaincus que l'Europe désormais réunie entend avancer sur la voie de la civilisation, du progrès et de la prospérité, pour le bien de tous ses habitants, y compris les plus fragiles et les plus démunis ; qu'elle veut demeurer un continent ouvert à la culture, au savoir et au progrès social ; et qu'elle souhaite approfondir le caractère démocratique et transparent de sa vie publique, et œuvrer pour la paix, la justice et la solidarité dans le monde,

Persuadés que les peuples de l'Europe, tout en restant fiers de leur identité et de leur histoire nationale, sont résolus à dépasser leurs anciennes divisions et, unis d'une manière sans cesse plus étroite, à forger leur destin commun,

Assurés que, « Unie dans sa diversité », l'Europe leur offre les meilleures chances de poursuivre, dans le respect des droits de chacun et dans la conscience de leurs responsabilités à l'égard des générations futures et de la planète, la grande aventure qui en fait un espace privilégié de l'espérance humaine,

Reconnaissants aux membres de la Convention européenne d'avoir élaboré cette Constitution au nom des citoyens et des États d'Europe,

[Lesquels, après avoir échangé leurs pleins pouvoirs reconnus en bonne et due forme, sont convenus des dispositions qui suivent :]

PARTIE I

TITRE I

Définition et objectifs de l'Union

ARTICLE I-1 : Établissement de l'Union

1. Inspirée par la volonté des citoyens et des États d'Europe de bâtir leur avenir commun, cette Constitution établit l'Union européenne, à laquelle les États membres confèrent des compétences pour atteindre leurs objectifs communs. L'Union coordonne les politiques des États membres visant à atteindre ces objectifs et exerce sur le mode communautaire les compétences qu'ils lui transfèrent.

2. L'Union est ouverte à tous les États européens qui respectent ses valeurs et qui s'engagent à les promouvoir en commun.

ARTICLE I-2 : Les valeurs de l'Union

L'Union est fondée sur les valeurs de respect de la dignité humaine, de liberté, de démocratie, d'égalité, de l'état de droit, ainsi que de respect des droits de l'homme. Ces valeurs sont communes aux États membres dans une société caractérisée par le pluralisme, la tolérance, la justice, la solidarité et la non-discrimination.

ARTICLE I-3 : Les objectifs de l'Union

1. L'Union a pour but de promouvoir la paix, ses valeurs et le bien-être de ses peuples.

2. L'Union offre à ses citoyennes et à ses citoyens un espace de liberté, de sécurité et de justice sans frontières inté-

rieures, et un marché unique où la concurrence est libre et non faussée.

3. L'Union œuvre pour le développement durable de l'Europe fondé sur une croissance économique équilibrée, une économie sociale de marché hautement compétitive, qui tend au plein emploi et au progrès social, et un niveau élevé de protection et d'amélioration de la qualité de l'environnement. Elle promeut le progrès scientifique et technique.

Elle combat l'exclusion sociale et les discriminations, et promeut la justice et la protection sociales, l'égalité entre les femmes et les hommes, la solidarité entre les générations et la protection des droits des enfants.

Elle promeut la cohésion économique, sociale et territoriale, et la solidarité entre les États membres.

L'Union respecte la richesse de sa diversité culturelle et linguistique, et veille à la sauvegarde et au développement du patrimoine culturel européen.

4. Dans ses relations avec le reste du monde, l'Union affirme et promeut ses valeurs et ses intérêts. Elle contribue à la paix, à la sécurité, au développement durable de la planète, à la solidarité et au respect mutuel entre les peuples, au commerce libre et équitable, à l'élimination de la pauvreté et à la protection des droits de l'Homme, en particulier ceux des enfants, ainsi qu'au strict respect et au développement du droit international, notamment au respect des principes de la Charte des Nations Unies.

5. Ces objectifs sont poursuivis par des moyens appropriés, en fonction des compétences conférées à l'Union dans la Constitution.

ARTICLE I-4 : **Libertés fondamentales et non-discrimination**

1. La libre circulation des personnes, des biens, des services et des capitaux, ainsi que la liberté d'établissement sont garanties par l'Union et à l'intérieur de celle-ci, conformément aux dispositions de la Constitution.

2. Dans le domaine d'application de la Constitution, et sans préjudice de ses dispositions particulières, toute discrimination exercée en raison de la nationalité est interdite.

ARTICLE I-5 : Relations entre l'Union et les États membres

1. L'Union respecte l'identité nationale des États membres, inhérente à leurs structures fondamentales politiques et constitutionnelles, y compris en ce qui concerne l'autonomie locale et régionale. Elle respecte les fonctions essentielles de l'État, notamment celles qui ont pour objet d'assurer son intégrité territoriale, de maintenir l'ordre public et de sauvegarder la sécurité intérieure.

2. En vertu du principe de coopération loyale, l'Union et les États membres se respectent et s'assistent mutuellement dans l'accomplissement des missions découlant de la Constitution.

Les États membres facilitent à l'Union l'accomplissement de sa mission et s'abstiennent de toutes mesures susceptibles de mettre en péril la réalisation des buts figurant dans la Constitution.

ARTICLE I-6 : Personnalité juridique

L'Union est dotée de la personnalité juridique.

TITRE II

Les droits fondamentaux et la citoyenneté de l'Union

ARTICLE I-7 : **Droits fondamentaux**

1. L'Union reconnaît les droits, les libertés et les principes énoncés dans la Charte des droits fondamentaux qui constitue la Partie II de la Constitution.

2. L'Union s'emploie à adhérer à la Convention européenne de sauvegarde des droits de l'homme et des libertés fondamentales. Une telle adhésion ne modifie pas les compétences de l'Union telles qu'elles sont définies dans la Constitution.

3. Les droits fondamentaux, tels qu'ils sont garantis par la Convention européenne de sauvegarde des droits de l'homme et des libertés fondamentales et tels qu'ils résultent des traditions constitutionnelles communes aux États membres, font partie du droit de l'Union en tant que principes généraux.

ARTICLE I-8 : **La citoyenneté de l'Union**

1. Toute personne ayant la nationalité d'un État membre possède la citoyenneté de l'Union. La citoyenneté de l'Union s'ajoute à la citoyenneté nationale et ne la remplace pas.

2. Les citoyennes et citoyens de l'Union jouissent des droits et sont soumis aux devoirs prévus par la Constitution. Ils disposent :

– du droit de circuler et de séjourner librement sur le territoire des États membres ;

– du droit de vote et d'éligibilité aux élections au Parlement européen ainsi qu'aux élections municipales dans l'État membre où ils résident, dans les mêmes conditions que les ressortissants de cet État ;

– du droit de bénéficier, sur le territoire d'un pays tiers où l'État membre dont ils sont ressortissants n'est pas représenté, de la protection des autorités diplomatiques et consulaires de tout État membre dans les mêmes conditions que les nationaux de cet État ;

– du droit d'adresser des pétitions au Parlement européen, de recourir au médiateur européen, ainsi que du droit de s'adresser aux institutions et aux organes consultatifs de l'Union dans une des langues de la Constitution et de recevoir une réponse dans la même langue.

3. Ces droits s'exercent dans les conditions et les limites définies par la Constitution et par les dispositions prises pour son application.

TITRE III

Les compétences de l'Union

ARTICLE I-9 : Principes fondamentaux

1. Le principe d'attribution régit la délimitation des compétences de l'Union. Les principes de subsidiarité et de proportionnalité regissent l'exercice de ces compétences.

2. En vertu du principe d'attribution, l'Union agit dans les limites des compétences que les États membres lui ont attribuées dans la Constitution en vue d'atteindre les objectifs qu'elle établit. Toute compétence non attribuée à l'Union dans la Constitution appartient aux États membres.

3. En vertu du principe de subsidiarité, dans les domaines qui ne relèvent pas de sa compétence exclusive, l'Union intervient seulement et dans la mesure où les objectifs de l'action envisagée ne peuvent pas être atteints de manière suffisante par les États membres tant au niveau central qu'au niveau régional et local mais peuvent l'être mieux, en raison des dimensions ou des effets de l'action envisagée, au niveau de l'Union.

Les institutions de l'Union appliquent le principe de subsidiarité conformément au protocole sur l'application des principes de subsidiarité et de proportionnalité annexé à la Constitution. Les parlements nationaux veillent au respect de ce principe conformément à la procédure prévue dans ce protocole.

4. En vertu du principe de proportionnalité, le contenu et la forme de l'action de l'Union n'excèdent pas ce qui est nécessaire pour atteindre les objectifs de la Constitution.

Les institutions appliquent le principe de proportionnalité conformément au protocole visé au paragraphe 3.

ARTICLE I-10 : Le droit de l'Union

1. La Constitution et le droit adopté par les institutions de l'Union dans l'exercice des compétences qui lui sont attribuées ont la primauté sur le droit des États membres.

2. Les États membres prennent toutes mesures générales ou particulières propres à assurer l'exécution des obligations découlant de la Constitution ou résultant des actes des institutions de l'Union.

ARTICLE I-11 : Catégories de compétences

1. Lorsque la Constitution attribue à l'Union une compétence exclusive dans un domaine déterminé, celle-ci seule peut légiférer et adopter des actes juridiquement obligatoires, les États membres ne pouvant le faire par eux-mêmes que s'ils sont habilités par l'Union ou pour mettre en œuvre des actes adoptés par celle-ci.

2. Lorsque la Constitution attribue à l'Union une compétence partagée avec les États membres dans un domaine déterminé, l'Union et les États membres ont le pouvoir de légiférer et d'adopter des actes juridiquement obligatoires dans ce domaine. Les États membres exercent leur compétence dans la mesure où l'Union n'a pas exercé la sienne ou a décidé de cesser de l'exercer.

3. L'Union dispose d'une compétence en vue de promouvoir et d'assurer la coordination des politiques économiques et de l'emploi des États membres.

4. L'Union dispose d'une compétence pour la définition et la mise en œuvre d'une politique étrangère et de sécurité commune, y compris la définition progressive d'une politique de défense commune.

5. Dans certains domaines et dans les conditions prévues par la Constitution, l'Union a compétence pour mener des

actions en vue d'appuyer, de coordonner ou de compléter l'action des États membres, sans pour autant remplacer leur compétence dans ces domaines.

6. L'étendue et les modalités d'exercice des compétences de l'Union sont déterminées par les dispositions spécifiques à chaque domaine de la Partie III.

ARTICLE I-12 : **Les compétences exclusives**

1. L'Union dispose d'une compétence exclusive pour établir les règles de concurrence nécessaires au fonctionnement du marché intérieur, ainsi que dans les domaines suivants :

– la politique monétaire pour les États membres qui ont adopté l'euro,

– la politique commerciale commune,

– l'Union douanière,

– la conservation des ressources biologiques de la mer dans le cadre de la politique commune de la pêche.

2. L'Union dispose d'une compétence exclusive pour la conclusion d'un accord international lorsque cette conclusion est prévue dans un acte législatif de l'Union, ou qu'elle est nécessaire pour lui permettre d'exercer sa compétence interne, ou qu'elle affecte un acte interne de l'Union.

ARTICLE I-13 : **Les domaines de compétence partagée**

1. L'Union dispose d'une compétence partagée avec les États membres lorsque la Constitution lui attribue une compétence qui ne relève pas des domaines visés aux articles 12 et 16.

2. Les compétences partagées entre l'Union et les États membres s'appliquent aux principaux domaines suivants :

– le marché intérieur,

– l'espace de liberté, de sécurité et de justice,

– l'agriculture et la pêche, à l'exclusion de la conservation des ressources biologiques de la mer,

– le transport et les réseaux transeuropéens,

– l'énergie,
– la politique sociale, pour des aspects définis dans la Partie III,
– la cohésion économique, sociale et territoriale,
– l'environnement,
– la protection des consommateurs,
– les enjeux communs de sécurité en matière de santé publique.

3. Dans les domaines de la recherche, du développement technologique et de l'espace, l'Union a compétence pour mener des actions, notamment pour définir et mettre en œuvre des programmes, sans que l'exercice de cette compétence puisse avoir pour effet d'empêcher les États membres d'exercer la leur.

4. Dans les domaines de la coopération au développement et de l'aide humanitaire, l'Union a compétence pour entreprendre des actions et pour mener une politique commune, sans que l'exercice de cette compétence puisse avoir pour effet d'empêcher les États membres d'exercer la leur.

ARTICLE I-14 : **La coordination des politiques économiques et de l'emploi**

1. L'Union adopte des mesures en vue d'assurer la coordination des politiques économiques des États membres, notamment en adoptant les grandes orientations de ces politiques. Les États membres coordonnent leurs politiques économiques au sein de l'Union.

2. Des dispositions spécifiques s'appliquent aux États membres qui ont adopté l'euro.

3. L'Union adopte des mesures en vue d'assurer la coordination des politiques de l'emploi des États membres, notamment en adoptant les lignes directrices de ces politiques.

4. L'Union peut adopter des initiatives en vue d'assurer la coordination des politiques sociales des États membres.

ARTICLE I-15 : La politique étrangère et de sécurité commune

1. La compétence de l'Union en matière de politique étrangère et de sécurité commune couvre tous les domaines de la politique étrangère ainsi que l'ensemble des questions relatives à la sécurité de l'Union, y compris la définition progressive d'une politique de défense commune qui peut conduire à une défense commune.

2. Les États membres appuient activement et sans réserve la politique étrangère et de sécurité commune de l'Union dans un esprit de loyauté et de solidarité mutuelle et respectent les actes adoptés par l'Union dans ce domaine. Ils s'abstiennent de toute action contraire aux intérêts de l'Union ou susceptible de nuire à son efficacité.

ARTICLE I-16 : Les domaines d'action d'appui, de coordination ou de complément

1. L'Union peut mener des actions d'appui, de coordination ou de complément.

2. Les domaines d'action d'appui, de coordination ou de complément sont, dans leur finalité européenne :
- l'industrie,
- la protection et l'amélioration de la santé humaine,
- l'éducation, la formation professionnelle, la jeunesse et le sport,
- la culture,
- la protection civile.

3. Les actes juridiquement obligatoires adoptés par l'Union sur la base des dispositions spécifiques à ces domaines de la Partie III ne peuvent pas comporter d'harmonisation des dispositions législatives et réglementaires des États membres.

ARTICLE I-17 : Clause de flexibilité

1. Si une action de l'Union paraît nécessaire dans le cadre des politiques définies à la Partie III pour atteindre l'un des

objectifs fixés par la Constitution, sans que celle-ci ait prévu les pouvoirs d'action requis à cet effet, le Conseil des ministres, statuant à l'unanimité sur proposition de la Commission et après approbation du Parlement européen, prend les dispositions appropriées.

2. La Commission, dans le cadre de la procédure de contrôle du principe de subsidiarité visée à l'article 9, paragraphe 3, attire l'attention des parlements nationaux des États membres sur les propositions fondées sur le présent article.

3. Les dispositions adoptées sur la base du présent article ne peuvent pas comporter d'harmonisation des dispositions législatives et réglementaires des États membres dans les cas où la Constitution exclut une telle harmonisation.

TITRE IV

Les institutions de l'Union

CHAPITRE I
LE CADRE INSTITUTIONNEL

ARTICLE I-18 : Les institutions de l'Union

1. L'Union dispose d'un cadre institutionnel unique qui vise à :

– poursuivre les objectifs de l'Union,

– promouvoir ses valeurs,

– servir les intérêts de l'Union, de ses citoyennes et citoyens, et de ses États membres,

et à assurer la cohérence, l'efficacité et la continuité des politiques et des actions qu'elle mène en vue d'atteindre ses objectifs.

2. Ce cadre institutionnel comprend :

le Parlement européen,
le Conseil européen,
le Conseil des ministres,
la Commission européenne,
la Cour de justice.

3. Chaque institution agit dans les limites des attributions qui lui sont conférées dans la Constitution, conformément aux procédures et dans les conditions prévues par celle-ci. Les institutions pratiquent entre elles une coopération loyale.

ARTICLE I-19 : Le Parlement européen

1. Le Parlement européen exerce, conjointement avec le Conseil des ministres, les fonctions législative et budgétaire, ainsi que des fonctions de contrôle politique et consultatives selon les conditions fixées par la Constitution. Il élit le Président de la Commission européenne.

2. Le Parlement européen est élu au suffrage universel direct par les citoyens européens lors d'un scrutin libre et secret pour un mandat de cinq ans. Le nombre de ses membres ne dépasse pas sept cent trente-six. La représentation des citoyens européens est assurée de façon dégressivement proportionnelle, avec la fixation d'un seuil minimum de quatre membres par État membre.

Suffisamment longtemps avant les élections parlementaires européennes de 2009, et si besoin est par la suite en vue d'élections ultérieures, le Conseil européen adopte à l'unanimité, sur la base d'une proposition du Parlement européen et avec son approbation, une décision fixant la composition du Parlement européen, dans le respect des principes énoncés ci-dessus.

3. Le Parlement européen élit parmi ses membres son Président et son bureau.

ARTICLE I-20 : Le Conseil européen

1. Le Conseil européen donne à l'Union les impulsions nécessaires à son développement et définit ses orientations et ses priorités politiques générales. Il n'exerce pas de fonction législative.

2. Le Conseil européen est composé des Chefs d'État ou de gouvernement des États membres, ainsi que de son Président et du Président de la Commission. Le ministre des Affaires étrangères de l'Union participe à ses travaux.

3. Le Conseil européen se réunit chaque trimestre sur convocation de son Président. Lorsque l'ordre du jour l'exige, les membres du Conseil européen peuvent décider

d'être assistés par un ministre et, pour le Président de la Commission, par un Commissaire européen. Lorsque la situation l'exige, le Président convoque une réunion extraordinaire du Conseil européen.

4. Le Conseil européen se prononce par consensus sauf dans les cas où la Constitution en dispose autrement.

ARTICLE I-21 : Le Président du Conseil européen

1. Le Président du Conseil européen est élu par le Conseil européen à la majorité qualifiée pour une durée de deux ans et demi, renouvelable une fois. En cas d'empêchement ou de faute grave, le Conseil européen peut mettre fin à son mandat selon la même procédure.

2. Le Président du Conseil européen :

– préside et anime les travaux du Conseil européen,

– en assure la préparation et la continuité en coopération avec le Président de la Commission, et sur la base des travaux du Conseil des affaires générales,

– œuvre pour faciliter la cohésion et le consensus au sein du Conseil européen,

– présente au Parlement européen un rapport à la suite de chacune de ses réunions.

Le Président du Conseil européen assure à son niveau et dans cette qualité, la représentation extérieure de l'Union pour les matières relevant de la politique étrangère et de sécurité commune, sans préjudice des compétences du ministre des Affaires étrangères de l'Union.

3. Le Président du Conseil européen ne peut exercer de mandat national.

ARTICLE I-22 : Le Conseil des ministres

1. Le Conseil des ministres exerce, conjointement avec le Parlement européen, les fonctions législative et budgétaire, ainsi que des fonctions de définition de politiques et de coordination dans les conditions fixées par la Constitution.

2. Le Conseil des ministres est composé d'un représentant nommé par chaque État membre au niveau ministériel pour chacune de ses formations. Ce représentant est seul habilité à engager l'État membre qu'il représente et à exercer le droit de vote.

3. Le Conseil des ministres statue à la majorité qualifiée sauf dans les cas où la Constitution en dispose autrement.

ARTICLE I-23 : **Les formations du Conseil des ministres**

1. Le Conseil législatif et des affaires générales assure la cohérence des travaux du Conseil des ministres.

Lorsqu'il agit en qualité de Conseil des affaires générales, il prépare les réunions du Conseil européen et en assure le suivi en liaison avec la Commission.

Lorsqu'il agit en qualité de législateur, le Conseil des ministres délibère, et se prononce conjointement avec le Parlement européen, sur les lois européennes et les lois-cadres européennes conformément aux dispositions de la Constitution. Lorsqu'il agit en cette qualité, la représentation de chaque État membre est assurée par un ou deux autres représentants au niveau ministériel dont les compétences correspondent à l'ordre du jour du Conseil des ministres.

2. Le Conseil des affaires étrangères élabore les politiques extérieures de l'Union selon les lignes stratégiques définies par le Conseil européen, et assure la cohérence de son action. Il est présidé par le ministre des Affaires étrangères de l'Union.

3. Le Conseil européen adopte une décision européenne établissant les autres formations dans lesquelles le Conseil des ministres peut se réunir.

4. La présidence des formations du Conseil des ministres, à l'exception de celle des Affaires étrangères, est assurée par les représentants des États membres au sein du Conseil des ministres selon un système de rotation égale pour des périodes d'au moins un an. Le Conseil européen adopte une déci-

sion européenne établissant les règles d'une telle rotation, en tenant compte des équilibres politiques et géographiques européens et de la diversité des États membres.

ARTICLE I-24 : La majorité qualifiée

1. Lorsque le Conseil européen ou le Conseil des ministres statuent à la majorité qualifiée, celle-ci se définit comme réunissant la majorité des États membres, représentant au moins les trois cinquièmes de la population de l'Union.

2. Lorsque la Constitution n'exige pas que le Conseil européen ou le Conseil des ministres statue sur la base d'une proposition de la Commission ou lorsque le Conseil européen ou le Conseil des ministres ne statue pas à l'initiative du ministre des Affaires étrangères de l'Union, la majorité qualifiée requise est constituée des deux tiers des États membres, représentant au moins les trois cinquièmes de la population de l'Union.

3. Les dispositions des paragraphes 1 et 2 prennent effet au 1er novembre 2009, après la tenue des élections parlementaires européennes, conformément aux dispositions de l'article 19.

4. Lorsque la Constitution prévoit dans sa Partie III que des lois européennes et des lois-cadres européennes sont adoptées par le Conseil des ministres conformément à une procédure législative spéciale, le Conseil européen peut, de sa propre initiative et à l'unanimité, après une période minimale d'examen de six mois, adopter une décision autorisant l'adoption de ces lois ou lois-cadres conformément à la procédure législative ordinaire. Le Conseil européen statue après consultation du Parlement européen et information des parlements nationaux.

Lorsque la Constitution prévoit dans sa Partie III que le Conseil des ministres statue à l'unanimité dans un domaine déterminé, le Conseil européen peut, de sa propre initiative et à l'unanimité, adopter une décision européenne autorisant le Conseil des ministres à statuer à la majorité qualifiée dans ce domaine. Toute initiative prise par le Conseil européen sur la base de cet alinéa est transmise aux parlements nationaux au moins quatre mois avant qu'une décision soit prise.

5. Au sein du Conseil européen, son Président et le Président de la Commission ne prennent pas part au vote.

ARTICLE I-25 : La Commission européenne

1. La Commission européenne promeut l'intérêt général européen et prend les initiatives appropriées à cette fin. Elle veille à l'application des dispositions de la Constitution ainsi que des dispositions prises par les institutions en vertu de celle-ci. Elle surveille l'application du droit de l'Union sous le contrôle de la Cour de justice. Elle exécute le budget et gère les programmes. Elle exerce des fonctions de coordination, d'exécution et de gestion dans les conditions fixées par la Constitution. À l'exception de la politique étrangère et de sécurité commune et des autres cas prévus par la Constitution, elle assure la représentation extérieure de l'Union. Elle prend les initiatives de la programmation annuelle et pluriannuelle de l'Union en vue de parvenir à des accords interinstitutionnels.

2. Un acte législatif de l'Union ne peut être adopté que sur proposition de la Commission sauf dans les cas où la Constitution en dispose autrement. Les autres actes sont adoptés sur proposition de la Commission lorsque la Constitution le prévoit.

3. La Commission consiste en un Collège composé de son Président, du ministre des Affaires étrangères de l'Union, vice-président, ainsi que de treize Commissaires européens sélectionnés selon un système de rotation égale entre les États membres. Ce système est établi par une décision européenne adoptée par le Conseil européen fondée sur les principes suivants :

a) les États membres sont traités sur un strict pied d'égalité pour la détermination de l'ordre de passage et du temps de présence de leurs nationaux au sein du Collège ; en conséquence, l'écart entre le nombre total des mandats détenus par des nationaux de deux États membres donnés ne peut jamais être supérieur à un ;

b) sous réserve du point a), chacun des Collèges successifs est constitué de manière à refléter d'une manière satisfaisante l'éventail démographique et géographique de l'ensemble des États membres de l'Union.

Le Président de la Commission nomme des Commissaires sans droit de vote, choisis en tenant compte des mêmes critères que pour les membres du Collège et venant de tous les autres États membres.

Ces dispositions prennent effet au 1er novembre 2009.

4. La Commission exerce ses responsabilités en pleine indépendance. Dans l'accomplissement de leurs devoirs, les Commissaires européens et les Commissaires ne sollicitent ni n'acceptent d'instructions d'aucun gouvernement ni d'aucun organisme.

5. La Commission, en tant que Collège, est responsable devant le Parlement européen. Le Président de la Commission est responsable devant le Parlement européen des activités des Commissaires. Le Parlement européen peut adopter une motion de censure de la Commission selon les modalités figurant à l'article III-243. Si une telle motion est adoptée, les Commissaires européens et les Commissaires doivent démissionner collectivement de leurs fonctions. La Commission continue à expédier les affaires courantes jusqu'à la nomination d'un nouveau Collège.

ARTICLE I-26 : Le Président de la Commission européenne

1. En tenant compte des élections au Parlement européen, et après des consultations appropriées, le Conseil européen, statuant à la majorité qualifiée, propose au Parlement européen un candidat à la fonction de Président de la Commis-

sion. Ce candidat est élu par le Parlement européen à la majorité des membres qui le composent. Si ce candidat ne recueille pas la majorité, le Conseil européen propose au Parlement européen un nouveau candidat dans un délai d'un mois, en suivant la même procédure.

2. Chaque État membre déterminé sur la base du système de rotation établit une liste de trois personnes, parmi lesquelles les deux sexes sont représentés, qu'il estime qualifiées pour exercer la fonction de Commissaire européen. En retenant une personne sur chacune des listes proposées, le Président élu désigne les treize Commissaires européens choisis pour leur compétence et leur engagement européen et offrant toute garantie d'indépendance. Le Président, les personnes désignées pour être membres du Collège, y compris le futur ministre des Affaires étrangères de l'Union, ainsi que les personnes désignées pour être Commissaires sans droit de vote, sont soumis collectivement à un vote d'approbation du Parlement européen. Le mandat de la Commission est de cinq ans.

3. Le Président de la Commission :

– définit les orientations dans le cadre desquelles la Commission exerce sa mission,

– décide de son organisation interne afin d'assurer la cohérence, l'efficacité et la collégialité de son action,

– nomme des vice-présidents parmi les membres du Collège.

Un Commissaire européen ou un Commissaire présente sa démission si le Président le lui demande.

ARTICLE I-27 : **Le ministre des Affaires étrangères de l'Union**

1. Le Conseil européen, statuant à la majorité qualifiée, avec l'accord du Président de la Commission, nomme le ministre des Affaires étrangères de l'Union. Celui-ci conduit la politique étrangère et de sécurité commune de l'Union. Le

Conseil européen peut mettre fin à son mandat selon la même procédure.

2. Le ministre des Affaires étrangères de l'Union contribue par ses propositions à l'élaboration de la politique étrangère commune et l'exécute en tant que mandataire du Conseil des ministres. Il agit de même pour la politique de sécurité et de défense commune.

3. Le ministre des Affaires étrangères de l'Union est l'un des vice-présidents de la Commission européenne. Il y est chargé des relations extérieures et de la coordination des autres aspects de l'action extérieure de l'Union. Dans l'exercice de ces responsabilités au sein de la Commission, et pour ces seules responsabilités, le ministre des Affaires étrangères de l'Union est soumis aux procédures qui régissent le fonctionnement de la Commission.

ARTICLE I-28 : La Cour de justice

1. La Cour de justice comprend la Cour de justice européenne, le Tribunal de grande instance et des tribunaux spécialisés. Elle assure le respect du droit dans l'interprétation et l'application de la Constitution.

Les États membres établissent les voies de recours nécessaires pour assurer une protection juridictionnelle effective dans le domaine du droit de l'Union.

2. La Cour de justice européenne est formée d'un juge par État membre et est assistée d'avocats généraux.

Le Tribunal de grande instance compte au moins un juge par État membre ; le nombre des juges est fixé par le statut de la Cour de justice.

Les juges et les avocats généraux de la Cour de justice européenne et les juges du Tribunal de grande instance, choisis parmi des personnalités offrant toutes garanties d'indépendance et réunissant les conditions requises aux articles III-260 et III-261, sont nommés d'un commun accord par les gouvernements des États membres pour six ans. Ce mandat est renouvelable.

3. La Cour de justice statue :
– sur les recours introduits par un État membre, une institution ou des personnes physiques ou morales conformément aux dispositions de la Partie III ;
– à titre préjudiciel, à la demande des juridictions nationales, sur l'interprétation du droit de l'Union ou sur la validité d'actes adoptés par les institutions ;
– sur les autres cas prévus dans la Constitution.

CHAPITRE II
AUTRES INSTITUTIONS ET ORGANES

ARTICLE I-29 : La Banque centrale européenne

1. La Banque centrale européenne et les banques centrales nationales constituent le Système européen de banques centrales. La Banque centrale européenne et les banques centrales nationales des États membres qui ont adopté la monnaie de l'Union, l'euro, conduisent la politique monétaire de l'Union.

2. Le Système européen de banques centrales est dirigé par les organes de décision de la Banque centrale européenne. L'objectif principal du Système européen de banques centrales est de maintenir la stabilité des prix. Sans préjudice de l'objectif de stabilité des prix, il apporte son soutien aux politiques économiques générales dans l'Union en vue de contribuer à la réalisation des objectifs de l'Union. Il conduit toute autre mission de banque centrale conformément aux dispositions de la Partie III et aux statuts du Système européen de banques centrales et de la Banque centrale européenne.

3. La Banque centrale européenne est une institution dotée de la personnalité juridique. Elle est seule habilitée à autoriser l'émission de l'euro. Dans l'exercice de ses pouvoirs et

dans ses finances, elle est indépendante. Les institutions et organes de l'Union ainsi que les gouvernements des États membres s'engagent à respecter ce principe.

4. La Banque centrale européenne adopte les mesures nécessaires à l'accomplissement de ses missions conformément aux dispositions des articles III-77 à III-83 et III-90 et aux conditions fixées dans les statuts du Système européen de banques centrales et de la Banque centrale européenne. Conformément à ces mêmes dispositions, les États membres qui n'ont pas adopté l'euro, ainsi que leurs banques centrales, conservent leurs compétences dans le domaine monétaire.

5. Dans les domaines relevant de sa compétence, la Banque centrale européenne est consultée sur tout projet d'acte de l'Union, ainsi que sur tout projet de réglementation au niveau national, et peut soumettre des avis.

6. Les organes de décision de la Banque centrale européenne, leur composition et leurs modalités de fonctionnement sont définis aux articles III-84 à III-87, ainsi que dans les statuts du Système européen de banques centrales et de la Banque centrale européenne.

ARTICLE I-30 : La Cour des comptes

1. La Cour des comptes est l'institution qui assure le contrôle des comptes.

2. Elle examine les comptes de la totalité des recettes et dépenses de l'Union et s'assure de la bonne gestion financière.

3. Elle est composée d'un national de chaque État membre. Ses membres exercent leurs fonctions en pleine indépendance.

ARTICLE I-31 : Les organes consultatifs de l'Union

1. Le Parlement européen, le Conseil des ministres et la Commission sont assistés d'un Comité des régions et d'un Comité économique et social, qui exercent des fonctions consultatives.

2. Le Comité des régions est composé de représentants des collectivités régionales et locales qui sont soit titulaires d'un mandat électoral au sein d'une collectivité régionale ou locale, soit politiquement responsables devant une assemblée élue.

3. Le Comité économique et social est composé de représentants des organisations d'employeurs, de salariés et d'autres acteurs représentatifs de la société civile, en particulier dans les domaines socio-économique, civique, professionnel et culturel.

4. Les membres du Comité des régions et du Comité économique et social ne doivent être liés par aucun mandat impératif. Ils exercent leur fonction en pleine indépendance, dans l'intérêt général de l'Union.

5. Les règles relatives à la composition de ces Comités, à la désignation de leurs membres, à leurs attributions et à leur fonctionnement sont définies par les articles III-292 à III-298. Les règles relatives à leur composition sont revues à intervalle régulier par le Conseil des ministres sur proposition de la Commission, pour accompagner l'évolution économique, sociale et démographique de l'Union.

TITRE V
L'exercice des compétences de l'Union

CHAPITRE I
DISPOSITIONS COMMUNES

ARTICLE I-32 : Les actes juridiques de l'Union

1. Dans l'exercice des compétences qui lui sont attribuées dans la Constitution, l'Union utilise comme instruments juridiques, en conformité avec les dispositions de la Partie III, la loi européenne, la loi-cadre européenne, le règlement européen, la décision européenne, les recommandations et les avis.

La loi européenne est un acte législatif de portée générale. Elle est obligatoire dans tous ses éléments et directement applicable dans tout État membre.

La loi-cadre européenne est un acte législatif qui lie tout État membre destinataire quant au résultat à atteindre, tout en laissant aux instances nationales la compétence quant au choix de la forme et des moyens.

Le règlement européen est un acte non législatif de portée générale pour la mise en œuvre des actes législatifs et de certaines dispositions spécifiques de la Constitution. Il peut, soit être obligatoire dans tous ses éléments et directement applicable dans tout État membre, soit lier tout État membre destinataire quant au résultat à atteindre, tout en laissant aux instances nationales la compétence quant au choix de la forme et des moyens.

La décision européenne est un acte non législatif obligatoire dans tous ses éléments. Lorsqu'elle désigne des destinataires, elle n'est obligatoire que pour ceux-ci.

Les recommandations et les avis adoptés par les institutions n'ont pas d'effet contraignant.

2. Lorsqu'ils sont saisis d'une proposition d'acte législatif, le Parlement européen et le Conseil des ministres s'abstiennent d'adopter des actes non prévus par le présent article dans le domaine concerné.

ARTICLE I-33 : Les actes législatifs

1. Les lois et les lois-cadres européennes sont adoptées, sur proposition de la Commission, conjointement par le Parlement européen et le Conseil des ministres conformément aux modalités de la procédure législative ordinaire visées à l'article III-302. Si les deux institutions ne parviennent pas à un accord, l'acte n'est pas adopté.

Dans les cas spécifiquement prévus à l'article III-165, les lois et les lois-cadres européennes peuvent être adoptées à l'initiative d'un groupe d'États membres conformément à l'article III-302.

2. Dans les cas spécifiques prévus par la Constitution, les lois et les lois-cadres européennes sont adoptées par le Parlement européen avec la participation du Conseil des ministres ou par celui-ci avec la participation du Parlement européen, conformément à des procédures législatives spéciales.

ARTICLE I-34 : Les actes non législatifs

1. Le Conseil des ministres et la Commission adoptent des règlements européens ou des décisions européennes dans les cas visés aux articles 35 et 36 ainsi que dans les cas spécifiquement prévus dans la Constitution. Le Conseil européen adopte des décisions européennes dans les cas spécifiquement prévus dans la Constitution. La Banque centrale européenne adopte des règlements européens et des décisions européennes lorsque la Constitution l'y autorise.

2. Le Conseil des ministres et la Commission, ainsi que la Banque centrale européenne lorsque la Constitution l'y autorise, adoptent des recommandations.

ARTICLE I-35 : Les règlements délégués

1. Les lois et les lois-cadres européennes peuvent déléguer à la Commission le pouvoir d'édicter des règlements délégués qui complètent ou qui modifient certains éléments non essentiels de la loi ou de la loi-cadre.

Les lois et les lois-cadres européennes délimitent explicitement les objectifs, le contenu, la portée et la durée de la délégation. Les éléments essentiels d'un domaine ne peuvent pas faire l'objet d'une délégation. Ils sont réservés à la loi ou à la loi-cadre.

2. Les lois et les lois-cadres européennes déterminent explicitement les conditions d'application auxquelles la délégation est soumise. Ces conditions peuvent consister dans les possibilités suivantes :

– le Parlement européen ou le Conseil des ministres peut décider de révoquer la délégation,

– le règlement délégué ne peut entrer en vigueur que si, dans le délai fixé par la loi ou la loi-cadre européenne, le Parlement européen ou le Conseil des ministres n'exprime pas d'objections.

Aux fins de l'alinéa précédent, le Parlement européen statue à la majorité des membres qui le composent et le Conseil des ministres statue à la majorité qualifiée.

ARTICLE I-36 : Les actes d'exécution

1. Les États membres prennent toutes les mesures de droit interne nécessaires pour la mise en œuvre des actes juridiquement obligatoires de l'Union.

2. Lorsque des conditions uniformes d'exécution des actes obligatoires de l'Union sont nécessaires, ces actes peuvent conférer à la Commission ou, dans des cas spécifiques

dûment justifiés et dans les cas prévus à l'article 39, au Conseil des ministres des compétences d'exécution.

3. La loi européenne établit au préalable les règles et principes généraux relatifs aux modalités de contrôle par les États membres des actes d'exécution de l'Union.

4. Les actes d'exécution de l'Union prennent la forme de règlements européens d'exécution ou de décisions européennes d'exécution.

ARTICLE I-37 : **Principes communs aux actes juridiques de l'Union**

1. Lorsque la Constitution ne le stipule pas spécifiquement, les institutions décident, dans le respect des procédures applicables, du type d'acte à adopter dans chaque cas, conformément au principe de proportionnalité visé à l'article 9.

2. Les lois européennes, les lois-cadres européennes, les règlements européens et les décisions européennes sont motivés et visent les propositions ou avis prévus par la Constitution.

ARTICLE I-38 : **Publication et entrée en vigueur**

1. Les lois et les lois-cadres européennes adoptées conformément à la procédure législative ordinaire sont signées par le Président du Parlement européen et le Président du Conseil des ministres. Dans les autres cas, elles sont signées par le Président du Parlement européen ou par le Président du Conseil des ministres. Les lois et les lois-cadres européennes sont publiées au Journal officiel de l'Union européenne et entrent en vigueur à la date qu'elles fixent ou, à défaut, le vingtième jour suivant leur publication.

2. Les règlements européens et les décisions européennes, lorsqu'elles n'indiquent pas de destinataire ou lorsqu'elles sont adressées à tous les États membres, sont signés par le Président de l'institution qui les adopte, sont publiés au Journal officiel de l'Union européenne et entrent en vigueur à la

date qu'ils fixent ou, à défaut, le vingtième jour suivant leur publication.

3. Les autres décisions sont notifiées à leurs destinataires et prennent effet de par cette notification.

CHAPITRE II

DISPOSITIONS PARTICULIÈRES

ARTICLE I-39 : **Dispositions particulières à la mise en œuvre de la politique étrangère et de sécurité commune**

1. L'Union européenne conduit une politique étrangère et de sécurité commune fondée sur un développement de la solidarité politique mutuelle des États membres, sur l'identification des questions présentant un intérêt général et sur la réalisation d'un degré toujours croissant de convergence des actions des États membres.

2. Le Conseil européen identifie les intérêts stratégiques de l'Union et fixe les objectifs de sa politique étrangère et de sécurité commune. Le Conseil des ministres élabore cette politique dans le cadre des lignes stratégiques établies par le Conseil européen et selon les modalités de la Partie III.

3. Le Conseil européen et le Conseil des ministres adoptent les décisions européennes nécessaires.

4. Cette politique étrangère et de sécurité commune est exécutée par le ministre des Affaires étrangères de l'Union et par les États membres, en utilisant les moyens nationaux et ceux de l'Union.

5. Les États membres se concertent au sein du Conseil européen et du Conseil des ministres sur toute question de politique étrangère et de sécurité présentant un intérêt général en vue de définir une approche commune. Avant d'entreprendre toute action sur la scène internationale ou de prendre

tout engagement qui pourrait affecter les intérêts de l'Union, chaque État membre consulte les autres au sein du Conseil européen ou du Conseil des ministres. Les États membres assurent, par la convergence de leurs actions, que l'Union puisse faire valoir ses intérêts et valeurs sur la scène internationale. Les États membres sont solidaires entre eux.

6. Le Parlement européen est consulté régulièrement sur les principaux aspects et les choix fondamentaux de la politique étrangère et de sécurité commune et est tenu informé de son évolution.

7. En matière de politique étrangère et de sécurité commune, le Conseil européen et le Conseil des ministres adoptent des décisions européennes à l'unanimité, sauf dans les cas prévus dans la Partie III. Ils se prononcent sur proposition d'un État membre, du ministre des Affaires étrangères de l'Union, ou de ce ministre avec le soutien de la Commission. Les lois et lois-cadres européennes sont exclues.

8. Le Conseil européen peut décider à l'unanimité que le Conseil des ministres statue à la majorité qualifiée dans d'autres cas que ceux visés dans la Partie III.

ARTICLE I-40 : **Dispositions particulières à la mise en œuvre de la politique de sécurité et de défense commune**

1. La politique de sécurité et de défense commune fait partie intégrante de la politique étrangère et de sécurité commune. Elle assure à l'Union une capacité opérationnelle s'appuyant sur des moyens civils et militaires. L'Union peut y avoir recours dans des missions en dehors de l'Union afin d'assurer le maintien de la paix, la prévention des conflits et le renforcement de la sécurité internationale conformément aux principes de la Charte des Nations Unies. L'exécution de ces tâches repose sur les capacités fournies par les États membres.

2. La politique de sécurité et de défense commune inclut la définition progressive d'une politique de défense

commune de l'Union. Elle conduira à une défense commune, dès lors que le Conseil européen, statuant à l'unanimité, en aura décidé ainsi. Il recommande, dans ce cas, aux États membres d'adopter une décision dans ce sens conformément à leurs règles constitutionnelles respectives.

La politique de l'Union au sens du présent article n'affecte pas le caractère spécifique de la politique de sécurité et de défense de certains États membres, elle respecte les obligations découlant du traité de l'Atlantique Nord pour certains États membres qui considèrent que leur défense commune est réalisée dans le cadre de l'Organisation du traité de l'Atlantique Nord et elle est compatible avec la politique commune de sécurité et de défense arrêtée dans ce cadre.

3. Les États membres mettent à la disposition de l'Union, pour la mise en œuvre de la politique de sécurité et de défense commune, des capacités civiles et militaires pour contribuer aux objectifs définis par le Conseil des ministres. Les États membres qui constituent entre eux des forces multinationales peuvent aussi les mettre à la disposition de la politique de sécurité et de défense commune.

Les États membres s'engagent à améliorer progressivement leurs capacités militaires. Une Agence européenne de l'armement, de la recherche et des capacités militaires est instituée pour identifier les besoins opérationnels, promouvoir des mesures pour les satisfaire, contribuer à identifier et, le cas échéant, mettre en œuvre toute mesure utile pour renforcer la base industrielle et technologique du secteur de la défense, participer à la définition d'une politique européenne des capacités et de l'armement, ainsi que pour assister le Conseil des ministres dans l'évaluation de l'amélioration des capacités militaires.

4. Les décisions européennes relatives à la mise en œuvre de la politique de sécurité et de défense commune, y compris celles portant sur le lancement d'une mission visée au présent article, sont adoptées par le Conseil des ministres statuant à l'unanimité sur proposition du ministre des Affaires étran-

gères de l'Union ou sur proposition d'un État membre. Le ministre des Affaires étrangères de l'Union peut proposer de recourir aux moyens nationaux ainsi qu'aux instruments de l'Union, le cas échéant conjointement avec la Commission.

5. Le Conseil des ministres peut confier la réalisation d'une mission, dans le cadre de l'Union, à un groupe d'États membres afin de préserver les valeurs de l'Union et de servir ses intérêts. La réalisation d'une telle mission est régie par les dispositions de l'article III-211.

6. Les États membres qui remplissent des critères de capacités militaires plus élevés et qui ont souscrit entre eux des engagements plus contraignants en cette matière en vue des missions les plus exigeantes, établissent une coopération structurée dans le cadre de l'Union. Cette coopération est régie par les dispositions de l'article III-213.

7. Tant que le Conseil européen n'a pas statué conformément au paragraphe 2 du présent article, une coopération plus étroite est instaurée, dans le cadre de l'Union, en matière de défense mutuelle. Au titre de cette coopération, dans le cas où l'un des États participant à cette coopération serait l'objet d'une agression armée sur son territoire, les autres États participants lui portent aide et assistance par tous les moyens en leur pouvoir, militaires et autres, conformément aux dispositions de l'article 51 de la Charte des Nations Unies. Pour mettre en œuvre une coopération plus étroite en matière de défense mutuelle, les États membres participants travailleront en étroite coopération avec l'Organisation du traité de l'Atlantique Nord. Les modalités de participation et de fonctionnement, ainsi que les procédures de décisions propres à cette coopération, figurent à l'article III-214.

8. Le Parlement européen est consulté régulièrement sur les principaux aspects et les choix fondamentaux de la politique de sécurité et de défense commune et est tenu informé de son évolution.

ARTICLE I-41 : Dispositions particulières à la mise en œuvre de l'espace de liberté, de sécurité et de justice

1. L'Union constitue un espace de liberté, de sécurité et de justice :

– par l'adoption de lois et de lois-cadres européennes visant, si nécessaire, à rapprocher les législations nationales dans les domaines énumérés dans la Partie III,

– en favorisant la confiance mutuelle entre les autorités compétentes des États membres, en particulier sur la base de la reconnaissance mutuelle des décisions judiciaires et extrajudiciaires,

– par une coopération opérationnelle des autorités compétentes des États membres, y compris les services de police, les services de douanes et autres services spécialisés dans le domaine de la prévention et de la détection des infractions pénales.

2. Dans cet espace de liberté, de sécurité et de justice, les parlements nationaux peuvent participer aux mécanismes d'évaluation prévus à l'article III-161 et sont associés au contrôle politique d'Europol et à l'évaluation des activités d'Eurojust, conformément aux articles III-177 et III-174.

3. Dans le domaine de la coopération policière et judiciaire en matière pénale, les États membres disposent d'un droit d'initiative conformément à l'article III-165.

ARTICLE I-42 : Clause de solidarité

1. L'Union et ses États membres agissent conjointement dans un esprit de solidarité si un État membre est l'objet d'une attaque terroriste ou d'une catastrophe naturelle ou d'origine humaine. L'Union mobilise tous les instruments à sa disposition, y compris les moyens militaires mis à sa disposition par les États membres, pour :

a) – prévenir la menace terroriste sur le territoire des États membres ;

– protéger les institutions démocratiques et la population civile d'une éventuelle attaque terroriste ;

– porter assistance à un État membre sur son territoire à la demande de ses autorités politiques dans le cas d'une attaque terroriste ;

b) – porter assistance à un État membre sur son territoire à la demande de ses autorités politiques en cas de catastrophe.

2. Les modalités de mise en œuvre de cette disposition figurent à l'article III-231.

CHAPITRE III

LES COOPÉRATIONS RENFORCÉES

ARTICLE I-43 : **Les coopérations renforcées**

1. Les États membres qui souhaitent instaurer entre eux une coopération renforcée dans le cadre des compétences non exclusives de l'Union peuvent recourir aux institutions de celle-ci et exercer ces compétences en appliquant les dispositions appropriées de la Constitution, dans les limites et selon les modalités prévues au présent article, ainsi qu'aux articles III-322 à III-329.

Les coopérations renforcées visent à favoriser la réalisation des objectifs de l'Union, à préserver ses intérêts et à renforcer son processus d'intégration. Elles sont ouvertes à tous les États membres lors de leur instauration, ainsi qu'à tout moment, conformément à l'article III-324.

2. L'autorisation de procéder à une coopération renforcée est accordée par le Conseil des ministres en dernier ressort, lorsqu'il a été établi en son sein que les objectifs poursuivis par cette coopération ne peuvent être atteints dans un délai raisonnable par l'Union dans son ensemble, et à condition qu'elle réunisse au moins un tiers des États membres. Le Conseil des ministres statue conformément à la procédure prévue à l'article III-325.

3. Seuls les membres du Conseil des ministres représentant les États participant à une coopération renforcée prennent part à l'adoption des actes. Toutefois, tous les États membres peuvent participer aux délibérations du Conseil des ministres.

L'unanimité est constituée par les voix des seuls représentants des États participants. La majorité qualifiée se définit comme la majorité des représentants des États participants, représentant au moins les trois cinquièmes de la population de ces États. Lorsque la Constitution n'exige pas que le Conseil des ministres statue sur la base d'une proposition de la Commission ou lorsque le Conseil des ministres ne statue pas à l'initiative du ministre des Affaires étrangères, la majorité qualifiée requise est constituée des deux tiers des États participants, représentant au moins les trois cinquièmes de la population de ceux-ci.

4. Les actes adoptés dans le cadre d'une coopération renforcée ne lient que les États participants. Ils ne sont pas considérés comme un acquis devant être accepté par les candidats à l'adhésion à l'Union.

TITRE VI

La vie démocratique de l'Union

ARTICLE I-44 : Principe d'égalité démocratique

Dans toutes ses activités, l'Union respecte le principe de l'égalité de ses citoyens. Ceux-ci bénéficient d'une égale attention de la part des institutions de l'Union.

ARTICLE I-45 : Principe de la démocratie représentative

1. Le fonctionnement de l'Union est fondé sur le principe de la démocratie représentative.

2. Les citoyennes et les citoyens sont directement représentés au niveau de l'Union au Parlement européen. Les États membres sont représentés au Conseil européen et au Conseil des ministres par leurs gouvernements, qui sont eux-mêmes responsables devant les parlements nationaux, élus par leurs citoyens.

3. Toute citoyenne ou tout citoyen a le droit de participer à la vie démocratique de l'Union. Les décisions sont prises aussi ouvertement et aussi près des citoyens que possible.

4. Les partis politiques de niveau européen contribuent à la formation de la conscience politique européenne et à l'expression de la volonté des citoyennes et des citoyens de l'Union.

ARTICLE I-46 : Principe de la démocratie participative

1. Les institutions de l'Union donnent, par les voies appropriées, aux citoyennes et citoyens et aux associations repré-

sentatives la possibilité de faire connaître et d'échanger publiquement leurs opinions dans tous les domaines d'action de l'Union.

2. Les institutions de l'Union entretiennent un dialogue ouvert, transparent et régulier avec les associations représentatives et la société civile.

3. En vue d'assurer la cohérence et la transparence des actions de l'Union, la Commission procède à de larges consultations des parties concernées.

4. La Commission peut, sur initiative d'au moins un million de citoyens de l'Union issus d'un nombre significatif d'États membres, être invitée à soumettre une proposition appropriée sur des questions pour lesquelles ces citoyens considèrent qu'un acte juridique de l'Union est nécessaire aux fins de l'application de la Constitution. La loi européenne arrête les dispositions relatives aux procédures et conditions spécifiques requises pour la présentation d'une telle initiative citoyenne.

ARTICLE I-47 : Les partenaires sociaux et le dialogue social autonome

L'Union européenne reconnaît et promeut le rôle des partenaires sociaux au niveau de l'Union, en prenant en compte la diversité des systèmes nationaux ; elle facilite le dialogue entre eux, dans le respect de leur autonomie.

ARTICLE I-48 : Le médiateur européen

Un médiateur européen, nommé par le Parlement européen, reçoit les plaintes relatives à des cas de mauvaise administration au sein des institutions, organes ou agences de l'Union ; il enquête et fait rapport à leur sujet. Le médiateur européen exerce ses fonctions en toute indépendance.

ARTICLE I-49 : **Transparence des travaux des institutions de l'Union**

1. Afin de promouvoir une bonne gouvernance, et d'assurer la participation de la société civile, les institutions, les organes et les agences de l'Union œuvrent dans le plus grand respect possible du principe d'ouverture.

2. Le Parlement européen siège en public, ainsi que le Conseil des ministres lorsqu'il examine et adopte une proposition législative.

3. Toute citoyenne ou tout citoyen de l'Union ou toute personne physique ou morale résidant ou ayant son siège statutaire dans un État membre dispose d'un droit d'accès aux documents des institutions, des organes et des agences de l'Union, quelle que soit la forme dans laquelle ils sont produits, dans les conditions prévues dans la Partie III.

4. La loi européenne fixe les principes généraux et les limites qui, pour des raisons d'intérêt public ou privé, régissent l'exercice du droit d'accès à de tels documents.

5. Chaque institution, organe ou agence visé au paragraphe 3 arrête dans son règlement intérieur des dispositions particulières concernant l'accès à ses documents, en conformité avec la loi européenne visée au paragraphe 4.

ARTICLE I-50 : **Protection des données à caractère personnel**

1. Toute personne a droit à la protection des données à caractère personnel la concernant.

2. La loi européenne fixe les règles relatives à la protection des personnes physiques s'agissant du traitement des données à caractère personnel par les institutions, les organes et les agences de l'Union, ainsi que par les États membres dans l'exercice d'activités qui relèvent du champ d'application du droit de l'Union, et à la libre circulation de ces données. Le respect de ces règles est soumis au contrôle d'une autorité indépendante.

ARTICLE I-51 : Statut des Églises et des organisations non confessionnelles

1. L'Union respecte et ne préjuge pas du statut dont bénéficient, en vertu du droit national, les Églises et les associations ou communautés religieuses dans les États membres.

2. L'Union respecte également le statut des organisations philosophiques et non confessionnelles.

3. Reconnaissant leur identité et leur contribution spécifique, l'Union maintient un dialogue ouvert, transparent et régulier, avec ces Églises et organisations.

TITRE VII

Les finances de l'Union

ARTICLE I-52 : Les principes budgétaires et financiers

1. Toutes les recettes et dépenses de l'Union doivent faire l'objet de prévisions pour chaque exercice budgétaire et être inscrites au budget, conformément aux dispositions de la Partie III.

2. Le budget doit être équilibré en recettes et dépenses.

3. Les dépenses inscrites au budget sont autorisées pour la durée de l'exercice budgétaire annuel en conformité avec la loi européenne visée à l'article III-318.

4. L'exécution de dépenses inscrites au budget requiert l'adoption préalable d'un acte juridiquement obligatoire qui donne un fondement juridique à l'action de l'Union et à l'exécution de la dépense en conformité avec la loi européenne visée à l'article III-318. Cet acte doit revêtir la forme d'une loi européenne, d'une loi-cadre européenne, d'un règlement européen ou d'une décision européenne.

5. En vue d'assurer la discipline budgétaire, l'Union n'adopte pas d'actes susceptibles d'avoir des incidences notables sur le budget sans donner l'assurance que cette proposition ou cette mesure puisse être financée dans la limite des ressources propres de l'Union et du cadre financier pluriannuel visé à l'article 54.

6. Le budget de l'Union est exécuté conformément au principe de la bonne gestion financière. Les États membres et l'Union coopèrent pour que les crédits inscrits au budget

soient utilisés conformément aux principes de la bonne gestion financière.

7. L'Union et les États membres combattent la fraude et toute autre activité illégale portant atteinte aux intérêts financiers de l'Union en conformité avec les dispositions de l'article III-321.

ARTICLE I-53 : **Les ressources de l'Union**

1. L'Union se dote des moyens nécessaires pour atteindre ses objectifs et pour mener à bien ses politiques.

2. Le budget de l'Union est, sans préjudice des autres recettes, intégralement financé par des ressources propres.

3. Une loi européenne du Conseil des ministres fixe la limite des ressources de l'Union et peut établir de nouvelles catégories de ressources ou abroger une catégorie existante. Cette loi n'entre en vigueur qu'après son approbation par les États membres, conformément à leurs règles constitutionnelles respectives. Le Conseil des ministres statue à l'unanimité après consultation du Parlement européen.

4. Une loi européenne du Conseil fixe les modalités des ressources de l'Union. Le Conseil des ministres statue après approbation du Parlement européen.

ARTICLE I-54 : **Le cadre financier pluriannuel**

1. Le cadre financier pluriannuel vise à assurer l'évolution ordonnée des dépenses de l'Union dans la limite des ressources propres. Il fixe les montants des plafonds annuels des crédits d'engagement par catégorie de dépense conformément aux dispositions de l'article III-308.

2. Une loi européenne du Conseil des ministres fixe le cadre financier pluriannuel. Il statue après approbation du Parlement européen, qui se prononce à la majorité des membres qui le composent.

3. Le budget annuel de l'Union respecte le cadre financier pluriannuel.

4. Le Conseil des ministres statue à l'unanimité lors de l'adoption du premier cadre financier pluriannuel suivant l'entrée en vigueur de la Constitution.

ARTICLE I-55 : **Le budget de l'Union**

Le Parlement européen et le Conseil des ministres adoptent sur proposition de la Commission, conformément aux modalités prévues à l'article III-310, la loi européenne qui fixe le budget annuel de l'Union.

TITRE VIII

L'Union et son environnement proche

ARTICLE I-56 : **L'Union et son environnement proche**

1. L'Union développe avec les États de son voisinage des relations privilégiées, en vue d'établir un espace de prospérité et de bon voisinage, fondé sur les valeurs de l'Union et caractérisé par des relations étroites et pacifiques reposant sur la coopération.

2. À cette fin, l'Union peut conclure et mettre en œuvre des accords spécifiques avec les pays concernés conformément aux dispositions de l'article III-227. Ces accords peuvent comporter des droits et obligations réciproques ainsi que la possibilité de conduire des actions en commun. Leur mise en œuvre fait l'objet d'une concertation périodique.

TITRE IX

L'appartenance à l'Union

ARTICLE I-57 : **Critères d'éligibilité et procédure d'adhésion à l'Union**

1. L'Union est ouverte à tous les États européens qui respectent les valeurs visées à l'article 2 et s'engagent à les promouvoir en commun.

2. Tout État européen qui souhaite devenir membre de l'Union adresse sa demande au Conseil des ministres. Le Parlement européen et les parlements nationaux des États membres sont informés de cette demande. Le Conseil des ministres statue à l'unanimité après avoir consulté la Commission et après approbation du Parlement européen. Les conditions et les modalités de l'admission font l'objet d'un accord entre les États membres et l'État candidat. Cet accord est soumis par tous les États contractants à la ratification, conformément à leurs règles constitutionnelles respectives.

ARTICLE I-58 : **La suspension des droits d'appartenance à l'Union**

1. Le Conseil des ministres, statuant à la majorité des quatre cinquièmes de ses membres sur proposition motivée d'un tiers des États membres, du Parlement européen ou de la Commission et après approbation du Parlement européen, peut adopter une décision européenne constatant qu'il existe un risque clair de violation grave par un État membre des

valeurs énoncées à l'article 2. Avant de procéder à cette constatation, le Conseil des ministres entend l'État membre en question et peut lui adresser des recommandations en statuant selon la même procédure.

Le Conseil des ministres vérifie régulièrement si les motifs qui ont conduit à une telle constatation restent valables.

2. Le Conseil européen, statuant à l'unanimité sur proposition d'un tiers des États membres ou de la Commission et après approbation du Parlement européen, peut adopter une décision européenne constatant l'existence d'une violation grave et persistante par un État membre des valeurs énoncées à l'article 2, après avoir invité cet État membre à présenter toute observation en la matière.

3. Lorsque la constatation visée au paragraphe 2 a été faite, le Conseil des ministres, statuant à la majorité qualifiée, peut adopter une décision européenne qui suspend certains des droits découlant de l'application de la Constitution à l'État membre en question, y compris les droits de vote de l'État membre au sein du Conseil des ministres. Ce faisant, le Conseil des ministres tient compte des conséquences éventuelles d'une telle suspension sur les droits et obligations des personnes physiques et morales.

Cet État membre reste en tout état de cause lié par les obligations qui lui incombent au titre de la Constitution.

4. Le Conseil des ministres, statuant à la majorité qualifiée, peut adopter par la suite une décision européenne modifiant ou abrogeant les mesures qu'il a prises au titre du paragraphe 3 pour répondre à des changements de la situation qui l'a conduit à imposer ces mesures.

5. Aux fins du présent article, le Conseil des ministres statue sans tenir compte du vote de l'État membre en question. Les abstentions des membres présents ou représentés ne font pas obstacle à l'adoption des décisions visées au paragraphe 2.

Le présent paragraphe est également applicable en cas de suspension des droits de vote conformément au paragraphe 3.

6. Aux fins des paragraphes 1 et 2, le Parlement européen statue à la majorité des deux tiers des voix exprimées, représentant la majorité de ses membres.

ARTICLE I-59 : Le retrait volontaire de l'Union

1. Tout État membre peut décider, conformément à ses règles constitutionnelles, de se retirer de l'Union européenne.

2. L'État membre qui décide de se retirer notifie son intention au Conseil européen, qui se saisit de cette notification. À la lumière des orientations du Conseil européen, l'Union négocie et conclut avec cet État un accord fixant les modalités de son retrait, en tenant compte du cadre de ses relations futures avec l'Union. Cet accord est conclu au nom de l'Union par le Conseil des ministres, statuant à la majorité qualifiée, après approbation du Parlement européen.

Le représentant de l'État membre qui se retire ne participe ni aux délibérations ni aux décisions du Conseil européen ou du Conseil des ministres le concernant.

3. La Constitution cesse d'être applicable à l'État concerné à partir de la date d'entrée en vigueur de l'accord de retrait ou, à défaut, deux ans après la notification visée au paragraphe 2, sauf si le Conseil européen, en accord avec l'État membre concerné, décide de proroger ce délai.

4. Si l'État qui s'est retiré de l'Union demande à adhérer à nouveau, sa demande est soumise à la procédure visée à l'article 57.

PARTIE II

LA CHARTE DES DROITS FONDAMENTAUX DE L'UNION

PRÉAMBULE

Les peuples de l'Europe, en établissant entre eux une union sans cesse plus étroite, ont décidé de partager un avenir pacifique fondé sur des valeurs communes.

Consciente de son patrimoine spirituel et moral, l'Union se fonde sur les valeurs indivisibles et universelles de dignité humaine, de liberté, d'égalité et de solidarité ; elle repose sur le principe de la démocratie et le principe de l'État de droit. Elle place la personne au cœur de son action en instituant la citoyenneté de l'Union et en créant un espace de liberté, de sécurité et de justice.

L'Union contribue à la préservation et au développement de ces valeurs communes dans le respect de la diversité des cultures et des traditions des peuples de l'Europe, ainsi que de l'identité nationale des États membres et de l'organisation de leurs pouvoirs publics au niveau national, régional et local ; elle cherche à promouvoir un développement équilibré et durable et assure la libre circulation des personnes, des biens, des services et des capitaux, ainsi que la liberté d'établissement.

À cette fin, il est nécessaire, en les rendant plus visibles dans une Charte, de renforcer la protection des droits fondamentaux à la lumière de l'évolution de la société, du progrès social et des développements scientifiques et technologiques.

La présente Charte réaffirme, dans le respect des compétences et des tâches de l'Union, ainsi que du principe de subsidiarité, les droits qui résultent notamment des traditions constitutionnelles et des obligations internationales communes aux États membres, de la Convention européenne de sauvegarde des droits de l'homme et des libertés fondamentales, des Chartes sociales adoptées par l'Union et par le Conseil de l'Europe, ainsi que de la jurisprudence de la Cour de justice de l'Union européenne et de la Cour européenne des droits de l'homme. Dans ce contexte, la Charte sera interprétée par les juridictions de l'Union et des États membres en prenant dûment en considération les explications établies sous l'autorité du Praesidium de la Convention qui a élaboré la Charte.

La jouissance de ces droits entraîne des responsabilités et des devoirs tant à l'égard d'autrui qu'à l'égard de la communauté humaine et des générations futures.

En conséquence, l'Union reconnaît les droits, les libertés et les principes énoncés ci-après.

TITRE I
Dignité

ARTICLE II-1 : **Dignité humaine**

La dignité humaine est inviolable. Elle doit être respectée et protégée.

ARTICLE II-2 : **Droit à la vie**

1. Toute personne a droit à la vie.
2. Nul ne peut être condamné à la peine de mort, ni exécuté.

ARTICLE II-3 : **Droit à l'intégrité de la personne**

1. Toute personne a droit à son intégrité physique et mentale.
2. Dans le cadre de la médecine et de la biologie, doivent notamment être respectés :

a) le consentement libre et éclairé de la personne concernée, selon les modalités définies par la loi,

b) l'interdiction des pratiques eugéniques, notamment celles qui ont pour but la sélection des personnes,

c) l'interdiction de faire du corps humain et de ses parties, en tant que tels, une source de profit,

d) l'interdiction du clonage reproductif des êtres humains.

ARTICLE II-4 : Interdiction de la torture et des peines ou traitements inhumains ou dégradants

Nul ne peut être soumis à la torture, ni à des peines ou traitements inhumains ou dégradants.

ARTICLE II-5 : Interdiction de l'esclavage et du travail forcé

1. Nul ne peut être tenu en esclavage ni en servitude.
2. Nul ne peut être astreint à accomplir un travail forcé ou obligatoire.
3. La traite des êtres humains est interdite.

TITRE II

Libertés

ARTICLE II-6 : Droit à la liberté et à la sûreté

Toute personne a droit à la liberté et à la sûreté.

ARTICLE II-7 : Respect de la vie privée et familiale

Toute personne a droit au respect de sa vie privée et familiale, de son domicile et de ses communications.

ARTICLE II-8 : Protection des données à caractère personnel

1. Toute personne a droit à la protection des données à caractère personnel la concernant.
2. Ces données doivent être traitées loyalement, à des fins déterminées et sur la base du consentement de la personne concernée ou en vertu d'un autre fondement légitime prévu par la loi. Toute personne a le droit d'accéder aux données collectées la concernant et d'en obtenir la rectification.
3. Le respect de ces règles est soumis au contrôle d'une autorité indépendante.

ARTICLE II-9 : Droit de se marier et droit de fonder une famille

Le droit de se marier et le droit de fonder une famille sont garantis selon les lois nationales qui en régissent l'exercice.

ARTICLE II-10 : **Liberté de pensée, de conscience et de religion**

1. Toute personne a droit à la liberté de pensée, de conscience et de religion. Ce droit implique la liberté de changer de religion ou de conviction, ainsi que la liberté de manifester sa religion ou sa conviction individuellement ou collectivement, en public ou en privé, par le culte, l'enseignement, les pratiques et l'accomplissement des rites.

2. Le droit à l'objection de conscience est reconnu selon les lois nationales qui en régissent l'exercice.

ARTICLE II-11 : **Liberté d'expression et d'information**

1. Toute personne a droit à la liberté d'expression. Ce droit comprend la liberté d'opinion et la liberté de recevoir ou de communiquer des informations ou des idées sans qu'il puisse y avoir ingérence d'autorités publiques et sans considération de frontières.

2. La liberté des médias et leur pluralisme sont respectés.

ARTICLE II-12 : **Liberté de réunion et d'association**

1. Toute personne a droit à la liberté de réunion pacifique et à la liberté d'association à tous les niveaux, notamment dans les domaines politique, syndical et civique, ce qui implique le droit de toute personne de fonder avec d'autres des syndicats et de s'y affilier pour la défense de ses intérêts.

2. Les partis politiques au niveau de l'Union contribuent à l'expression de la volonté politique des citoyens ou citoyennes de l'Union.

ARTICLE II-13 : **Liberté des arts et des sciences**

Les arts et la recherche scientifique sont libres. La liberté académique est respectée.

ARTICLE II-14 : Droit à l'éducation

1. Toute personne a droit à l'éducation, ainsi qu'à l'accès à la formation professionnelle et continue.

2. Ce droit comporte la faculté de suivre gratuitement l'enseignement obligatoire.

3. La liberté de créer des établissements d'enseignement dans le respect des principes démocratiques, ainsi que le droit des parents d'assurer l'éducation et l'enseignement de leurs enfants conformément à leurs convictions religieuses, philosophiques et pédagogiques, sont respectés selon les lois nationales qui en régissent l'exercice.

ARTICLE II-15 : Liberté professionnelle et droit de travailler

1. Toute personne a le droit de travailler et d'exercer une profession librement choisie ou acceptée.

2. Tout citoyen ou toute citoyenne de l'Union a la liberté de chercher un emploi, de travailler, de s'établir ou de fournir des services dans tout État membre.

3. Les ressortissants des pays tiers qui sont autorisés à travailler sur le territoire des États membres ont droit à des conditions de travail équivalentes à celles dont bénéficient les citoyens ou citoyennes de l'Union.

ARTICLE II-16 : Liberté d'entreprise

La liberté d'entreprise est reconnue conformément au droit de l'Union et aux législations et pratiques nationales.

ARTICLE II-17 : Droit de propriété

1. Toute personne a le droit de jouir de la propriété des biens qu'elle a acquis légalement, de les utiliser, d'en disposer et de les léguer. Nul ne peut être privé de sa propriété, si ce n'est pour cause d'utilité publique, dans des cas et conditions prévus par une loi et moyennant en temps utile une juste indemnité pour sa perte. L'usage des biens peut être

réglementé par la loi dans la mesure nécessaire à l'intérêt général.

2. La propriété intellectuelle est protégée.

ARTICLE II-18 : **Droit d'asile**

Le droit d'asile est garanti dans le respect des règles de la convention de Genève du 28 juillet 1951 et du protocole du 31 janvier 1967 relatifs au statut des réfugiés et conformément à la Constitution.

ARTICLE II-19 : **Protection en cas d'éloignement, d'expulsion et d'extradition**

1. Les expulsions collectives sont interdites.
2. Nul ne peut être éloigné, expulsé ou extradé vers un État où il existe un risque sérieux qu'il soit soumis à la peine de mort, à la torture ou à d'autres peines ou traitements inhumains ou dégradants.

TITRE III

Égalité

ARTICLE II-20 : Égalité en droit

Toutes les personnes sont égales en droit.

ARTICLE II-21 : Non-discrimination

1. Est interdite, toute discrimination fondée notamment sur le sexe, la race, la couleur, les origines ethniques ou sociales, les caractéristiques génétiques, la langue, la religion ou les convictions, les opinions politiques ou toute autre opinion, l'appartenance à une minorité nationale, la fortune, la naissance, un handicap, l'âge ou l'orientation sexuelle.

2. Dans le domaine d'application de la Constitution et sans préjudice de ses dispositions particulières, toute discrimination fondée sur la nationalité est interdite.

ARTICLE II-22 : Diversité culturelle, religieuse et linguistique

L'Union respecte la diversité culturelle, religieuse et linguistique.

ARTICLE II-23 : Égalité entre hommes et femmes

L'égalité entre les hommes et les femmes doit être assurée dans tous les domaines, y compris en matière d'emploi, de travail et de rémunération.

Le principe de l'égalité n'empêche pas le maintien ou l'adoption de mesures prévoyant des avantages spécifiques en faveur du sexe sous-représenté.

ARTICLE II-24 : **Droits de l'enfant**

1. Les enfants ont droit à la protection et aux soins nécessaires à leur bien-être. Ils peuvent exprimer leur opinion librement. Celle-ci est prise en considération pour les sujets qui les concernent, en fonction de leur âge et de leur maturité.

2. Dans tous les actes relatifs aux enfants, qu'ils soient accomplis par des autorités publiques ou des institutions privées, l'intérêt supérieur de l'enfant doit être une considération primordiale.

3. Tout enfant a le droit d'entretenir régulièrement des relations personnelles et des contacts directs avec ses deux parents, sauf si cela est contraire à son intérêt.

ARTICLE II-25 : **Droits des personnes âgées**

L'Union reconnaît et respecte le droit des personnes âgées à mener une vie digne et indépendante et à participer à la vie sociale et culturelle.

ARTICLE II-26 : **Intégration des personnes handicapées**

L'Union reconnaît et respecte le droit des personnes handicapées à bénéficier de mesures visant à assurer leur autonomie, leur intégration sociale et professionnelle et leur participation à la vie de la communauté.

TITRE IV

Solidarité

ARTICLE II-27 : Droit à l'information et à la consultation des travailleurs au sein de l'entreprise

Les travailleurs ou leurs représentants doivent se voir garantir, aux niveaux appropriés, une information et une consultation en temps utile, dans les cas et conditions prévus par le droit de l'Union et les législations et pratiques nationales.

ARTICLE II-28 : Droit de négociation et d'actions collectives

Les travailleurs et les employeurs, ou leurs organisations respectives, ont, conformément au droit de l'Union et aux législations et pratiques nationales, le droit de négocier et de conclure des conventions collectives aux niveaux appropriés et de recourir, en cas de conflits d'intérêts, à des actions collectives pour la défense de leurs intérêts, y compris la grève.

ARTICLE II-29 : Droit d'accès aux services de placement

Toute personne a le droit d'accéder à un service gratuit de placement.

ARTICLE II-30 : Protection en cas de licenciement injustifié

Tout travailleur a droit à une protection contre tout licenciement injustifié, conformément au droit de l'Union et aux législations et pratiques nationales.

ARTICLE II-31 : Conditions de travail justes et équitables

1. Tout travailleur a droit à des conditions de travail qui respectent sa santé, sa sécurité et sa dignité.

2. Tout travailleur a droit à une limitation de la durée maximale du travail et à des périodes de repos journalier et hebdomadaire, ainsi qu'à une période annuelle de congés payés.

ARTICLE II-32 : Interdiction du travail des enfants et protection des jeunes au travail

Le travail des enfants est interdit. L'âge minimal d'admission au travail ne peut être inférieur à l'âge auquel cesse la période de scolarité obligatoire, sans préjudice des règles plus favorables aux jeunes et sauf dérogations limitées.

Les jeunes admis au travail doivent bénéficier de conditions de travail adaptées à leur âge et être protégés contre l'exploitation économique ou contre tout travail susceptible de nuire à leur sécurité, à leur santé, à leur développement physique, mental, moral ou social ou de compromettre leur éducation.

ARTICLE II-33 : Vie familiale et vie professionnelle

1. La protection de la famille est assurée sur le plan juridique, économique et social.

2. Afin de pouvoir concilier vie familiale et vie professionnelle, toute personne a le droit d'être protégée contre tout licenciement pour un motif lié à la maternité, ainsi que le droit à un congé de maternité payé et à un congé parental à la suite de la naissance ou de l'adoption d'un enfant.

ARTICLE II-34 : Sécurité sociale et aide sociale

1. L'Union reconnaît et respecte le droit d'accès aux prestations de sécurité sociale et aux services sociaux assurant une protection dans des cas tels que la maternité, la maladie,

les accidents du travail, la dépendance ou la vieillesse, ainsi qu'en cas de perte d'emploi, selon les règles établies par le droit de l'Union et les législations et pratiques nationales.

2. Toute personne qui réside et se déplace légalement à l'intérieur de l'Union a droit aux prestations de sécurité sociale et aux avantages sociaux, conformément au droit de l'Union et aux législations et pratiques nationales.

3. Afin de lutter contre l'exclusion sociale et la pauvreté, l'Union reconnaît et respecte le droit à une aide sociale et à une aide au logement destinées à assurer une existence digne à tous ceux qui ne disposent pas de ressources suffisantes, selon les règles établies par le droit de l'Union et les législations et pratiques nationales.

ARTICLE II-35 : **Protection de la santé**

Toute personne a le droit d'accéder à la prévention en matière de santé et de bénéficier de soins médicaux dans les conditions établies par les législations et pratiques nationales. Un niveau élevé de protection de la santé humaine est assuré dans la définition et la mise en œuvre de toutes les politiques et actions de l'Union.

ARTICLE II-36 : **Accès aux services d'intérêt économique général**

L'Union reconnaît et respecte l'accès aux services d'intérêt économique général tel qu'il est prévu par les législations et pratiques nationales, conformément à la Constitution, afin de promouvoir la cohésion sociale et territoriale de l'Union.

ARTICLE II-37 : **Protection de l'environnement**

Un niveau élevé de protection de l'environnement et l'amélioration de sa qualité doivent être intégrés dans les politiques de l'Union et assurés conformément au principe du développement durable.

ARTICLE II-38 : Protection des consommateurs

Un niveau élevé de protection des consommateurs est assuré dans les politiques de l'Union.

TITRE V

Citoyenneté

ARTICLE II-39 : Droit de vote et d'éligibilité aux élections au Parlement européen

1. Tout citoyen ou toute citoyenne de l'Union a le droit de vote et d'éligibilité aux élections au Parlement européen dans l'État membre où il ou elle réside, dans les mêmes conditions que les ressortissants de cet État.

2. Les membres du Parlement européen sont élus au suffrage universel direct, libre et secret.

ARTICLE II-40 : Droit de vote et d'éligibilité aux élections municipales

Tout citoyen ou toute citoyenne de l'Union a le droit de vote et d'éligibilité aux élections municipales dans l'État membre où il ou elle réside, dans les mêmes conditions que les ressortissants de cet État.

ARTICLE II-41 : Droit à une bonne administration

1. Toute personne a le droit de voir ses affaires traitées impartialement, équitablement et dans un délai raisonnable par les institutions, organes et agences de l'Union.

2. Ce droit comporte notamment :

a) le droit de toute personne d'être entendue avant qu'une mesure individuelle qui l'affecterait défavorablement ne soit prise à son encontre ;

b) le droit d'accès de toute personne au dossier qui la

concerne, dans le respect des intérêts légitimes de la confidentialité et du secret professionnel et des affaires ;

c) l'obligation pour l'administration de motiver ses décisions.

3. Toute personne a droit à la réparation par l'Union des dommages causés par les institutions, ou par ses agents dans l'exercice de leurs fonctions, conformément aux principes généraux communs aux droits des États membres.

4. Toute personne peut s'adresser aux institutions de l'Union dans une des langues de la Constitution et doit recevoir une réponse dans la même langue.

ARTICLE II-42 : **Droit d'accès aux documents**

Tout citoyen ou toute citoyenne de l'Union ou toute personne physique ou morale résidant ou ayant son siège statutaire dans un État membre a un droit d'accès aux documents des institutions, organes et agences de l'Union, quelle que soit la forme sous laquelle ils sont produits.

ARTICLE II-43 : **Médiateur européen**

Tout citoyen ou toute citoyenne de l'Union ou toute personne physique ou morale résidant ou ayant son siège statutaire dans un État membre a le droit de saisir le médiateur européen de cas de mauvaise administration dans l'action des institutions, organes ou agences de l'Union, à l'exclusion de la Cour de justice européenne et du Tribunal de grande instance dans l'exercice de leurs fonctions juridictionnelles.

ARTICLE II-44 : **Droit de pétition**

Tout citoyen ou toute citoyenne de l'Union ou toute personne physique ou morale résidant ou ayant son siège statutaire dans un État membre a le droit de pétition devant le Parlement européen.

ARTICLE II-45 : Liberté de circulation et de séjour

1. Tout citoyen ou toute citoyenne de l'Union a le droit de circuler et de séjourner librement sur le territoire des États membres.

2. La liberté de circulation et de séjour peut être accordée, conformément à la Constitution, aux ressortissants de pays tiers résidant légalement sur le territoire d'un État membre.

ARTICLE II-46 : Protection diplomatique et consulaire

Tout citoyen ou toute citoyenne de l'Union bénéficie, sur le territoire d'un pays tiers où l'État membre dont il est ressortissant n'est pas représenté, de la protection des autorités diplomatiques et consulaires de tout État membre dans les mêmes conditions que les nationaux de cet État.

TITRE VI

Justice

ARTICLE II-47 : Droit à un recours effectif et à accéder à un tribunal impartial

Toute personne dont les droits et libertés garantis par le droit de l'Union ont été violés a droit à un recours effectif devant un tribunal dans le respect des conditions prévues au présent article.

Toute personne a droit à ce que sa cause soit entendue équitablement, publiquement et dans un délai raisonnable par un tribunal indépendant et impartial, établi préalablement par la loi. Toute personne a la possibilité de se faire conseiller, défendre et représenter.

Une aide juridictionnelle est accordée à ceux qui ne disposent pas de ressources suffisantes, dans la mesure où cette aide serait nécessaire pour assurer l'effectivité de l'accès à la justice.

ARTICLE II-48 : Présomption d'innocence et droits de la défense

1. Tout accusé est présumé innocent jusqu'à ce que sa culpabilité ait été légalement établie.
2. Le respect des droits de la défense est garanti à tout accusé.

ARTICLE II-49 : Principes de légalité et de proportionnalité des délits et des peines

1. Nul ne peut être condamné pour une action ou une omission qui, au moment où elle a été commise, ne constituait pas une infraction d'après le droit national ou le droit international. De même, il n'est infligé aucune peine plus forte que celle qui était applicable au moment où l'infraction a été commise. Si, postérieurement à cette infraction, la loi prévoit une peine plus légère, celle-ci doit être appliquée.

2. Le présent article ne porte pas atteinte au jugement et à la punition d'une personne coupable d'une action ou d'une omission qui, au moment où elle a été commise, était criminelle d'après les principes généraux reconnus par l'ensemble des nations.

3. L'intensité des peines ne doit pas être disproportionnée par rapport à l'infraction.

ARTICLE II-50 : Droit à ne pas être jugé ou puni pénalement deux fois pour une même infraction

Nul ne peut être poursuivi ou puni pénalement en raison d'une infraction pour laquelle il a déjà été acquitté ou condamné dans l'Union par un jugement pénal définitif conformément à la loi.

TITRE VII

Dispositions générales régissant l'interprétation et l'application de la charte

---

ARTICLE II-51 : Champ d'application

1. Les dispositions de la présente Charte s'adressent aux institutions, organes et agences de l'Union dans le respect du principe de subsidiarité, ainsi qu'aux États membres uniquement lorsqu'ils mettent en œuvre le droit de l'Union. En conséquence, ils respectent les droits, observent les principes et en promeuvent l'application, conformément à leurs compétences respectives et dans le respect des limites des compétences de l'Union telles qu'elles lui sont conférées dans les autres parties de la Constitution.

2. La présente Charte n'étend pas le champ d'application du droit de l'Union au-delà des compétences de l'Union, ni ne crée aucune compétence ni aucune tâche nouvelles pour l'Union et ne modifie pas les compétences et tâches définies dans les autres parties de la Constitution.

ARTICLE II-52 : Portée et interprétation des droits et des principes

1. Toute limitation de l'exercice des droits et libertés reconnus par la présente Charte doit être prévue par la loi et respecter le contenu essentiel desdits droits et libertés. Dans le respect du principe de proportionnalité, des limitations ne peuvent être apportées que si elles sont nécessaires et répondent effectivement à des objectifs d'intérêt général reconnus par l'Union ou au besoin de protection des droits et libertés d'autrui.

2. Les droits reconnus par la présente Charte qui font l'objet de dispositions dans d'autres parties de la Constitution s'exercent dans les conditions et limites définies par les parties en question.

3. Dans la mesure où la présente Charte contient des droits correspondant à des droits garantis par la Convention européenne de sauvegarde des droits de l'homme et des libertés fondamentales, leur sens et leur portée sont les mêmes que ceux que leur confère ladite convention. Cette disposition ne fait pas obstacle à ce que le droit de l'Union accorde une protection plus étendue.

4. Dans la mesure où la présente Charte reconnaît des droits fondamentaux tels qu'ils résultent des traditions constitutionnelles communes aux États membres, ces droits doivent être interprétés en harmonie avec lesdites traditions.

5. Les dispositions de la présente Charte qui contiennent des principes peuvent être mises en œuvre par des actes législatifs et exécutifs pris par les institutions et organes de l'Union, et par des actes des États membres lorsqu'ils mettent en œuvre le droit de l'Union, dans l'exercice de leurs compétences respectives. Leur invocation devant le juge n'est admise que pour l'interprétation et le contrôle de la légalité de tels actes.

6. Les législations et pratiques nationales doivent être pleinement prises en compte comme précisé dans la présente Charte.

ARTICLE II-53 : **Niveau de protection**

Aucune disposition de la présente Charte ne doit être interprétée comme limitant ou portant atteinte aux droits de l'homme et libertés fondamentales reconnus, dans leur champ d'application respectif, par le droit de l'Union, le droit international et les conventions internationales auxquelles sont parties l'Union, la Communauté ou tous les États membres, et notamment la Convention européenne de sauvegarde des droits de l'homme et des libertés fondamentales, ainsi que par les constitutions des États membres.

ARTICLE II-54 : Interdiction de l'abus de droit

Aucune des dispositions de la présente Charte ne doit être interprétée comme impliquant un droit quelconque de se livrer à une activité ou d'accomplir un acte visant à la destruction des droits ou libertés reconnus dans la présente Charte ou à des limitations plus amples des droits et libertés que celles qui sont prévues par la présente Charte.

PARTIE III

LES POLITIQUES ET LE FONCTIONNEMENT DE L'UNION

TITRE I

Clauses d'application générale

ARTICLE III-1

L'Union veille à la cohérence entre les différentes politiques et actions visées par la présente partie, en tenant compte de l'ensemble des objectifs de l'Union et en conformité avec le principe d'attribution des compétences.

ARTICLE III-2

Pour toutes les actions visées par la présente partie, l'Union cherche à éliminer les inégalités, et à promouvoir l'égalité, entre les hommes et les femmes.

ARTICLE III-3

Dans la définition et la mise en œuvre des politiques et actions visées par la présente partie, l'Union cherche à combattre toute discrimination fondée sur le sexe, la race ou l'origine ethnique, la religion ou les convictions, un handicap, l'âge ou l'orientation sexuelle.

ARTICLE III-4

Les exigences de la protection de l'environnement doivent être intégrées dans la définition et la mise en œuvre des politiques et actions de l'Union visées par la présente partie, en particulier afin de promouvoir le développement durable.

ARTICLE III-5

Les exigences de la protection des consommateurs sont prises en considération dans la définition et la mise en œuvre des autres politiques et actions de l'Union.

ARTICLE III-6

Sans préjudice des articles III-55, III-56 et III-136, et eu égard à la place qu'occupent les services d'intérêt économique général en tant que services auxquels tous dans l'Union attribuent une valeur ainsi qu'au rôle qu'ils jouent dans la promotion de sa cohésion sociale et territoriale, l'Union et ses États membres, chacun dans les limites de leurs compétences respectives et dans les limites du champ d'application de la Constitution, veillent à ce que ces services fonctionnent sur la base de principes et dans des conditions, notamment économiques et financières, qui leur permettent d'accomplir leurs missions. La loi européenne définit ces principes et ces conditions.

TITRE II

Non-discrimination et citoyenneté

ARTICLE III-7

La loi ou la loi-cadre européenne peut régler l'interdiction des discriminations en raison de la nationalité telle que visée à l'article I-4.

ARTICLE III-8

1. Sans préjudice des autres dispositions de la Constitution et dans les limites des compétences que celle-ci confère à l'Union, une loi ou une loi-cadre européenne du Conseil des ministres peut établir les mesures nécessaires pour combattre toute discrimination fondée sur le sexe, la race ou l'origine ethnique, la religion ou les convictions, un handicap, l'âge ou l'orientation sexuelle. Le Conseil des ministres statue à l'unanimité après approbation du Parlement européen.

2. La loi ou la loi-cadre européenne peut établir les principes de base des mesures d'encouragement de l'Union et définir de telles mesures pour appuyer les actions des États membres, à l'exclusion de toute harmonisation de leurs dispositions législatives et réglementaires.

ARTICLE III-9

1. Si une action de l'Union apparaît nécessaire pour faciliter l'exercice du droit, visé à l'article I-8, de libre circulation et de libre séjour pour tout citoyen ou toute citoyenne de l'Union, et sauf si la Constitution a prévu des pouvoirs d'ac-

tion à cet effet, la loi ou la loi-cadre européenne peut établir des mesures à cette fin.

2. À la même fin et sauf si la Constitution a prévu des pouvoirs d'action à ce sujet, une loi ou une loi-cadre européenne du Conseil des ministres peut établir des mesures concernant les passeports, les cartes d'identité, les titres de séjour ou tout autre document assimilé, ainsi que des mesures concernant la sécurité sociale ou la protection sociale. Le Conseil des ministres statue à l'unanimité après consultation du Parlement européen.

ARTICLE III-10

Une loi ou une loi-cadre européenne du Conseil des ministres établit les modalités d'exercice du droit, visé à l'article I-8, pour tout citoyen de l'Union de vote et d'éligibilité aux élections municipales et aux élections au Parlement européen dans l'État membre où il réside sans être ressortissant de cet État. Le Conseil des ministres statue à l'unanimité après consultation du Parlement européen. Ces modalités peuvent prévoir des dispositions dérogatoires lorsque des problèmes spécifiques à un État membre le justifient.

Le droit de vote et d'éligibilité aux élections au Parlement européen s'exerce sans préjudice de l'article III-232, paragraphe 2 et des mesures adoptées pour son application.

ARTICLE III-11

Les États membres prennent les dispositions nécessaires pour assurer la protection diplomatique et consulaire des citoyens de l'Union dans les pays tiers, telle que visée à l'article I-8.

Une loi européenne du Conseil des ministres peut établir les mesures nécessaires pour faciliter cette protection. Le Conseil des ministres statue après consultation du Parlement européen

ARTICLE III-12

Les langues dans lesquelles tout citoyen de l'Union a le droit de s'adresser aux institutions ou organes consultatifs en vertu de l'article I-8, et de recevoir une réponse, sont celles énumérées à l'article IV-10. Les institutions et organes consultatifs visés par le présent article sont ceux énumérés à l'article I-18, paragraphe 2, l'article I-30 et l'article I-31, ainsi que le médiateur européen.

ARTICLE III-13

La Commission fait rapport au Parlement européen, au Conseil des ministres et au Comité économique et social tous les trois ans sur l'application des dispositions de l'article I-8 et du présent titre. Ce rapport tient compte du développement de l'Union.

Sur cette base, et sans préjudice des autres dispositions de la Constitution, une loi ou une loi-cadre européenne du Conseil des ministres peut compléter les droits prévus à l'article I-8. Le Conseil des ministres statue à l'unanimité après approbation du Parlement européen. Cette loi ou loi-cadre n'entre en vigueur qu'après son approbation par les États membres conformément à leurs règles constitutionnelles respectives.

TITRE III

Politiques et actions internes

CHAPITRE I
MARCHÉ INTÉRIEUR

SECTION 1. *Établissement du marché intérieur*

ARTICLE III-14

1. L'Union adopte les mesures destinées à établir le marché intérieur, conformément au présent article, aux articles III-15, III-26, paragraphe 1, III-29, III-39, III-62, III-65, III-143 et sans préjudice des autres dispositions de la Constitution.

2. Le marché intérieur comporte un espace sans frontières intérieures dans lequel la libre circulation des marchandises, des personnes, des services et des capitaux est assurée selon les dispositions de la Constitution.

3. Le Conseil des ministres, sur proposition de la Commission, adopte les règlements ou décisions européens qui définissent les orientations et conditions nécessaires pour assurer un progrès équilibré dans l'ensemble des secteurs concernés.

ARTICLE III-15

Lors de la formulation de ses propositions en vue de la réalisation des objectifs énoncés à l'article III-14, la Commission tient compte de l'ampleur de l'effort que certaines économies présentant des différences de développement devront supporter pour l'établissement du marché intérieur et elle peut proposer les mesures appropriées.

Si ces mesures prennent la forme de dérogations, elles doivent avoir un caractère temporaire et apporter le moins de perturbations possible au fonctionnement du marché intérieur.

ARTICLE III-16

Les États membres se consultent en vue de prendre en commun les dispositions nécessaires pour éviter que le fonctionnement du marché intérieur ne soit affecté par les dispositions qu'un État membre peut être appelé à prendre en cas de troubles intérieurs graves affectant l'ordre public, en cas de guerre ou de tension internationale grave constituant une menace de guerre, ou pour faire face aux engagements contractés par lui en vue du maintien de la paix et de la sécurité internationale.

ARTICLE III-17

Si des dispositions prises dans les cas prévus aux articles III-6 et III-34 ont pour effet de fausser les conditions de la concurrence dans le marché intérieur, la Commission examine avec l'État intéressé les conditions dans lesquelles ces dispositions peuvent être adaptées aux règles établies par la Constitution.

Par dérogation à la procédure prévue aux articles III-265 et III-266, la Commission ou tout État membre peut saisir directement la Cour de justice, s'il estime qu'un autre État membre fait un usage abusif des pouvoirs prévus aux articles III-6 et III-34. La Cour de justice statue à huis clos.

SECTION 2. *Libre circulation des personnes et des services*

SOUS-SECTION 1. TRAVAILLEURS

ARTICLE III-18

1. Les travailleurs ont le droit de circuler librement à l'intérieur de l'Union.

2. Toute discrimination, fondée sur la nationalité, entre les travailleurs des États membres, en ce qui concerne l'emploi, la rémunération et les autres conditions de travail est interdite.

3. Les travailleurs ont le droit, sous réserve des limitations justifiées par des raisons d'ordre public, de sécurité publique et de santé publique :

a) de répondre à des emplois effectivement offerts,

b) de se déplacer à cet effet librement sur le territoire des États membres,

c) de séjourner dans un des États membres afin d'y exercer un emploi conformément aux dispositions législatives, réglementaires et administratives régissant l'emploi des travailleurs nationaux,

d) de demeurer, dans des conditions qui font l'objet de règlements européens adoptés par la Commission, sur le territoire d'un État membre, après y avoir occupé un emploi.

4. Le présent article n'est pas applicable aux emplois dans l'administration publique.

ARTICLE III-19

La loi ou la loi-cadre européenne établit les mesures nécessaires pour réaliser la libre circulation des travailleurs, telle qu'elle est définie à l'article III-18. Elle est adoptée après consultation du Comité économique et social.

La loi ou la loi-cadre européenne vise notamment à :

a) assurer une collaboration étroite entre les administrations nationales du travail,

b) éliminer les procédures et pratiques administratives, ainsi que les délais d'accès aux emplois disponibles découlant soit de la législation interne, soit d'accords antérieurement conclus entre les États membres, dont le maintien ferait obstacle à la libération des mouvements des travailleurs,

c) éliminer tous les délais et autres restrictions, prévus soit par les législations internes, soit par des accords antérieurement conclus entre les États membres, qui imposent aux travailleurs des autres États membres d'autres conditions qu'aux travailleurs nationaux pour le libre choix d'un emploi,

d) établir des mécanismes propres à mettre en contact les offres et les demandes d'emploi et à en faciliter l'équilibre dans des conditions qui écartent des risques graves pour le niveau de vie et d'emploi dans les diverses régions et industries.

ARTICLE III-20

Les États membres favorisent, dans le cadre d'un programme commun, l'échange de jeunes travailleurs.

ARTICLE III-21

Dans le domaine de la sécurité sociale, la loi ou la loi-cadre européenne établit les mesures nécessaires pour réaliser la libre circulation des travailleurs, en instituant notamment un système permettant d'assurer aux travailleurs migrants salariés et non salariés et à leurs ayants droit :

a) la totalisation, pour l'ouverture et le maintien du droit aux prestations, ainsi que pour le calcul de celles-ci, de toutes périodes prises en considération par les différentes législations nationales ;

b) le paiement des prestations aux personnes résidant sur les territoires des États membres.

SOUS-SECTION 2. LIBERTÉ D'ÉTABLISSEMENT

ARTICLE III-22

Dans le cadre de la présente sous-section, les restrictions à la liberté d'établissement des ressortissants d'un État membre dans le territoire d'un autre État membre sont interdites. Cette interdiction s'étend également aux restrictions à la création d'agences, de succursales ou de filiales, par les ressortissants d'un État membre établis sur le territoire d'un État membre.

Les ressortissants d'un État membre ont le droit, dans le territoire d'un autre État membre, d'accéder aux activités non salariées et de les exercer, ainsi que de constituer et de gérer des entreprises, et notamment des sociétés au sens de l'article III-27, deuxième alinéa, dans les conditions définies par la législation de l'État membre d'établissement pour ses propres ressortissants, sous réserve des dispositions de la section relative aux capitaux.

ARTICLE III-23

1. La loi-cadre européenne établit les mesures pour réaliser la liberté d'établissement dans une activité déterminée. Elle est adoptée après consultation du Comité économique et social.

2. Le Parlement européen, le Conseil des ministres et la Commission exercent les fonctions qui leur sont dévolues par le paragraphe 1, notamment :

a) en traitant, en général, par priorité des activités où la liberté d'établissement constitue une contribution particulièrement utile au développement de la production et des échanges,

b) en assurant une collaboration étroite entre les administrations nationales compétentes en vue de connaître les situations particulières à l'intérieur de l'Union des diverses activités intéressées,

c) en éliminant celles des procédures et pratiques administratives découlant soit de la législation interne, soit d'accords antérieurement conclus entre les États membres, dont le maintien ferait obstacle à la liberté d'établissement,

d) en veillant à ce que les travailleurs salariés d'un des États membres, employés sur le territoire d'un autre État membre, puissent demeurer sur ce territoire pour y entreprendre une activité non salariée lorsqu'ils satisfont aux conditions auxquelles ils devraient satisfaire s'ils venaient dans cet État au moment où ils veulent accéder à cette activité,

e) en rendant possibles l'acquisition et l'exploitation de propriétés foncières situées sur le territoire d'un État membre par un ressortissant d'un autre État membre, dans la mesure où il n'est pas porté atteinte aux principes établis à l'article III-123, paragraphe 2,

f) en appliquant la suppression progressive des restrictions à la liberté d'établissement, dans chaque branche d'activité considérée, d'une part, aux conditions de création, sur le territoire d'un État membre, d'agences, de succursales ou de filiales et, d'autre part, aux conditions d'entrée du personnel du principal établissement dans les organes de gestion ou de surveillance de celles-ci,

g) en coordonnant, dans la mesure nécessaire et en vue de les rendre équivalentes, les garanties qui sont exigées, dans les États membres, des sociétés au sens de l'article III-27, deuxième alinéa, pour protéger les intérêts tant des associés que des tiers,

h) en s'assurant que les conditions d'établissement ne sont pas faussées par des aides accordées par les États membres.

ARTICLE III-24

La présente sous-section ne s'applique pas, en ce qui concerne l'État membre intéressé, aux activités participant dans cet État, même à titre occasionnel, à l'exercice de l'autorité publique.

La loi ou la loi-cadre européenne peut excepter certaines activités de l'application des dispositions de la présente sous-section.

ARTICLE III-25

1. La présente sous-section et les mesures adoptées en vertu de celle-ci ne préjugent pas l'applicabilité des dispositions législatives, réglementaires et administratives des États membres prévoyant un régime spécial pour les ressortissants étrangers, et justifiées par des raisons d'ordre public, de sécurité publique et de santé publique.

2. La loi-cadre européenne coordonne les dispositions nationales visées au paragraphe 1.

ARTICLE III-26

1. La loi-cadre européenne facilite l'accès aux activités non salariées et leur exercice. Elle vise à :

a) la reconnaissance mutuelle des diplômes, certificats et autres titres ;

b) la coordination des dispositions législatives, réglementaires et administratives des États membres concernant l'accès aux activités non salariées et à l'exercice de celles-ci.

2. En ce qui concerne les professions médicales, paramédicales et pharmaceutiques, la libération progressive des restrictions est subordonnée à la coordination de leurs conditions d'exercice dans les différents États membres.

ARTICLE III-27

Les sociétés constituées en conformité de la législation d'un État membre et ayant leur siège statutaire, leur administration centrale ou leur principal établissement à l'intérieur de l'Union sont assimilées, pour l'application de la présente sous-section, aux personnes physiques ressortissantes des États membres.

Par sociétés, on entend les sociétés de droit civil ou

commercial, y compris les sociétés coopératives, et les autres personnes morales relevant du droit public ou privé, à l'exception des sociétés qui ne poursuivent pas de but lucratif.

ARTICLE III-28

Les États membres accordent le traitement national en ce qui concerne la participation financière des ressortissants des autres États membres au capital des sociétés au sens de l'article III-27, sans préjudice de l'application des autres dispositions de la Constitution.

SOUS-SECTION 3. LIBERTÉ DE PRESTATION DE SERVICES

ARTICLE III-29

Dans le cadre de la présente sous-section, les restrictions à la libre prestation des services à l'intérieur de l'Union sont interdites à l'égard des ressortissants des États membres établis dans un État membre autre que celui du destinataire de la prestation.

La loi ou la loi-cadre européenne peut étendre le bénéfice de la présente sous-section aux prestataires de services ressortissants d'un État tiers et établis à l'intérieur de l'Union.

ARTICLE III-30

Au sens de la Constitution, sont considérées comme services les prestations fournies normalement contre rémunération, dans la mesure où elles ne sont pas régies par les dispositions relatives à la libre circulation des marchandises, des capitaux et des personnes.

Les services comprennent notamment :
a) des activités de caractère industriel,
b) des activités de caractère commercial,
c) des activités artisanales,
d) les activités des professions libérales.

Sans préjudice de la sous-section relative au droit d'établissement, le prestataire peut, pour l'exécution de sa prestation, exercer, à titre temporaire, son activité dans l'État membre où la prestation est fournie, dans les mêmes conditions que celles que cet État impose à ses propres ressortissants.

ARTICLE III-31

1. La libre circulation des services, en matière de transports, est régie par la section relative aux transports.

2. La libération des services des banques et des assurances qui sont liés à des mouvements de capitaux doit être réalisée en harmonie avec la libération de la circulation des capitaux.

ARTICLE III-32

1. La loi-cadre européenne établit les mesures pour réaliser la libération d'un service déterminé. Elle est adoptée après consultation du Comité économique et social.

2. La loi-cadre européenne visée au paragraphe 1 porte, en général, par priorité sur les services qui interviennent d'une façon directe dans les coûts de production ou dont la libération contribue à faciliter les échanges des marchandises.

ARTICLE III-33

Les États membres se déclarent disposés à procéder à la libération des services au-delà de la mesure qui est obligatoire en vertu de la loi-cadre européenne adoptée en application de l'article III-29, paragraphe 1, si leur situation économique générale et la situation du secteur intéressé le leur permettent.

La Commission adresse aux États membres intéressés des recommandations à cet effet.

ARTICLE III-34

Aussi longtemps que les restrictions à la libre prestation des services ne sont pas supprimées, chacun des États membres les applique sans distinction de nationalité ou de résidence à tous les prestataires de services visés à l'article III-29, premier alinéa.

ARTICLE III-35

Les articles III-24 à III-27 sont applicables à la matière régie par la présente sous-section.

SECTION 3. *Libre circulation des marchandises*

SOUS-SECTION 1. UNION DOUANIÈRE

ARTICLE III-36

1. L'Union comprend une union douanière qui s'étend à l'ensemble des échanges de marchandises et qui comporte l'interdiction, entre les États membres, des droits de douane à l'importation et à l'exportation et de toutes taxes d'effet équivalent, ainsi que l'adoption d'un tarif douanier commun dans leurs relations avec les pays tiers.
2. L'article III-38 et la sous-section 3 de la présente section s'appliquent aux produits qui sont originaires des États membres, ainsi qu'aux produits en provenance de pays tiers qui se trouvent en libre pratique dans les États membres.

ARTICLE III-37

Sont considérés comme étant en libre pratique dans un État membre les produits en provenance de pays tiers pour lesquels les formalités d'importation ont été accomplies et les droits de douane et taxes d'effet équivalent exigibles ont été perçus dans cet État membre, et qui n'ont pas bénéficié d'une ristourne totale ou partielle de ces droits et taxes.

ARTICLE III-38

Les droits de douane à l'importation et à l'exportation ou taxes d'effet équivalent sont interdits entre les États membres. Cette interdiction s'applique également aux droits de douane à caractère fiscal.

ARTICLE III-39

Le Conseil des ministres, sur proposition de la Commission, adopte les règlements ou décisions européens qui fixent les droits du tarif douanier commun.

ARTICLE III-40

Dans l'exercice des missions qui lui sont confiées au titre de la présente sous-section, la Commission s'inspire :

a) de la nécessité de promouvoir les échanges commerciaux entre les États membres et les pays tiers,

b) de l'évolution des conditions de concurrence à l'intérieur de l'Union, dans la mesure où cette évolution aura pour effet d'accroître la force compétitive des entreprises,

c) des nécessités d'approvisionnement de l'Union en matières premières et demi-produits, tout en veillant à ne pas fausser entre les États membres les conditions de concurrence sur les produits finis,

d) de la nécessité d'éviter des troubles sérieux dans la vie économique des États membres et d'assurer un développement rationnel de la production et une expansion de la consommation dans l'Union.

SOUS-SECTION 2. COOPÉRATION DOUANIÈRE

ARTICLE III-41

Dans les limites du champ d'application de la Constitution, la loi ou la loi-cadre européenne établit des mesures pour renforcer la coopération douanière entre les États membres et entre ceux-ci et la Commission.

SOUS-SECTION 3. INTERDICTION DE RESTRICTIONS QUANTITATIVES

ARTICLE III-42

Les restrictions quantitatives tant à l'importation qu'à l'exportation ainsi que toutes mesures d'effet équivalent, sont interdites entre les États membres.

ARTICLE III-43

L'article III-42 ne fait pas obstacle aux interdictions ou restrictions d'importation, d'exportation ou de transit, justifiées par des raisons de moralité publique, d'ordre public, de sécurité publique, de protection de la santé et de la vie des personnes et des animaux ou de préservation des végétaux, de protection des trésors nationaux ayant une valeur artistique, historique ou archéologique ou de protection de la propriété industrielle et commerciale. Toutefois, ces interdictions ou restrictions ne doivent constituer ni un moyen de discrimination arbitraire ni une restriction déguisée dans le commerce entre les États membres.

ARTICLE III-44

1. Les États membres aménagent les monopoles nationaux présentant un caractère commercial, de telle façon que soit assurée, dans les conditions d'approvisionnement et de débouchés, l'exclusion de toute discrimination entre les ressortissants des États membres.

Le présent article s'applique à tout organisme par lequel un État membre, de jure ou de facto, contrôle, dirige ou influence sensiblement, directement ou indirectement, les importations ou les exportations entre les États membres. Il s'applique également aux monopoles d'État délégués.

2. Les États membres s'abstiennent de toute mesure nouvelle contraire aux principes énoncés au paragraphe 1 ou qui restreint la portée des articles relatifs à l'interdiction des

droits de douane et des restrictions quantitatives entre les États membres.

3. Dans le cas d'un monopole à caractère commercial comportant une réglementation destinée à faciliter l'écoulement ou la valorisation de produits agricoles, il convient d'assurer, dans l'application du présent article, des garanties équivalentes pour l'emploi et le niveau de vie des producteurs intéressés.

SECTION 4. *Capitaux et paiements*

ARTICLE III-45

Dans le cadre de la présente section, les restrictions tant aux mouvements de capitaux qu'aux paiements entre les États membres et entre les États membres et les pays tiers sont interdites.

ARTICLE III-46

1. L'article III-45 ne porte pas atteinte à l'application, aux pays tiers, des restrictions existant le 31 décembre 1993 en vertu du droit national ou du droit de l'Union en ce qui concerne les mouvements de capitaux à destination ou en provenance de pays tiers lorsqu'ils impliquent des investissements directs, y compris les investissements immobiliers, l'établissement, la prestation de services financiers ou l'admission de titres sur les marchés des capitaux.

2. La loi ou la loi-cadre européenne établit les mesures relatives aux mouvements de capitaux à destination ou en provenance de pays tiers, lorsqu'ils impliquent des investissements directs, y compris les investissements immobiliers, l'établissement, la prestation de services financiers ou l'admission de titres sur les marchés des capitaux.

Le Parlement européen et le Conseil des ministres s'efforcent de réaliser l'objectif de libre circulation des capitaux entre États membres et pays tiers, dans la plus large mesure possible et sans préjudice d'autres dispositions de la Constitution.

3. Par dérogation au paragraphe 2, seule une loi ou une loi-cadre européenne du Conseil des ministres peut établir des mesures qui constituent un pas en arrière dans le droit de l'Union en ce qui concerne la libéralisation des mouvements de capitaux à destination ou en provenance de pays tiers. Le Conseil des ministres statue à l'unanimité après consultation du Parlement européen.

ARTICLE III-47

1. L'article III-45 ne porte pas atteinte au droit qu'ont les États membres :

a) d'appliquer les dispositions pertinentes de leur législation fiscale qui établissent une distinction entre les contribuables qui ne se trouvent pas dans la même situation en ce qui concerne leur résidence ou le lieu où leurs capitaux sont investis ;

b) de prendre toutes les dispositions indispensables pour faire échec aux infractions à leurs dispositions législatives et réglementaires, notamment en matière fiscale ou en matière de contrôle prudentiel des établissements financiers, de prévoir des procédures de déclaration des mouvements de capitaux à des fins d'information administrative ou statistique ou de prendre des mesures justifiées par des motifs liés à l'ordre public ou à la sécurité publique.

2. La présente section ne préjuge pas la possibilité d'appliquer des restrictions en matière de droit d'établissement qui sont compatibles avec la Constitution.

3. Les mesures et procédures visées aux paragraphes 1 et 2 ne doivent constituer ni un moyen de discrimination arbitraire ni une restriction déguisée à la libre circulation des capitaux et des paiements telle que définie à l'article III-45.

ARTICLE III-48

Lorsque, dans des circonstances exceptionnelles, les mouvements de capitaux en provenance ou à destination de pays tiers causent ou menacent de causer des difficultés graves pour le fonctionnement de l'union économique et monétaire, le Conseil des ministres, sur proposition de la Commission, peut adopter des règlements ou décisions européens qui instituent des mesures de sauvegarde à l'égard de pays tiers pour une période ne dépassant pas six mois pour autant que ces mesures soient strictement nécessaires. Il statue après consultation de la Banque centrale européenne.

ARTICLE III-49

Lorsque la réalisation des objectifs énoncés à l'article III-158 l'exige, notamment en ce qui concerne la prévention de la criminalité organisée, du terrorisme et du trafic des êtres humains, ainsi que la lutte contre ces phénomènes, la loi européenne peut définir un cadre de mesures concernant les mouvements de capitaux et les paiements, tels que le gel des fonds, des avoirs financiers ou des bénéfices économiques qui appartiennent à des personnes physiques ou morales, à des groupements ou à des entités non étatiques, sont en leur possession ou sont détenus par eux.

Le Conseil des ministres, sur proposition de la Commission, adopte des règlements ou décisions européens afin de mettre en œuvre la loi visée au premier alinéa.

SECTION 5. *Règles de concurrence*

SOUS-SECTION 1. LES RÈGLES APPLICABLES AUX ENTREPRISES

ARTICLE III-50

1. Sont incompatibles avec le marché intérieur et interdits tous accords entre entreprises, toutes décisions d'associations

d'entreprises et toutes pratiques concertées, qui sont susceptibles d'affecter le commerce entre États membres et qui ont pour objet ou pour effet d'empêcher, de restreindre ou de fausser le jeu de la concurrence à l'intérieur du marché intérieur, et notamment ceux qui consistent à :

a) fixer de façon directe ou indirecte les prix d'achat ou de vente ou d'autres conditions de transaction,

b) limiter ou contrôler la production, les débouchés, le développement technique ou les investissements,

c) répartir les marchés ou les sources d'approvisionnement,

d) appliquer, à l'égard de partenaires commerciaux, des conditions inégales à des prestations équivalentes en leur infligeant de ce fait un désavantage dans la concurrence,

e) subordonner la conclusion de contrats à l'acceptation, par les partenaires, de prestations supplémentaires qui, par leur nature ou selon les usages commerciaux, n'ont pas de lien avec l'objet de ces contrats.

2. Les accords ou décisions interdits en vertu du présent article sont nuls de plein droit.

3. Toutefois, le paragraphe 1 peut être déclaré inapplicable :

– à tout accord ou catégorie d'accords entre entreprises,

– à toute décision ou catégorie de décisions d'associations d'entreprises et

– à toute pratique concertée ou catégorie de pratiques concertées

qui contribuent à améliorer la production ou la distribution des produits ou à promouvoir le progrès technique ou économique, tout en réservant aux utilisateurs une partie équitable du profit qui en résulte, et sans :

a) imposer aux entreprises intéressées des restrictions qui ne sont pas indispensables pour atteindre ces objectifs,

b) donner à des entreprises la possibilité, pour une partie substantielle des produits en cause, d'éliminer la concurrence.

ARTICLE III-51

Est incompatible avec le marché intérieur et interdit, dans la mesure où le commerce entre États membres est susceptible d'en être affecté, le fait pour une ou plusieurs entreprises d'exploiter de façon abusive une position dominante sur le marché intérieur ou dans une partie substantielle de celui-ci.

Ces pratiques abusives peuvent notamment consister à :

a) imposer de façon directe ou indirecte des prix d'achat ou de vente ou d'autres conditions de transaction non équitables ;

b) limiter la production, les débouchés ou le développement technique au préjudice des consommateurs,

c) appliquer à l'égard de partenaires commerciaux des conditions inégales à des prestations équivalentes en leur infligeant de ce fait un désavantage dans la concurrence,

d) subordonner la conclusion de contrats à l'acceptation, par les partenaires, de prestations supplémentaires qui, par leur nature ou selon les usages commerciaux, n'ont pas de lien avec l'objet de ces contrats.

ARTICLE III-52

1. Le Conseil des ministres, sur proposition de la Commission, adopte les règlements européens pour l'application des principes figurant aux articles III-50 et III-51. Il statue après consultation du Parlement européen.

2. Les règlements européens visés au paragraphe 1 ont pour but notamment :

a) d'assurer le respect des interdictions visées à l'article III-50, paragraphe 1 et à l'article III-51 par l'institution d'amendes et d'astreintes,

b) de déterminer les modalités d'application de l'article III-50, paragraphe 3 en tenant compte de la nécessité, d'une part, d'assurer une surveillance efficace et, d'autre part, de simplifier dans toute la mesure du possible le contrôle administratif,

c) de préciser, le cas échéant, dans les diverses branches économiques, le champ d'application des dispositions des articles III-50 et III-51,

d) de définir le rôle respectif de la Commission et de la Cour de justice dans l'application des dispositions visées au présent paragraphe,

e) de définir les rapports entre les législations nationales, d'une part, et, d'autre part, la présente section ainsi que les règlements européens adoptés en application du présent article.

ARTICLE III-53

Jusqu'à l'entrée en vigueur des règlements européens adoptés en application de l'article III-52, les autorités des États membres statuent sur l'admissibilité d'ententes et sur l'exploitation abusive d'une position dominante sur le marché intérieur, en conformité avec leur droit interne et l'article III-50, notamment paragraphe 3, et l'article III-51.

ARTICLE III-54

1. Sans préjudice de l'article III-53, la Commission veille à l'application des principes fixés par les articles III-50 et III-51. Elle instruit, sur demande d'un État membre ou d'office, et en liaison avec les autorités compétentes des États membres qui lui prêtent leur assistance, les cas d'infraction présumée aux principes précités. Si elle constate qu'il y a eu infraction, elle propose les moyens propres à y mettre fin.

2. S'il n'est pas mis fin aux infractions, la Commission adopte une décision européenne motivée constatant l'infraction aux principes. Elle peut publier sa décision et autoriser les États membres à prendre les dispositions nécessaires, dont elle définit les conditions et les modalités pour remédier à la situation.

3. La Commission peut adopter des règlements européens concernant les catégories d'accords à l'égard desquelles le

Conseil des ministres a statué conformément à l'article III-52, paragraphe 2, point b).

ARTICLE III-55

1. Les États membres, en ce qui concerne les entreprises publiques et les entreprises auxquelles ils accordent des droits spéciaux ou exclusifs, n'édictent ni ne maintiennent aucune mesure contraire aux dispositions de la Constitution, notamment à celles prévues à l'article I-4, paragraphe 2, et aux articles III-55 à III-58.

2. Les entreprises chargées de la gestion de services d'intérêt économique général ou présentant le caractère d'un monopole fiscal sont soumises aux dispositions de la Constitution, notamment aux règles de concurrence, dans les limites où l'application de ces règles ne fait pas échec à l'accomplissement en droit ou en fait de la mission particulière qui leur a été impartie. Le développement des échanges ne doit pas être affecté dans une mesure contraire à l'intérêt de l'Union.

3. La Commission veille à l'application du présent article et adopte, en tant que de besoin, les règlements ou décisions européens appropriés.

SOUS-SECTION 2. LES AIDES ACCORDÉES PAR LES ÉTATS MEMBRES

ARTICLE III-56

1. Sauf dérogations prévues par la Constitution, sont incompatibles avec le marché intérieur, dans la mesure où elles affectent les échanges entre États membres, les aides accordées par les États membres ou au moyen de ressources d'État sous quelque forme que ce soit qui faussent ou qui menacent de fausser la concurrence en favorisant certaines entreprises ou certaines productions.

2. Sont compatibles avec le marché intérieur :

a) les aides à caractère social octroyées aux consommateurs individuels, à condition qu'elles soient accordées sans discrimination liée à l'origine des produits,

b) les aides destinées à remédier aux dommages causés par les calamités naturelles ou par d'autres événements extraordinaires,

c) les aides octroyées à l'économie de certaines régions de la République fédérale d'Allemagne affectées par la division de l'Allemagne, dans la mesure où elles sont nécessaires pour compenser les désavantages économiques causés par cette division.

3. Peuvent être considérées comme compatibles avec le marché intérieur :

a) les aides destinées à favoriser le développement économique de régions dans lesquelles le niveau de vie est anormalement bas ou dans lesquelles sévit un grave sous-emploi,

b) les aides destinées à promouvoir la réalisation d'un projet important d'intérêt européen commun ou à remédier à une perturbation grave de l'économie d'un État membre,

c) les aides destinées à faciliter le développement de certaines activités ou de certaines régions économiques, quand elles n'altèrent pas les conditions des échanges dans une mesure contraire à l'intérêt commun,

d) les aides destinées à promouvoir la culture et la conservation du patrimoine, quand elles n'altèrent pas les conditions des échanges et de la concurrence dans l'Union dans une mesure contraire à l'intérêt commun,

e) les autres catégories d'aides déterminées par des règlements ou des décisions européens adoptés par le Conseil des ministres sur proposition de la Commission.

ARTICLE III-57

1. La Commission procède avec les États membres à l'examen permanent des régimes d'aides existant dans ces États. Elle propose à ceux-ci les mesures utiles exigées par le développement progressif ou le fonctionnement du marché intérieur.

2. Si, après avoir mis les intéressés en demeure de présenter leurs observations, la Commission constate qu'une aide accordée par un État membre ou au moyen de ressources d'État n'est pas compatible avec le marché intérieur aux termes de l'article III-56, ou que cette aide est appliquée de façon abusive, elle adopte une décision européenne visant à ce que l'État intéressé la supprime ou la modifie dans le délai qu'elle détermine.

Si l'État en cause ne se conforme pas à cette décision européenne dans le délai imparti, la Commission ou tout autre État membre intéressé peut saisir directement la Cour de justice, par dérogation aux articles III-265 et III-266.

Sur demande d'un État membre, le Conseil des ministres peut adopter à l'unanimité une décision européenne selon laquelle une aide, instituée ou à instituer par cet État, doit être considérée comme compatible avec le marché intérieur, en dérogation de l'article III-56 ou des règlements européens prévus à l'article III-58, si des circonstances exceptionnelles justifient une telle décision. Si, à l'égard de cette aide, la Commission a ouvert la procédure prévue au présent paragraphe, premier alinéa, la demande de l'État intéressé adressée au Conseil des ministres aura pour effet de suspendre ladite procédure jusqu'à la prise de position du Conseil des ministres.

Toutefois, si le Conseil des ministres n'a pas pris position dans un délai de trois mois à compter de la demande, la Commission statue.

3. La Commission est informée par les États membres, en temps utile pour présenter ses observations, des projets tendant à instituer ou à modifier des aides. Si elle estime qu'un projet n'est pas compatible avec le marché intérieur, aux termes de l'article III-56, elle ouvre sans délai la procédure prévue au paragraphe 2. L'État membre intéressé ne peut mettre à exécution les mesures projetées, avant que cette procédure ait abouti à une décision finale.

4. La Commission peut adopter des règlements européens

concernant les catégories d'aides d'État que le Conseil des ministres a déterminées, conformément à l'article III-55, comme pouvant être dispensées de la procédure visée au paragraphe 3.

ARTICLE III-58

Le Conseil des ministres, sur proposition de la Commission, peut adopter des règlements européens pour l'application des articles III-56 et III-57 et pour fixer notamment les conditions d'application de l'article III-57, paragraphe 3, et les catégories d'aides qui sont dispensées de cette procédure. Il statue après consultation du Parlement européen.

SECTION 6. *Dispositions fiscales*

ARTICLE III-59

Aucun État membre ne frappe directement ou indirectement les produits des autres États membres d'impositions intérieures, de quelque nature qu'elles soient, supérieures à celles qui frappent directement ou indirectement les produits nationaux similaires.

En outre, aucun État membre ne frappe les produits des autres États membres d'impositions intérieures de nature à protéger indirectement d'autres productions.

ARTICLE III-60

Les produits exportés d'un État membre vers le territoire d'un autre État membre ne peuvent bénéficier d'aucune ristourne d'impositions intérieures supérieure aux impositions dont ils ont été frappés directement ou indirectement.

ARTICLE III-61

En ce qui concerne les impositions autres que les taxes sur le chiffre d'affaires, les droits d'accises et les autres impôts indirects, des exonérations et des remboursements à l'exportation vers les autres États membres ne peuvent être opérés, et des taxes de compensation à l'importation en provenance des États membres ne peuvent être établies, que pour autant que les dispositions envisagées ont été préalablement approuvées pour une période limitée par une décision européenne adoptée par le Conseil des ministres sur proposition de la Commission.

ARTICLE III-62

1. Une loi ou une loi-cadre européenne du Conseil des ministres établit les mesures touchant à l'harmonisation des législations relatives aux taxes sur le chiffre d'affaires, aux droits d'accises et autres impôts indirects pour autant que cette harmonisation soit nécessaire pour assurer le fonctionnement du marché intérieur et éviter les distorsions de concurrence. Le Conseil des ministres statue à l'unanimité après consultation du Parlement européen et du Comité économique et social.

2. Lorsque le Conseil des ministres, statuant à l'unanimité sur proposition de la Commission, constate que les mesures visées au paragraphe 1 concernent la coopération administrative ou la lutte contre la fraude fiscale et l'évasion fiscale illégale, il statue, par dérogation au paragraphe 1, à la majorité qualifiée lorsqu'il adopte la loi ou la loi-cadre européenne qui établit ces mesures.

ARTICLE III-63

Lorsque le Conseil des ministres, statuant à l'unanimité sur proposition de la Commission, constate que des mesures relatives à l'impôt sur les sociétés concernent la coopération administrative ou la lutte contre la fraude fiscale et l'évasion fiscale illégale, il adopte, à la majorité qualifiée, une loi ou une loi-cadre européenne établissant ces mesures, pour autant qu'elles soient nécessaires pour assurer le fonctionnement du marché intérieur et éviter les distorsions de concurrence.

Cette loi ou loi-cadre est adoptée après consultation du Parlement européen et du Comité économique et social.

SECTION 7. *Le rapprochement des législations*

ARTICLE III-64

Sans préjudice de l'article III-62, une loi-cadre européenne du Conseil des ministres établit les mesures pour le rapprochement des dispositions législatives, réglementaires et administratives des États membres qui ont une incidence directe sur l'établissement ou le fonctionnement du marché intérieur. Le Conseil des ministres statue à l'unanimité après consultation du Parlement européen et du Comité économique et social.

ARTICLE III-65

1. Sauf si la Constitution en dispose autrement, le présent article s'applique pour la réalisation des objectifs énoncés à l'article III-14. La loi ou la loi-cadre européenne établit les mesures relatives au rapprochement des dispositions législatives, réglementaires et administratives des États membres qui ont pour objet l'établissement et le fonctionnement du marché intérieur. Elle est adoptée après consultation du Comité économique et social.

2. Le paragraphe 1 ne s'applique pas aux dispositions fiscales, aux dispositions relatives à la libre circulation des personnes et à celles relatives aux droits et intérêts des travailleurs salariés.

3. La Commission, dans ses propositions présentées au titre du paragraphe 1 en matière de santé, de sécurité, de protection de l'environnement et de protection des consommateurs, prend pour base un niveau de protection élevé en tenant compte notamment de toute nouvelle évolution basée sur des faits scientifiques. Dans le cadre de leurs compé-

tences respectives, le Parlement européen et le Conseil des ministres s'efforcent également d'atteindre cet objectif.

4. Si, après l'adoption d'une mesure d'harmonisation par une loi ou une loi-cadre européenne ou un règlement européen de la Commission, un État membre estime nécessaire de maintenir des dispositions nationales justifiées par des exigences importantes visées à l'article III-43 ou relatives à la protection de l'environnement ou du milieu de travail, il les notifie à la Commission, en indiquant les raisons de leur maintien.

5. En outre, sans préjudice du paragraphe 4, si, après l'adoption d'une mesure d'harmonisation par une loi ou une loi-cadre européenne ou un règlement européen de la Commission, un État membre estime nécessaire d'introduire des dispositions nationales basées sur des preuves scientifiques nouvelles relatives à la protection de l'environnement ou du milieu de travail en raison d'un problème spécifique de cet État membre, qui surgit après l'adoption de la mesure d'harmonisation, il notifie à la Commission les dispositions envisagées ainsi que leur motivation.

6. Dans un délai de six mois après les notifications visées aux paragraphes 4 et 5, la Commission adopte une décision européenne approuvant ou rejetant les dispositions nationales en cause après avoir vérifié si elles sont ou non un moyen de discrimination arbitraire ou une restriction déguisée dans le commerce entre États membres et si elles constituent ou non une entrave au fonctionnement du marché intérieur.

En l'absence de décision de la Commission dans ce délai, les dispositions nationales visées aux paragraphes 4 et 5 sont réputées approuvées.

Lorsque cela est justifié par la complexité de la question et en l'absence de danger pour la santé humaine, la Commission peut notifier à l'État membre en question que la période visée au présent paragraphe peut être prorogée d'une nouvelle période pouvant aller jusqu'à six mois.

7. Lorsque, en application du paragraphe 6, un État mem-

bre est autorisé à maintenir ou à introduire des dispositions nationales dérogeant à une mesure d'harmonisation, la Commission examine immédiatement s'il est opportun de proposer une adaptation de cette mesure.

8. Lorsqu'un État membre soulève un problème particulier de santé publique dans un domaine qui a fait préalablement l'objet de mesures d'harmonisation, il en informe la Commission, qui examine immédiatement s'il y a lieu de proposer des mesures appropriées.

9. Par dérogation à la procédure prévue aux articles III-265 et III-266, la Commission et tout État membre peuvent saisir directement la Cour de justice s'ils estiment qu'un autre État membre fait un usage abusif des pouvoirs prévus par le présent article.

10. Les mesures d'harmonisation visées au présent article comportent, dans les cas appropriés, une clause de sauvegarde autorisant les États membres à prendre, pour une ou plusieurs des raisons non économiques visées à l'article III-43, des dispositions provisoires soumises à une procédure de contrôle par l'Union.

ARTICLE III-66

Au cas où la Commission constate qu'une disparité entre les dispositions législatives, réglementaires ou administratives des États membres fausse les conditions de concurrence sur le marché intérieur et provoque une distorsion qui doit être éliminée, elle consulte les États membres intéressés.

Si cette consultation n'aboutit pas à un accord, la loi-cadre européenne élimine la distorsion en cause. Toutes autres mesures utiles prévues par la Constitution peuvent être adoptées.

ARTICLE III-67

1. Lorsqu'il y a lieu de craindre que l'adoption ou la modification d'une disposition législative, réglementaire ou adminis-

trative nationale ne provoque une distorsion au sens de l'article III-66, l'État membre qui veut y procéder consulte la Commission. Après avoir consulté les États membres, la Commission adresse aux États intéressés une recommandation sur les mesures appropriées pour éviter la distorsion en cause.

2. Si l'État membre qui veut établir ou modifier des dispositions nationales ne se conforme pas à la recommandation que la Commission lui a adressée, il ne pourra être demandé aux autres États membres, dans l'application de l'article III-66, de modifier leurs dispositions nationales en vue d'éliminer cette distorsion. Si l'État membre qui a passé outre à la recommandation de la Commission provoque une distorsion à son seul détriment, l'article III-63 n'est pas applicable.

ARTICLE III-68

Dans le cadre de la réalisation du marché intérieur, la loi ou la loi-cadre européenne établit les mesures relatives à la création de titres européens pour assurer une protection uniforme des droits de propriété intellectuelle dans l'Union, et à la mise en place de régimes d'autorisation, de coordination et de contrôle centralisés au niveau de l'Union.

Une loi européenne du Conseil des ministres établit les régimes linguistiques des titres européens. Le Conseil des ministres statue à l'unanimité après consultation du Parlement européen.

CHAPITRE II

POLITIQUE ÉCONOMIQUE ET MONÉTAIRE

ARTICLE III-69

1. Aux fins énoncées à l'article I-3, l'action des États membres et de l'Union comporte, dans les conditions prévues

par la Constitution, l'instauration d'une politique économique fondée sur l'étroite coordination des politiques économiques des États membres, sur le marché intérieur et sur la définition d'objectifs communs, et conduite conformément au respect du principe d'une économie de marché ouverte où la concurrence est libre.

2. Parallèlement, dans les conditions et selon les procédures prévues par la Constitution, cette action comporte une monnaie unique, l'euro, ainsi que la définition et la conduite d'une politique monétaire et d'une politique de change uniques dont l'objectif principal est de maintenir la stabilité des prix et, sans préjudice de cet objectif, de soutenir les politiques économiques générales dans l'Union, conformément au principe d'une économie de marché ouverte où la concurrence est libre.

3. Cette action des États membres et de l'Union implique le respect des principes directeurs suivants : prix stables, finances publiques et conditions monétaires saines et balance des paiements stable.

SECTION 1. *La politique économique*

ARTICLE III-70

Les États membres conduisent leurs politiques économiques pour contribuer à la réalisation des objectifs de l'Union, tels que définis à l'article I-3, et dans le contexte des grandes orientations visées à l'article III-71, paragraphe 2. Les États membres et l'Union agissent dans le respect du principe d'une économie de marché ouverte où la concurrence est libre, favorisant une allocation efficace des ressources, conformément aux principes fixés à l'article III-69.

ARTICLE III-71

1. Les États membres considèrent leurs politiques économiques comme une question d'intérêt commun et les coordonnent au sein du Conseil des ministres, conformément à l'article III-70.

2. Le Conseil des ministres, sur recommandation de la Commission, élabore un projet pour les grandes orientations des politiques économiques des États membres et de l'Union et en fait rapport au Conseil européen.

Le Conseil européen, sur la base du rapport du Conseil des ministres, débat d'une conclusion sur les grandes orientations des politiques économiques des États membres et de l'Union. Le Conseil des ministres, sur la base de cette conclusion, adopte une recommandation fixant ces grandes orientations. Il en informe le Parlement européen.

3. Afin d'assurer une coordination plus étroite des politiques économiques et une convergence soutenue des performances économiques des États membres, le Conseil des ministres, sur la base de rapports présentés par la Commission, surveille l'évolution économique dans chacun des États membres et dans l'Union, ainsi que la conformité des politiques économiques avec les grandes orientations visées au paragraphe 2, et procède régulièrement à une évaluation d'ensemble.

Pour les besoins de cette surveillance multilatérale, les États membres transmettent à la Commission des informations sur les dispositions importantes qu'ils ont prises dans le domaine de leur politique économique et toute autre information qu'ils jugent nécessaire.

4. Lorsqu'il est constaté, dans le cadre de la procédure visée au paragraphe 3, que les politiques économiques d'un État membre ne sont pas conformes aux grandes orientations visées au paragraphe 2 ou qu'elles risquent de compromettre le bon fonctionnement de l'union économique et monétaire, la Commission peut adresser un avertissement à l'État mem-

bre concerné. Le Conseil des ministres, sur recommandation de la Commission, peut adresser les recommandations nécessaires à l'État membre concerné. Le Conseil des ministres peut décider, sur proposition de la Commission, de rendre publiques ses recommandations.

Dans le cadre du présent paragraphe, le Conseil des ministres statue sans tenir compte du vote du représentant de l'État membre concerné et la majorité qualifiée se définit comme la majorité des voix des autres États membres, représentant au moins les trois cinquièmes de la population de ceux-ci.

5. Le président du Conseil des ministres et la Commission font rapport au Parlement européen sur les résultats de la surveillance multilatérale. Le président du Conseil des ministres peut être invité à se présenter devant la commission compétente du Parlement européen si le Conseil des ministres a rendu publiques ses recommandations.

6. La loi européenne peut établir les modalités de la procédure de surveillance multilatérale visée aux paragraphes 3 et 4.

ARTICLE III-72

1. Sans préjudice des autres procédures prévues par la Constitution, le Conseil des ministres, sur proposition de la Commission, peut adopter une décision européenne établissant des mesures appropriées à la situation économique, notamment si de graves difficultés surviennent dans l'approvisionnement en certains produits.

2. Lorsqu'un État membre connaît des difficultés ou une menace sérieuse de graves difficultés, en raison de catastrophes naturelles ou d'événements exceptionnels échappant à son contrôle, le Conseil des ministres, sur proposition de la Commission, peut adopter une décision européenne accordant, sous certaines conditions, une assistance financière de l'Union à l'État membre concerné. Le président du Conseil des ministres en informe le Parlement européen.

ARTICLE III-73

1. Il est interdit à la Banque centrale européenne et aux banques centrales des États membres, ci-après dénommées « banques centrales nationales », d'accorder des découverts ou tout autre type de crédit aux institutions, organes ou agences de l'Union, aux administrations centrales, aux autorités régionales ou locales, aux autres autorités publiques, aux autres organismes ou entreprises publics des États membres ; l'acquisition directe, auprès d'eux, par la Banque centrale européenne ou les banques centrales nationales, des instruments de leur dette est également interdite.

2. Le paragraphe 1 ne s'applique pas aux établissements publics de crédit qui, dans le cadre de la mise à disposition de liquidités par les banques centrales, bénéficient, de la part des banques centrales nationales et de la Banque centrale européenne, du même traitement que les établissements privés de crédit.

ARTICLE III-74

1. Sont interdites toutes mesures et dispositions, ne reposant pas sur des considérations d'ordre prudentiel, qui établissent un accès privilégié des institutions, organes ou agences de l'Union, des administrations centrales, des autorités régionales ou locales, des autres autorités publiques ou d'autres organismes ou entreprises publics des États membres aux institutions financières.

2. Le Conseil des ministres, sur proposition de la Commission, peut adopter les règlements ou décisions européens qui précisent les définitions pour l'application de l'interdiction visée au paragraphe 1. Il statue après consultation du Parlement européen.

ARTICLE III-75

1. L'Union ne répond pas des engagements des administrations centrales, des autorités régionales ou locales, des autres

autorités publiques ou d'autres organismes ou entreprises publics d'un État membre, ni ne les prend à sa charge, sans préjudice des garanties financières mutuelles pour la réalisation en commun d'un projet spécifique. Un État membre ne répond pas des engagements des administrations centrales, des autorités régionales ou locales, des autres autorités publiques ou d'autres organismes ou entreprises publics d'un autre État membre, ni ne les prend à sa charge, sans préjudice des garanties financières mutuelles pour la réalisation en commun d'un projet spécifique.

2. Le Conseil des ministres, sur proposition de la Commission, peut adopter les règlements ou décisions européens qui précisent les définitions pour l'application des interdictions visées à l'article III-73 et au présent article. Il statue après consultation du Parlement européen.

ARTICLE III-76

1. Les États membres évitent les déficits publics excessifs.

2. La Commission surveille l'évolution de la situation budgétaire et du montant de la dette publique dans les États membres pour déceler les erreurs manifestes. Elle examine notamment si la discipline budgétaire a été respectée, et ce sur la base des deux critères ci-après :

a) si le rapport entre le déficit public prévu ou effectif et le produit intérieur brut dépasse une valeur de référence, à moins :

i) que le rapport n'ait diminué de manière substantielle et constante et atteint un niveau proche de la valeur de référence,

ii) ou que le dépassement de la valeur de référence ne soit qu'exceptionnel et temporaire et que ledit rapport ne reste proche de la valeur de référence ;

b) si le rapport entre la dette publique et le produit intérieur brut dépasse une valeur de référence, à moins que ce rapport ne diminue suffisamment et ne s'approche de la valeur de référence à un rythme satisfaisant.

Les valeurs de référence sont précisées dans le protocole sur la procédure concernant les déficits excessifs.

3. Si un État membre ne satisfait pas aux exigences de ces critères ou de l'un d'eux, la Commission élabore un rapport. Le rapport de la Commission examine également si le déficit public excède les dépenses publiques d'investissement et tient compte de tous les autres facteurs pertinents, y compris la position économique et budgétaire à moyen terme de l'État membre.

La Commission peut également élaborer un rapport si, en dépit du respect des exigences découlant des critères, elle estime qu'il y a un risque de déficit excessif dans un État membre.

4. Le comité économique et financier rend un avis sur le rapport de la Commission.

5. Si la Commission estime qu'il y a un déficit excessif dans un État membre ou qu'un tel déficit risque de se produire, elle adresse un avis à l'État membre concerné.

6. Le Conseil des ministres, sur proposition de la Commission, compte tenu des observations éventuelles de l'État membre concerné et après une évaluation globale, décide s'il y a un déficit excessif. Dans ce cas, il adopte, selon les mêmes procédures, les recommandations qu'il adresse à l'État membre concerné afin que celui-ci mette un terme à cette situation dans un délai donné. Sous réserve du paragraphe 8, ces recommandations ne sont pas rendues publiques.

Dans le cadre du présent paragraphe, le Conseil des ministres statue sans tenir compte du vote du représentant de l'État membre concerné et la majorité qualifiée se définit comme la majorité des autres États membres, représentant au moins trois cinquièmes de la population de ceux-ci.

7. Le Conseil des ministres, sur recommandation de la Commission, adopte les décisions européennes et recommandations visées aux paragraphes 8 à 11. Il statue sans tenir compte du vote du représentant de l'État membre concerné et la majorité qualifiée se définit comme la majorité des

autres États membres, représentant au moins trois cinquièmes de la population de ceux-ci.

8. Lorsque le Conseil des ministres constate qu'aucune action suivie d'effets n'a été prise en réponse à ses recommandations dans le délai prescrit, il peut rendre publiques ses recommandations.

9. Si un État membre persiste à ne pas donner suite aux recommandations du Conseil des ministres, celui-ci peut adopter une décision européenne mettant l'État membre concerné en demeure de prendre, dans un délai déterminé, des actions visant à la réduction du déficit jugée nécessaire par le Conseil des ministres pour remédicr à la situation.

En pareil cas, le Conseil des ministres peut demander à l'État membre concerné de présenter des rapports selon un calendrier précis, afin de pouvoir examiner les efforts d'ajustement consentis par cet État membre.

10. Aussi longtemps qu'un État membre ne se conforme pas à une décision européenne adoptée en vertu du paragraphe 9, le Conseil des ministres peut décider d'appliquer ou, le cas échéant, d'intensifier une ou plusieurs des mesures suivantes :

a) exiger de l'État membre concerné qu'il publie des informations supplémentaires, à préciser par le Conseil des ministres, avant d'émettre des obligations et des titres ;

b) inviter la Banque européenne d'investissement à revoir sa politique de prêts à l'égard de l'État membre concerné ;

c) exiger que l'État membre concerné fasse, auprès de l'Union, un dépôt ne portant pas intérêt, d'un montant approprié, jusqu'à ce que le Conseil des ministres estime que le déficit excessif a été corrigé ;

d) imposer des amendes d'un montant approprié.

Le président du Conseil des ministres informe le Parlement européen des mesures adoptées.

11. Le Conseil des ministres abroge toutes ou certaines des mesures visées aux paragraphes 6 et 8 à 10 pour autant qu'il estime que le déficit excessif dans l'État membre concerné a

été corrigé. Si le Conseil des ministres a précédemment rendu publiques ses recommandations, il déclare publiquement, dès l'abrogation de la décision visée au paragraphe 8, qu'il n'y a plus de déficit excessif dans cet État membre.

12. Les droits de recours prévus aux articles III-265 et III-266 ne peuvent être exercés dans le cadre des paragraphes 1 à 6, 8 et 9.

13. Des dispositions complémentaires relatives à la mise en œuvre de la procédure décrite au présent article figurent dans le protocole sur la procédure concernant les déficits excessifs.

Une loi européenne du Conseil des ministres établit les mesures appropriées remplaçant ledit protocole. Le Conseil des ministres statue à l'unanimité après consultation du Parlement européen et de la Banque centrale européenne.

Sous réserve des autres dispositions du présent paragraphe, le Conseil des ministres, sur proposition de la Commission, adopte les règlements ou décisions européens qui établissent les modalités et les définitions pour l'application dudit protocole. Il statue après consultation du Parlement européen.

SECTION 2. *La politique monétaire*

ARTICLE III-77

1. L'objectif principal du Système européen de banques centrales est de maintenir la stabilité des prix. Sans préjudice de cet objectif, le Système européen de banques centrales apporte son soutien aux politiques économiques générales dans l'Union, pour contribuer à la réalisation des objectifs de celle-ci, tels que définis à l'article I-3. Le Système européen de banques centrales agit conformément au principe d'une économie de marché ouverte où la concurrence est libre, en favorisant une allocation efficace des ressources et en respectant les principes fixés à l'article III-69.

2. Les missions fondamentales relevant du Système européen de banques centrales consistent à :

a) définir et mettre en œuvre la politique monétaire de l'Union ;

b) conduire les opérations de change conformément à l'article III-228 ;

c) détenir et gérer les réserves officielles de change des États membres ;

d) promouvoir le bon fonctionnement des systèmes de paiement.

3. Le paragraphe 2, point c), s'applique sans préjudice de la détention et de la gestion, par les gouvernements des États membres, de fonds de roulement en devises.

4. La Banque centrale européenne est consultée :

a) sur tout acte de l'Union proposé dans les domaines relevant de sa compétence ;

b) par les autorités nationales, sur tout projet de réglementation dans les domaines relevant de sa compétence, mais dans les limites et selon les conditions fixées par le Conseil des ministres conformément à la procédure prévue à l'article III-79, paragraphe 6.

La Banque centrale européenne peut, dans les domaines relevant de sa compétence, soumettre des avis aux institutions, organes ou agences de l'Union ou aux autorités nationales.

5. Le Système européen de banques centrales contribue à la bonne conduite des politiques menées par les autorités compétentes en ce qui concerne le contrôle prudentiel des établissements de crédit et la stabilité du système financier.

6. La loi européenne peut confier à la Banque centrale européenne des missions spécifiques ayant trait aux politiques en matière de contrôle prudentiel des établissements de crédit et autres établissements financiers, à l'exception des entreprises d'assurances. Elle est adoptée après consultation de la Banque centrale européenne.

ARTICLE III-78

1. La Banque centrale européenne est seule habilitée à autoriser l'émission de billets de banque en euro dans l'Union. La Banque centrale européenne et les banques centrales nationales peuvent émettre de tels billets. Les billets de banque émis par la Banque centrale européenne et les banques centrales nationales sont les seuls à avoir cours légal dans l'Union.

2. Les États membres peuvent émettre des pièces en euro, sous réserve de l'approbation, par la Banque centrale européenne, du volume de l'émission. Le Conseil des ministres, sur proposition de la Commission, peut adopter les règlements européens établissant des mesures pour harmoniser les valeurs unitaires et les spécifications techniques de toutes les pièces destinées à la circulation, dans la mesure où cela est nécessaire pour assurer la bonne circulation de celles-ci dans l'Union. Le Conseil des ministres statue après consultation du Parlement européen et de la Banque centrale européenne.

ARTICLE III-79

1. Le Système européen de banques centrales est composé de la Banque centrale européenne et des banques centrales nationales.

2. La Banque centrale européenne est dotée de la personnalité juridique.

3. Le Système européen de banques centrales est dirigé par les organes de décision de la Banque centrale européenne, qui sont le conseil des gouverneurs et le directoire.

4. Les statuts du Système européen de banques centrales sont définis dans le protocole sur les statuts du Système européen de banques centrales et de la Banque centrale européenne.

5. Les articles 5.1, 5.2, 5.3, 17, 18, 19.1, 22, 23, 24, 26, 32.2, 32.3, 32.4, 32.6, 33.1 a) et 36 des statuts du Système européen de banques centrales et de la Banque centrale européenne peuvent être modifiés par la loi européenne :

a) soit sur proposition de la Commission après consultation de la Banque centrale européenne ;

b) soit sur recommandation de la Banque centrale européenne après consultation de la Commission.

6. Le Conseil des ministres adopte les règlements et décisions européens établissant les mesures visées aux articles 4, 5.4, 19.2, 20, 28.1, 29.2, 30.4 et 34.3 des statuts du Système européen de banques centrales et de la Banque centrale européenne. Il statue après consultation du Parlement européen :

a) soit sur proposition de la Commission et après consultation de la Banque centrale européenne ;

b) soit sur recommandation de la Banque centrale européenne et après consultation de la Commission.

ARTICLE III-80

Dans l'exercice des pouvoirs et dans l'accomplissement des missions et des devoirs qui leur ont été conférés par la Constitution et les statuts du Système européen de banques centrales et de la Banque centrale européenne, ni la Banque centrale européenne, ni une banque centrale nationale, ni un membre quelconque de leurs organes de décision ne peuvent solliciter ni accepter des instructions des institutions, organes ou agences de l'Union, des gouvernements des États membres ou de tout autre organisme. Les institutions, organes ou agences de l'Union ainsi que les gouvernements des États membres s'engagent à respecter ce principe et à ne pas chercher à influencer les membres des organes de décision de la Banque centrale européenne ou des banques centrales nationales dans l'accomplissement de leurs missions.

ARTICLE III-81

Chaque État membre veille à la compatibilité de sa législation nationale, y compris les statuts de sa banque centrale nationale, avec la Constitution et les statuts du Système européen de banques centrales et de la Banque centrale européenne.

ARTICLE III-82

1. Pour l'accomplissement des missions qui sont confiées au Système européen de banques centrales, la Banque centrale européenne, conformément à la Constitution et selon les conditions fixées dans les statuts du Système européen de banques centrales et de la Banque centrale européenne, adopte :

a) des règlements européens dans la mesure nécessaire à l'accomplissement des missions définies à l'article 3.1, premier tiret, aux articles 19.1, 22 ou 25.2, des statuts du Système européen de banques centrales et de la Banque centrale européenne, ainsi que dans les cas qui sont prévus dans les règlements et décisions européens visés à l'article III-79, paragraphe 6 ;

b) les décisions européennes nécessaires à l'accomplissement des missions confiées au Système européen de banques centrales en vertu de la Constitution et des statuts du Système européen de banques centrales et de la Banque centrale européenne ;

c) des recommandations et des avis.

2. La Banque centrale européenne peut décider de publier ses décisions européennes, recommandations et avis.

3. Le Conseil des ministres adopte, conformément à la procédure prévue à l'article III-79, paragraphe 6, les règlements européens fixant les limites et les conditions dans lesquelles la Banque centrale européenne est habilitée à infliger aux entreprises des amendes et des astreintes en cas de non-respect de ses règlements et décisions européens.

ARTICLE III-83

Sans préjudice des compétences de la Banque centrale européenne, une loi ou une loi-cadre européenne établit les mesures nécessaires à l'usage de l'euro en tant que monnaie unique des États membres. Elle est adoptée après consultation de la Banque centrale européenne.

SECTION 3. *Dispositions institutionnelles*

ARTICLE III-84

1. Le conseil des gouverneurs de la Banque centrale européenne se compose des membres du directoire de la Banque centrale européenne et des gouverneurs des banques centrales nationales des États membres ne faisant pas l'objet d'une dérogation au sens de l'article III-91.

2. a) Le directoire se compose du président, du vice-président et de quatre autres membres.

b) Le président, le vice-président et les autres membres du directoire sont nommés d'un commun accord par les gouvernements des États membres au niveau des chefs d'État ou de gouvernement, sur recommandation du Conseil des ministres et après consultation du Parlement européen et du conseil des gouverneurs de la Banque centrale européenne, parmi des personnes dont l'autorité et l'expérience professionnelle dans le domaine monétaire ou bancaire sont reconnues.

Leur mandat a une durée de huit ans et n'est pas renouvelable.

Seuls les ressortissants des États membres peuvent être membres du directoire.

ARTICLE III-85

1. Le président du Conseil des ministres et un membre de la Commission peuvent participer sans voix délibérative aux réunions du conseil des gouverneurs de la Banque centrale européenne.

Le président du Conseil des ministres peut soumettre une motion à la délibération du conseil des gouverneurs de la Banque centrale européenne.

2. Le président de la Banque centrale européenne est invité à participer aux réunions du Conseil des ministres lorsque celui-ci délibère sur des questions relatives aux objectifs et aux missions du Système européen de banques centrales.

3. La Banque centrale européenne adresse un rapport annuel sur les activités du Système européen de banques centrales et sur la politique monétaire de l'année précédente et de l'année en cours au Parlement européen, au Conseil des ministres et à la Commission, ainsi qu'au Conseil européen. Le président de la Banque centrale européenne présente ce rapport au Conseil des ministres et au Parlement européen, qui peut tenir un débat général sur cette base.

Le président de la Banque centrale européenne et les autres membres du directoire peuvent, à la demande du Parlement européen ou de leur propre initiative, être entendus par les commissions compétentes du Parlement européen.

ARTICLE III-86

1. En vue de promouvoir la coordination des politiques des États membres dans toute la mesure nécessaire au fonctionnement du marché intérieur, il est institué un comité économique et financier.

2. Ce comité a pour mission :

a) de formuler des avis, soit à la requête du Conseil des ministres ou de la Commission, soit de sa propre initiative, à l'intention de ces institutions ;

b) de suivre la situation économique et financière des États membres et de l'Union et de faire rapport régulièrement au Conseil des ministres et à la Commission à ce sujet, notamment sur les relations financières avec des pays tiers et des institutions internationales ;

c) sans préjudice de l'article III-247, de contribuer à la préparation des travaux du Conseil des ministres visés à l'article III-48, à l'article III-71, paragraphes 2, 3, 4 et 6, aux articles III-72, III-74, III-75, III-76, à l'article III-77, paragraphe 6, à l'article III-78, paragraphe 2, à l'article III-79, paragraphes 5 et 6, aux articles III-83, III-90 et à l'article III-92, paragraphes 2 et 3, à l'article III-95, à l'article III-96, paragraphes 2 et 3, et aux articles III-224 et III-228, et d'exécuter les autres missions consultatives et préparatoires qui lui sont confiées par le Conseil des ministres ;

d) de procéder, au moins une fois par an, à l'examen de la situation en matière de mouvements des capitaux et de liberté des paiements, tels qu'ils résultent de l'application de la Constitution et des actes de l'Union ; cet examen porte sur toutes les mesures relatives aux mouvements de capitaux et aux paiements ; le comité fait rapport à la Commission et au Conseil des ministres sur les résultats de cet examen.

Les États membres, la Commission et la Banque centrale européenne nomment chacun au maximum deux membres du comité.

3. Le Conseil des ministres, sur proposition de la Commission, adopte une décision européenne fixant les modalités relatives à la composition du comité économique et financier. Il statue après consultation de la Banque centrale européenne et de ce comité. Le président du Conseil des ministres informe le Parlement européen de cette décision.

4. Outre les missions fixées au paragraphe 2, si et tant que des États membres font l'objet d'une dérogation au sens de l'article III-91, le comité suit la situation monétaire et financière ainsi que le régime général des paiements de ces États membres et fait rapport régulièrement au Conseil des ministres et à la Commission à ce sujet.

ARTICLE III-87

Pour les questions relevant du champ d'application de l'article III-71, paragraphe 4, de l'article III-76 à l'exception du paragraphe 13, des articles III-83, III-90, III-91, de l'article III-92, paragraphe 3 et de l'article III-228, le Conseil des ministres ou un État membre peut demander à la Commission de formuler, selon le cas, une recommandation ou une proposition. La Commission examine cette demande et présente ses conclusions au Conseil des ministres sans délai.

SECTION 3 BIS. *Dispositions propres aux États membres qui font partie de la zone euro*

ARTICLE III-88

1. Afin de contribuer au bon fonctionnement de l'union économique et monétaire et conformément aux dispositions pertinentes de la Constitution, des mesures concernant les États membres qui font partie de la zone euro sont adoptées pour :

a) renforcer la coordination de leur discipline budgétaire et la surveillance de celle-ci,

b) élaborer, pour ce qui les concerne, les orientations de politique économique, en veillant à ce qu'elles soient compatibles avec celles qui sont adoptées pour l'ensemble de l'Union, et en assurer la surveillance.

2. Seuls les membres du Conseil des ministres représentant les États membres qui font partie de la zone euro votent sur les mesures visées au paragraphe 1. La majorité qualifiée se définit comme la majorité des voix des représentants des États membres qui font partie de la zone euro, représentant au moins les trois cinquièmes de la population de ceux-ci. L'unanimité de ces membres du Conseil des ministres est requise pour tout acte requérant l'unanimité.

ARTICLE III-89

Les modalités des réunions entre ministres des États membres qui font partie de la zone euro sont fixées dans le protocole sur l'Eurogroupe.

ARTICLE III-90

1. Afin d'assurer la place de l'euro dans le système monétaire international, le Conseil des ministres, sur proposition de la Commission et après consultation de la Banque centrale européenne, adopte une décision européenne établissant les

positions communes concernant les questions qui revêtent un intérêt particulier pour l'union économique et monétaire au sein des institutions et des conférences financières internationales compétentes.

2. Seuls les membres du Conseil des ministres représentant les États membres qui font partie de la zone euro votent sur les mesures visées au paragraphe 1. La majorité qualifiée se définit comme étant la majorité des voix des représentants des États membres qui font partie de la zone euro, représentant au moins les trois cinquièmes de la population de ceux-ci. L'unanimité de ces membres du Conseil des ministres est requise pour tout acte requérant l'unanimité.

3. Le Conseil des ministres, sur proposition de la Commission, peut adopter les mesures appropriées pour assurer une représentation unifiée au sein des institutions et conférences financières internationales. Les dispositions de procédure des paragraphes 1 et 2 s'appliquent.

SECTION 4. *Dispositions transitoires*

ARTICLE III-91

1. Les États membres, dont le Conseil des ministres n'a pas décidé qu'ils remplissent les conditions nécessaires pour l'adoption de l'euro, sont ci-après dénommés "États membres faisant l'objet d'une dérogation".

2. Les dispositions de la Constitution mentionnées ci-après ne s'appliquent pas aux États membres faisant l'objet d'une dérogation :

a) adoption des parties des grandes orientations des politiques économiques qui concernent la zone euro d'une façon générale (article III-71, paragraphe 2)

b) moyens contraignants de remédier aux déficits excessifs (article III-76, paragraphes 9 et 10)

c) objectifs et missions du Système européen de banques centrales (article III-77, paragraphes 1, 2, 3 et 5)

d) émission de l'euro (article III-78)
e) actes de la Banque centrale européenne (article III-82)
f) mesures relatives à l'usage de l'euro (article III-83)
g) accords monétaires et autres mesures relatives à la politique de change (article III-228)
h) désignation des membres du directoire de la Banque centrale européenne (article III-84, paragraphe 2, point b)).

Par conséquent, aux articles visés ci-dessus, on entend par "États membres" les États membres ne faisant pas l'objet d'une dérogation.

3. Les États membres faisant l'objet d'une dérogation et leurs banques centrales nationales sont exclus des droits et obligations dans le cadre du Système européen de banques centrales conformément au chapitre IX des statuts du Système européen de banques centrales et de la Banque centrale européenne.

4. Les droits de vote des membres du Conseil des ministres représentant les États membres faisant l'objet d'une dérogation sont suspendus lors de l'adoption par le Conseil des ministres des mesures visées aux articles énumérés au paragraphe 2. La majorité qualifiée se définit comme la majorité des voix des représentants des États membres ne faisant pas l'objet d'une dérogation, représentant au moins trois cinquièmes de la population de ceux-ci. L'unanimité de ces États membres est requise pour tout acte requérant l'unanimité.

ARTICLE III-92

1. Tous les deux ans au moins, ou à la demande d'un État membre faisant l'objet d'une dérogation, la Commission et la Banque centrale européenne font rapport au Conseil des ministres sur les progrès faits par les États membres faisant l'objet d'une dérogation dans l'accomplissement de leurs obligations pour la réalisation de l'union économique et monétaire. Ces rapports examinent notamment si la législation nationale de chacun de ces États membres, y compris les

statuts de sa banque centrale nationale, est compatible avec les articles III-80 et III-81 et avec les statuts du Système européen de banques centrales et de la Banque centrale européenne. Les rapports examinent également si un degré élevé de convergence durable a été réalisé, en analysant dans quelle mesure chacun de ces États membres a satisfait aux critères suivants :

a) la réalisation d'un degré élevé de stabilité des prix ; cela ressortira d'un taux d'inflation proche de celui des trois États membres, au plus, présentant les meilleurs résultats en matière de stabilité des prix ;

b) le caractère soutenable de la situation des finances publiques ; cela ressortira d'une situation budgétaire qui n'accuse pas de déficit public excessif au sens de l'article III-76, paragraphe 6 ;

c) le respect des marges normales de fluctuation prévues par le mécanisme de taux de change pendant deux ans au moins, sans dévaluation de la monnaie par rapport à l'euro ;

d) le caractère durable de la convergence atteinte par l'État membre faisant l'objet d'une dérogation et de sa participation au mécanisme de taux de change, qui se reflète dans les niveaux des taux d'intérêt à long terme.

Les quatre critères visés au présent paragraphe et les périodes pertinentes durant lesquelles chacun doit être respecté sont précisés dans le protocole sur les critères de convergence. Les rapports de la Commission et de la Banque centrale européenne tiennent également compte des résultats de l'intégration des marchés, de la situation et de l'évolution des balances des paiements courants, et d'un examen de l'évolution des coûts salariaux unitaires et d'autres indices de prix.

2. Après consultation du Parlement européen et discussion au sein du Conseil européen, le Conseil des ministres, sur proposition de la Commission, adopte une décision européenne qui établit quels États membres faisant l'objet d'une dérogation remplissent les conditions nécessaires sur la base

des critères fixés au paragraphe 1, et met fin aux dérogations des États membres concernés.

3. S'il est décidé, conformément à la procédure prévue au paragraphe 2, de mettre fin à une dérogation, le Conseil des ministres, sur proposition de la Commission, à l'unanimité des membres représentant les États membres ne faisant pas l'objet d'une dérogation et l'État membre concerné, adopte des règlements ou des décisions européens fixant irrévocablement le taux auquel l'euro remplace la monnaie de l'État membre concerné et établissant les autres mesures nécessaires à l'introduction de l'euro en tant que monnaie unique dans cet État membre. Le Conseil des ministres statue après consultation de la Banque centrale européenne.

ARTICLE III-93

1. Si et tant qu'il existe des États membres faisant l'objet d'une dérogation, et sans préjudice de l'article III-79, paragraphe 3, le conseil général de la Banque centrale européenne visé à l'article 45 des statuts du Système européen de banques centrales et de la Banque centrale européenne est constitué comme troisième organe de décision de la Banque centrale européenne.

2. Si et tant qu'il existe des États membres faisant l'objet d'une dérogation, la Banque centrale européenne, en ce qui concerne ces États membres :

a) renforce la coopération entre les banques centrales nationales ;

b) renforce la coordination des politiques monétaires des États membres en vue d'assurer la stabilité des prix ;

c) supervise le fonctionnement du mécanisme de taux de change ;

d) procède à des consultations sur des questions qui relèvent de la compétence des banques centrales nationales et affectent la stabilité des établissements et marchés financiers ;

e) exerce les anciennes fonctions du Fonds européen de coopération monétaire, qui avaient été précédemment reprises par l'Institut monétaire européen.

ARTICLE III-94

Chaque État membre faisant l'objet d'une dérogation traite sa politique de change comme un problème d'intérêt commun. Il tient compte, ce faisant, des expériences acquises grâce à la coopération dans le cadre du mécanisme de taux de change.

ARTICLE III-95

1. En cas de difficultés ou de menace grave de difficultés dans la balance des paiements d'un État membre faisant l'objet d'une dérogation, provenant soit d'un déséquilibre global de la balance, soit de la nature des devises dont il dispose, et susceptibles notamment de compromettre le fonctionnement du marché intérieur ou la réalisation de la politique commerciale commune, la Commission procède sans délai à un examen de la situation de cet État, ainsi que de l'action qu'il a entreprise ou qu'il peut entreprendre conformément à la Constitution, en faisant appel à tous les moyens dont il dispose. La Commission indique les mesures dont elle recommande l'adoption par l'État membre intéressé.

Si l'action entreprise par un État membre faisant l'objet d'une dérogation et les mesures suggérées par la Commission ne paraissent pas suffisantes pour aplanir les difficultés ou menaces de difficultés rencontrées, la Commission recommande au Conseil des ministres, après consultation du comité économique et financier, le concours mutuel et les méthodes appropriées.

La Commission tient le Conseil des ministres régulièrement informé de l'état de la situation et de son évolution.

2. Le Conseil des ministres accorde le concours mutuel ; il adopte les règlements ou les décisions européens fixant

ses conditions et modalités. Le concours mutuel peut prendre notamment la forme :

a) d'une action concertée auprès d'autres organisations internationales, auxquelles les États membres faisant l'objet d'une dérogation peuvent avoir recours ;

b) de mesures nécessaires pour éviter des détournements de trafic lorsque l'État membre faisant l'objet d'une dérogation en difficulté maintient ou rétablit des restrictions quantitatives à l'égard des pays tiers ;

c) d'octroi de crédits limités de la part d'autres États membres, sous réserve de leur accord.

3. Si le concours mutuel recommandé par la Commission n'a pas été accordé par le Conseil des ministres ou si le concours mutuel accordé et les mesures prises sont insuffisants, la Commission autorise l'État membre faisant l'objet d'une dérogation en difficulté à prendre les mesures de sauvegarde dont elle définit les conditions et modalités.

Cette autorisation peut être révoquée et ces conditions et modalités modifiées par le Conseil des ministres.

ARTICLE III-96

1. En cas de crise soudaine dans la balance des paiements et si un acte au sens de l'article III-90, paragraphe 2, n'intervient pas immédiatement, un État membre faisant l'objet d'une dérogation peut prendre, à titre conservatoire, les mesures de sauvegarde nécessaires. Ces mesures doivent causer le minimum de perturbations dans le fonctionnement du marché intérieur et ne pas excéder la portée strictement indispensable pour remédier aux difficultés soudaines qui se sont manifestées.

2. La Commission et les autres États membres doivent être informés de ces mesures de sauvegarde au plus tard au moment où elles entrent en vigueur. La Commission peut recommander au Conseil des ministres le concours mutuel conformément à l'article III-95.

3. Sur l'avis de la Commission et après consultation du comité économique et financier, le Conseil des ministres peut adopter une décision stipulant que l'État membre intéressé doit modifier, suspendre ou supprimer les mesures de sauvegarde susvisées.

CHAPITRE III
POLITIQUES DANS D'AUTRES DOMAINES SPÉCIFIQUES

SECTION 1. *Emploi*

ARTICLE III-97

L'Union et les États membres s'attachent, conformément à la présente section, à élaborer une stratégie coordonnée pour l'emploi et en particulier à promouvoir une main-d'œuvre qualifiée, formée et susceptible de s'adapter ainsi que des marchés du travail aptes à réagir rapidement à l'évolution de l'économie, en vue d'atteindre les objectifs énoncés à l'article I-3.

ARTICLE III-98

1. Les États membres, par le biais de leurs politiques de l'emploi, contribuent à la réalisation des objectifs visés à l'article III-97 d'une manière compatible avec les grandes orientations des politiques économiques des États membres et de l'Union, adoptées en application de l'article III-71, paragraphe 2.

2. Les États membres, compte tenu des pratiques nationales liées aux responsabilités des partenaires sociaux, considèrent la promotion de l'emploi comme une question d'intérêt commun et coordonnent leur action à cet égard au sein du Conseil des ministres, conformément à l'article III-100.

ARTICLE III-99

1. L'Union contribue à la réalisation d'un niveau d'emploi élevé en encourageant la coopération entre les États membres et en soutenant et, au besoin, en complétant leur action. Ce faisant, elle respecte pleinement les compétences des États membres en la matière.

2. L'objectif consistant à atteindre un niveau d'emploi élevé est pris en compte dans la définition et la mise en œuvre des politiques et des actions de l'Union.

ARTICLE III-100

1. Le Conseil européen examine, chaque année, la situation de l'emploi dans l'Union et adopte des conclusions à ce sujet, sur la base d'un rapport annuel conjoint du Conseil des ministres et de la Commission.

2. Sur la base des conclusions du Conseil européen, le Conseil des ministres, sur proposition de la Commission, adopte chaque année des lignes directrices, dont les États membres tiennent compte dans leurs politiques de l'emploi. Il statue après consultation du Parlement européen, du Comité des régions, du Comité économique et social et du comité de l'emploi.

Ces lignes directrices sont compatibles avec les grandes orientations adoptées en application de l'article III-71, paragraphe 2.

3. Chaque État membre transmet au Conseil des ministres et à la Commission un rapport annuel sur les principales dispositions qu'il a prises pour mettre en œuvre sa politique de l'emploi, à la lumière des lignes directrices pour l'emploi visées au paragraphe 2.

4. Sur la base des rapports visés au paragraphe 3 et après avoir obtenu l'avis du comité de l'emploi, le Conseil des ministres procède annuellement, à la lumière des lignes directrices pour l'emploi, à un examen de la mise en œuvre des politiques de l'emploi des États membres. Le Conseil

des ministres, sur recommandation de la Commission, peut adopter des recommandations qu'il adresse aux États membres.

5. Sur la base des résultats de cet examen, le Conseil des ministres et la Commission adressent un rapport annuel conjoint au Conseil européen concernant la situation de l'emploi dans l'Union et la mise en œuvre des lignes directrices pour l'emploi.

ARTICLE III-101

La loi ou la loi-cadre européenne peut établir des actions d'encouragement destinées à favoriser la coopération entre les États membres et à soutenir leur action dans le domaine de l'emploi par le biais d'initiatives visant à développer les échanges d'informations et de meilleures pratiques, en fournissant des analyses comparatives et des conseils ainsi qu'en promouvant les approches novatrices et en évaluant les expériences, notamment en ayant recours aux projets pilotes. Elle est adoptée après consultation du Comité des régions et du Comité économique et social.

La loi ou la loi-cadre européenne ne comporte pas d'harmonisation des dispositions législatives et réglementaires des États membres.

ARTICLE III-102

Le Conseil des ministres adopte, à la majorité simple, une décision européenne instituant un comité de l'emploi à caractère consultatif afin de promouvoir la coordination, entre les États membres, des politiques en matière d'emploi et de marché du travail. Il statue après consultation du Parlement européen.

Le comité a pour mission :

a) de suivre l'évolution de la situation de l'emploi et des politiques de l'emploi dans les États membres et dans l'Union ;

b) sans préjudice de l'article III-247, de formuler des avis, soit à la demande du Conseil des ministres ou de la Commission, soit de sa propre initiative, et de contribuer à la préparation des délibérations du Conseil des ministres visées à l'article III-100.

Dans l'accomplissement de son mandat, le comité consulte les partenaires sociaux.

Chaque État membre et la Commission nomment deux membres du comité.

SECTION 2. *Politique sociale*

ARTICLE III-103

L'Union et les États membres, conscients des droits sociaux fondamentaux, tels que ceux énoncés dans la Charte sociale européenne signée à Turin le 18 octobre 1961 et dans la Charte communautaire des droits sociaux fondamentaux des travailleurs de 1989, ont pour objectifs la promotion de l'emploi, l'amélioration des conditions de vie et de travail, permettant leur égalisation dans le progrès, une protection sociale adéquate, le dialogue social, le développement des ressources humaines permettant un niveau d'emploi élevé et durable et la lutte contre les exclusions.

À cette fin, l'Union et les États membres agissent en tenant compte de la diversité des pratiques nationales, en particulier dans le domaine des relations conventionnelles, ainsi que de la nécessité de maintenir la compétitivité de l'économie de l'Union.

Ils estiment qu'une telle évolution résultera tant du fonctionnement du marché intérieur, qui favorisera l'harmonisation des systèmes sociaux, que des procédures prévues par la Constitution et du rapprochement des dispositions législatives, réglementaires et administratives.

ARTICLE III-104

1. En vue de réaliser les objectifs visés à l'article III-103, l'Union soutient et complète l'action des États membres dans les domaines suivants :

a) l'amélioration, en particulier, du milieu de travail pour protéger la santé et la sécurité des travailleurs ;

b) les conditions de travail ;

c) la sécurité sociale et la protection sociale des travailleurs ;

d) la protection des travailleurs en cas de résiliation du contrat de travail ;

e) l'information et la consultation des travailleurs ;

f) la représentation et la défense collective des intérêts des travailleurs et des employeurs, y compris la cogestion, sous réserve du paragraphe 6 ;

g) les conditions d'emploi des ressortissants des pays tiers se trouvant en séjour régulier sur le territoire de l'Union ;

h) l'intégration des personnes exclues du marché du travail, sans préjudice de l'article III-183 ;

i) l'égalité entre hommes et femmes en ce qui concerne leurs chances sur le marché du travail et le traitement dans le travail ;

j) la lutte contre l'exclusion sociale ;

k) la modernisation des systèmes de protection sociale, sans préjudice du point c).

2. À cette fin :

a) la loi ou la loi-cadre européenne peut établir des mesures destinées à encourager la coopération entre États membres par le biais d'initiatives visant à améliorer les connaissances, à développer les échanges d'informations et de meilleures pratiques, à promouvoir des approches novatrices et à évaluer les expériences, à l'exclusion de toute harmonisation des dispositions législatives et réglementaires des États membres ;

b) dans les domaines visés au paragraphe 1, points a) à i),

la loi-cadre européenne peut établir des prescriptions minimales applicables progressivement, compte tenu des conditions et des réglementations techniques existant dans chacun des États membres. Cette loi-cadre européenne évite d'imposer des contraintes administratives, financières et juridiques telles qu'elles contrarieraient la création et le développement de petites et moyennes entreprises.

Dans tous les cas, la loi ou la loi-cadre européenne est adoptée après consultation du Comité des régions et du Comité économique et social.

3. Par dérogation au paragraphe 2, dans les domaines visés au paragraphe 1, points c), d), f) et g), la loi ou la loi-cadre européenne est adoptée par le Conseil des ministres statuant à l'unanimité, après consultation du Parlement européen, du Comité des régions et du Comité économique et social.

Le Conseil des ministres peut, sur proposition de la Commission, adopter une décision européenne pour rendre la procédure législative ordinaire applicable au paragraphe 1, points d), f) et g). Il statue à l'unanimité après consultation du Parlement européen.

4. Un État membre peut confier aux partenaires sociaux, à leur demande conjointe, la mise en œuvre des lois-cadres européennes adoptées en application du paragraphe 2.

Dans ce cas, il s'assure que, au plus tard à la date à laquelle une loi-cadre européenne doit être transposée, les partenaires sociaux ont mis en place les dispositions nécessaires par voie d'accord, l'État membre concerné devant prendre toute disposition nécessaire lui permettant d'être à tout moment en mesure de garantir les résultats imposés par ladite loi-cadre.

5. Les lois et lois-cadres européennes adoptées en vertu du présent article :

a) ne portent pas atteinte à la faculté reconnue aux États membres de définir les principes fondamentaux de leur système de sécurité sociale et ne doivent pas en affecter sensiblement l'équilibre financier ;

b) ne peuvent empêcher un État membre de maintenir ou d'établir des mesures de protection plus strictes compatibles avec la Constitution.

6. Le présent article ne s'applique ni aux rémunérations, ni au droit d'association, ni au droit de grève, ni au droit de lock-out.

ARTICLE III-105

1. La Commission a pour tâche de promouvoir la consultation des partenaires sociaux au niveau de l'Union et adopte toute mesure utile pour faciliter leur dialogue en veillant à un soutien équilibré des parties.

2. À cet effet, la Commission, avant de présenter des propositions dans le domaine de la politique sociale, consulte les partenaires sociaux sur l'orientation possible d'une action de l'Union.

3. Si la Commission, après cette consultation, estime qu'une action de l'Union est souhaitable, elle consulte les partenaires sociaux sur le contenu de la proposition envisagée. Les partenaires sociaux remettent à la Commission un avis ou, le cas échéant, une recommandation.

4. À l'occasion de cette consultation, les partenaires sociaux peuvent informer la Commission de leur volonté d'engager le processus prévu à l'article III-106. La durée de la procédure ne peut pas dépasser neuf mois, sauf prolongation décidée en commun par les partenaires sociaux concernés et la Commission.

ARTICLE III-106

1. Le dialogue entre partenaires sociaux au niveau de l'Union peut conduire, si ces derniers le souhaitent, à des relations conventionnelles, y compris des accords.

2. La mise en œuvre des accords conclus au niveau de l'Union intervient soit selon les procédures et pratiques propres aux partenaires sociaux et aux États membres, soit, dans

les matières relevant de l'article III-104, à la demande conjointe des parties signataires, par des règlements ou des décisions européens adoptés par le Conseil des ministres sur proposition de la Commission. Le Parlement européen est informé.

Lorsque l'accord en question contient une ou plusieurs dispositions relatives à l'un des domaines pour lesquels l'unanimité est requise aux termes de l'article III-104, paragraphe 3, le Conseil des ministres statue à l'unanimité.

ARTICLE III-107

En vue de réaliser les objectifs visés à l'article III-103 et sans préjudice des autres dispositions de la Constitution, la Commission encourage la coopération entre les États membres et facilite la coordination de leur action dans tous les domaines de la politique sociale relevant de la présente section, et notamment dans les matières relatives :

a) à l'emploi ;

b) au droit du travail et aux conditions de travail ;

c) à la formation et au perfectionnement professionnels ;

d) à la sécurité sociale ;

e) à la protection contre les accidents et les maladies professionnels ;

f) à l'hygiène du travail ;

g) au droit syndical et aux négociations collectives entre employeurs et travailleurs.

À cet effet, la Commission agit en contact étroit avec les États membres, par des études, des avis et par l'organisation de consultations, tant pour les problèmes qui se posent sur le plan national que pour ceux qui intéressent les organisations internationales, notamment par des initiatives en vue d'établir des orientations et des indicateurs, d'organiser l'échange des meilleures pratiques et de préparer les éléments nécessaires à la surveillance et à l'évaluation périodiques. Le Parlement européen est pleinement informé.

Avant d'émettre les avis prévus par le présent article, la Commission consulte le Comité économique et social.

ARTICLE III-108

1. Chaque État membre assure l'application du principe de l'égalité des rémunérations entre travailleurs masculins et féminins pour un même travail ou un travail de même valeur.

2. Aux fins du présent article, on entend par rémunération, le salaire ou traitement ordinaire de base ou minimum, et tous autres avantages payés directement ou indirectement, en espèces ou en nature, par l'employeur au travailleur en raison de l'emploi de ce dernier.

L'égalité de rémunération, sans discrimination fondée sur le sexe, implique :

a) que la rémunération accordée pour un même travail payé à la tâche soit établie sur la base d'une même unité de mesure ;

b) que la rémunération accordée pour un travail payé au temps soit la même pour un même poste de travail.

3. La loi ou la loi-cadre européenne établit les mesures visant à assurer l'application du principe de l'égalité des chances et de l'égalité de traitement entre les hommes et les femmes en matière d'emploi et de travail, y compris le principe de l'égalité des rémunérations pour un même travail ou un travail de même valeur. Elle est adoptée après consultation du Comité économique et social.

4. Pour assurer concrètement une pleine égalité entre hommes et femmes dans la vie professionnelle, le principe de l'égalité de traitement n'empêche pas un État membre de maintenir ou d'adopter des mesures prévoyant des avantages spécifiques destinés à faciliter l'exercice d'une activité professionnelle par le sexe sous-représenté ou à prévenir ou compenser des désavantages dans la carrière professionnelle.

ARTICLE III-109

Les États membres s'attachent à maintenir l'équivalence existante des régimes de congés payés.

ARTICLE III-110

La Commission établit, chaque année, un rapport sur l'évolution de la réalisation des objectifs visés à l'article III-98, y compris la situation démographique dans l'Union. Elle transmet ce rapport au Parlement européen, au Conseil des ministres et au Comité économique et social.

ARTICLE III-111

Le Conseil des ministres adopte, à la majorité simple, une décision européenne instituant un comité de la protection sociale à caractère consultatif afin de promouvoir la coopération en matière de protection sociale entre les États membres et avec la Commission. Le Conseil des ministres statue après consultation du Parlement européen.

Le comité a pour mission :

a) de suivre la situation sociale et l'évolution des politiques de protection sociale dans les États membres et dans l'Union ;

b) de faciliter les échanges d'informations, d'expériences et de bonnes pratiques entre les États membres et avec la Commission ;

c) sans préjudice de l'article III-247, de préparer des rapports, de formuler des avis ou d'entreprendre d'autres activités dans les domaines relevant de sa compétence, soit à la demande du Conseil des ministres ou de la Commission, soit de sa propre initiative.

Dans l'accomplissement de son mandat, le comité établit des contacts appropriés avec les partenaires sociaux.

Chaque État membre et la Commission nomment deux membres du comité.

ARTICLE III-112

La Commission consacre, dans son rapport annuel au Parlement européen, un chapitre spécial à l'évolution de la situation sociale dans l'Union.

Le Parlement européen peut inviter la Commission à établir des rapports sur des problèmes particuliers concernant la situation sociale.

SOUS-SECTION 1. LE FONDS SOCIAL EUROPÉEN

ARTICLE III-113

Afin d'améliorer les possibilités d'emploi des travailleurs dans le marché intérieur et de contribuer ainsi au relèvement du niveau de vie, il est institué un Fonds social européen, qui vise à promouvoir à l'intérieur de l'Union les facilités d'emploi et la mobilité géographique et professionnelle des travailleurs, ainsi qu'à faciliter l'adaptation aux mutations industrielles et à l'évolution des systèmes de production, notamment par la formation et la reconversion professionnelles.

ARTICLE III-114

La Commission administre le Fonds.

Elle est assistée dans cette tâche par un comité présidé par un membre de la Commission et composé de représentants des États membres et des organisations syndicales de travailleurs et d'employeurs.

ARTICLE III-115

La loi européenne établit les mesures d'application relatives au Fonds social européen. Elle est adoptée après consultation du Comité des régions et du Comité économique et social.

SECTION 3. *Cohésion économique, sociale et territoriale*

ARTICLE III-116

Afin de promouvoir un développement harmonieux de l'ensemble de l'Union, celle-ci développe et poursuit son action tendant au renforcement de sa cohésion économique, sociale et territoriale.

En particulier, l'Union vise à réduire l'écart entre les niveaux de développement des diverses régions et le retard des régions ou îles les moins favorisées, y compris les zones rurales.

ARTICLE III-117

Les États membres conduisent leur politique économique et la coordonnent en vue également d'atteindre les objectifs visés à l'article III-116. La formulation et la mise en œuvre des politiques et actions de l'Union ainsi que la mise en œuvre du marché intérieur prennent en compte ces objectifs et participent à leur réalisation. L'Union soutient aussi cette réalisation par l'action qu'elle mène au travers des fonds à finalité structurelle (Fonds européen d'orientation et de garantie agricole, section « orientation » ; Fonds social européen ; Fonds européen de développement régional), de la Banque européenne d'investissement et des autres instruments financiers existants.

La Commission présente au Parlement européen, au Conseil des ministres, au Comité des régions et au Comité économique et social, tous les trois ans, un rapport sur les progrès accomplis dans la réalisation de la cohésion économique, sociale et territoriale et sur la façon dont les divers moyens prévus au présent article y ont contribué. Ce rapport est, le cas échéant, assorti des propositions appropriées.

La loi ou la loi-cadre européenne peut établir toute mesure spécifique en dehors des fonds, sans préjudice des mesures adoptées dans le cadre des autres politiques de l'Union. Elle est adoptée après consultation du Comité des régions et du Comité économique et social.

ARTICLE III-118

Le Fonds européen de développement régional est destiné à contribuer à la correction des principaux déséquilibres régionaux dans l'Union par une participation au développement et à l'ajustement structurel des régions en retard de développement et à la reconversion des régions industrielles en déclin.

ARTICLE III-119

Sans préjudice de l'article III-120, la loi européenne définit les missions, les objectifs prioritaires et l'organisation des fonds à finalité structurelle ce qui peut comporter le regroupement des fonds, les règles générales applicables aux fonds, ainsi que les dispositions nécessaires pour assurer leur efficacité et la coordination des fonds entre eux et avec les autres instruments financiers existants.

Un Fonds de cohésion, créé par la loi européenne, contribue financièrement à la réalisation de projets dans le domaine de l'environnement et dans celui des réseaux transeuropéens en matière d'infrastructure des transports.

Dans tous les cas, la loi européenne est adoptée après consultation du Comité des régions et du Comité économique et social. Le Conseil des ministres statue à l'unanimité jusqu'au 1er janvier 2007.

ARTICLE III-120

La loi européenne établit les mesures d'application relatives au Fonds européen de développement régional. Elle est adoptée après consultation du Comité des régions et du Comité économique et social.

En ce qui concerne le Fonds européen d'orientation et de

garantie agricole, section "orientation", et le Fonds social européen, les articles III-127 et III-115 sont respectivement d'application.

SECTION 4. *Agriculture et pêche*

ARTICLE III-121

L'Union définit et met en œuvre une politique commune de l'agriculture et de la pêche.

Par produits agricoles, on entend les produits du sol, de l'élevage et de la pêcherie, ainsi que les produits de première transformation qui sont en rapport direct avec ces produits. Les références à la politique agricole commune ou à l'agriculture et l'utilisation du terme "agricole" s'entendent comme visant aussi la pêche, eu égard aux caractéristiques particulières de ce secteur.

ARTICLE III-122

1. Le marché intérieur s'étend à l'agriculture et au commerce des produits agricoles.

2. Sauf dispositions contraires des articles III-123 à III-128, les règles prévues pour l'établissement du marché intérieur sont applicables aux produits agricoles.

3. Les produits énumérés à l'annexe I* sont soumis aux articles III-123 à III-128.

4. Le fonctionnement et le développement du marché intérieur pour les produits agricoles doivent s'accompagner de l'établissement d'une politique agricole commune.

---

* Cette annexe, qui correspond à l'annexe I du TCE, est à établir. (*N.d.E.*)

ARTICLE III-123

1. La politique agricole commune a pour but :

a) d'accroître la productivité de l'agriculture en développant le progrès technique, en assurant le développement rationnel de la production agricole ainsi qu'un emploi optimum des facteurs de production, notamment de la main-d'œuvre,

b) d'assurer ainsi un niveau de vie équitable à la population agricole, notamment par le relèvement du revenu individuel de ceux qui travaillent dans l'agriculture,

c) de stabiliser les marchés,

d) de garantir la sécurité des approvisionnements,

e) d'assurer des prix raisonnables dans les livraisons aux consommateurs.

2. Dans l'élaboration de la politique agricole commune et des méthodes spéciales qu'elle peut impliquer, il sera tenu compte :

a) du caractère particulier de l'activité agricole, découlant de la structure sociale de l'agriculture et des disparités structurelles et naturelles entre les diverses régions agricoles,

b) de la nécessité d'opérer graduellement les ajustements opportuns,

c) du fait que, dans les États membres, l'agriculture constitue un secteur intimement lié à l'ensemble de l'économie.

ARTICLE III-124

1. En vue d'atteindre les objectifs prévus à l'article III-123, il est établi une organisation commune des marchés agricoles.

Suivant les produits, cette organisation prend l'une des formes ci-après :

a) des règles communes en matière de concurrence,

b) une coordination obligatoire des diverses organisations nationales de marché,

c) une organisation européenne du marché.

2. L'organisation commune sous une des formes prévues au paragraphe 1 peut comporter toutes les mesures nécessaires pour atteindre les objectifs définis à l'article III-123, notamment des réglementations des prix, des subventions tant à la production qu'à la commercialisation des différents produits, des systèmes de stockage et de report, des mécanismes communs de stabilisation à l'importation ou à l'exportation.

Elle doit se limiter à poursuivre les objectifs énoncés à l'article III-123 et doit exclure toute discrimination entre producteurs ou consommateurs de l'Union.

Une politique commune éventuelle des prix doit être fondée sur des critères communs et sur des méthodes de calcul uniformes.

3. Afin de permettre à l'organisation commune visée au paragraphe 1 d'atteindre ses objectifs, il peut être créé un ou plusieurs fonds d'orientation et de garantie agricole.

ARTICLE III-125

Pour permettre d'atteindre les objectifs définis à l'article III-123, il peut notamment être prévu dans le cadre de la politique agricole commune :

a) une coordination efficace des efforts entrepris dans les domaines de la formation professionnelle, de la recherche et de la vulgarisation agronomique, pouvant comporter des projets ou institutions financés en commun,

b) des actions communes pour le développement de la consommation de certains produits.

ARTICLE III-126

1. La section relative aux règles de concurrence n'est applicable à la production et au commerce des produits agricoles que dans la mesure déterminée par la loi ou la loi-cadre européenne conformément à l'article III-127, paragraphe 2, compte tenu des objectifs énoncés à l'article III-123.

2. Le Conseil des ministres, sur proposition de la Commission, peut adopter un règlement ou une décision européen autorisant l'octroi d'aides :

a) pour la protection des exploitations défavorisées par des conditions structurelles ou naturelles,

b) dans le cadre de programmes de développement économique.

ARTICLE III-127

1. La Commission présente des propositions en ce qui concerne l'élaboration et la mise en œuvre de la politique agricole commune, y compris la substitution aux organisations nationales de l'une des formes d'organisation commune prévues à l'article III-124, paragraphe 1, ainsi que la mise en œuvre des mesures mentionnées à la présente section.

Ces propositions tiennent compte de l'interdépendance des questions agricoles évoquées à la présente section.

2. La loi ou la loi-cadre européenne établit l'organisation commune des marchés agricoles prévue à l'article III-124, paragraphe 1, ainsi que les autres dispositions nécessaires à la poursuite des objectifs de la politique commune de l'agriculture et de la pêche. Elle est adoptée après consultation du Comité économique et social.

3. Le Conseil des ministres, sur proposition de la Commission, adopte les règlements ou décisions européens relatifs à la fixation des prix, des prélèvements, des aides et des limitations quantitatives, ainsi qu'à la fixation et à la répartition des possibilités de pêche.

4. L'organisation commune prévue à l'article III-124, paragraphe 1 peut être substituée aux organisations nationales du marché, dans les conditions prévues au paragraphe 2 :

a) si l'organisation commune offre aux États membres opposés à cette mesure et disposant eux-mêmes d'une organisation nationale pour la production en cause des garanties équivalentes pour l'emploi et le niveau de vie des producteurs intéressés, compte tenu du rythme des adaptations possibles et des spécialisations nécessaires, et

b) si cette organisation assure aux échanges à l'intérieur de l'Union des conditions analogues à celles qui existent dans un marché national.

5. S'il est créé une organisation commune pour certaines matières premières, sans qu'il existe encore une organisation commune pour les produits de transformation correspondants, les matières premières en cause utilisées pour les produits de transformation destinés à l'exportation vers les pays tiers peuvent être importées de l'extérieur de l'Union.

ARTICLE III-128

Lorsque, dans un État membre, un produit fait l'objet d'une organisation nationale du marché ou de toute réglementation interne d'effet équivalent affectant dans la concurrence une production similaire dans un autre État membre, une taxe compensatoire à l'entrée est appliquée par les États membres à ce produit en provenance de l'État membre où l'organisation ou la réglementation existe, à moins que cet État n'applique une taxe compensatoire à la sortie.

La Commission adopte des règlements ou décisions européens fixant le montant de ces taxes dans la mesure nécessaire pour rétablir l'équilibre ; elle peut également autoriser le recours à d'autres mesures dont elle définit les conditions et modalités.

SECTION 5. *Environnement*

ARTICLE III-129

1. La politique de l'Union dans le domaine de l'environnement contribue à la poursuite des objectifs suivants :

a) la préservation, la protection et l'amélioration de la qualité de l'environnement,

b) la protection de la santé des personnes,

c) l'utilisation prudente et rationnelle des ressources naturelles,

d) la promotion, sur le plan international, de mesures destinées à faire face aux problèmes régionaux ou planétaires de l'environnement.

2. La politique de l'Union dans le domaine de l'environnement vise un niveau de protection élevé, en tenant compte de la diversité des situations dans les différentes régions de l'Union. Elle est fondée sur les principes de précaution et d'action préventive, sur le principe de la correction, par priorité à la source, des atteintes à l'environnement et sur le principe du pollueur-payeur.

Dans ce contexte, les mesures d'harmonisation répondant aux exigences en matière de protection de l'environnement comportent, dans les cas appropriés, une clause de sauvegarde autorisant les États membres à prendre, pour des motifs environnementaux non économiques, des dispositions provisoires soumises à une procédure de contrôle par l'Union.

3. Dans l'élaboration de sa politique dans le domaine de l'environnement, l'Union tient compte :

a) des données scientifiques et techniques disponibles,

b) des conditions de l'environnement dans les diverses régions de l'Union,

c) des avantages et des charges qui peuvent résulter de l'action ou de l'absence d'action,

d) du développement économique et social de l'Union dans son ensemble et du développement équilibré de ses régions.

4. Dans le cadre de leurs compétences respectives, l'Union et les États membres coopèrent avec les pays tiers et les organisations internationales compétentes. Les modalités de la coopération de l'Union peuvent faire l'objet d'accords entre celle-ci et les tierces parties concernées, qui sont négociés et conclus conformément à l'article III-272.

L'alinéa précédent ne préjuge pas la compétence des États

membres pour négocier dans les instances internationales et conclure des accords internationaux.

ARTICLE III-130

1. La loi ou la loi-cadre européenne établit les actions à entreprendre pour réaliser les objectifs visés à l'article III-129. Elle est adoptée après consultation du Comité des régions et du Comité économique et social.

2. Par dérogation au paragraphe 1 et sans préjudice de l'article III-65, le Conseil des ministres adopte à l'unanimité des lois ou des lois-cadres européennes établissant :

a) des mesures essentiellement de nature fiscale ;

b) les mesures affectant :

i) l'aménagement du territoire ;

ii) la gestion quantitative des ressources hydrauliques ou touchant directement ou indirectement la disponibilité desdites ressources ;

iii) l'affectation des sols, à l'exception de la gestion des déchets ;

c) les mesures affectant sensiblement le choix d'un État membre entre différentes sources d'énergie et la structure générale de son approvisionnement énergétique.

Le Conseil des ministres peut adopter, à l'unanimité, une décision européenne pour rendre la procédure législative ordinaire applicable aux questions visées au premier alinéa du présent paragraphe.

Dans tous les cas, le Conseil des ministres statue après consultation du Parlement européen, du Comité des régions et du Comité économique et social.

3. La loi européenne établit des programmes d'action à caractère général qui fixent les objectifs prioritaires à atteindre. Elle est adoptée après consultation du Comité des régions et du Comité économique et social.

Les mesures nécessaires à la mise en œuvre de ces programmes sont adoptées conformément aux conditions prévues au paragraphe 1 ou au paragraphe 2, selon les cas.

4. Sans préjudice de certaines mesures adoptées par l'Union, les États membres assurent le financement et l'exécution de la politique en matière d'environnement.

5. Sans préjudice du principe du pollueur-payeur, lorsqu'une mesure fondée sur le paragraphe 1 implique des coûts jugés disproportionnés pour les pouvoirs publics d'un État membre, cette mesure prévoit sous une forme appropriée :

a) des dérogations temporaires et/ou

b) un soutien financier du Fonds de cohésion.

ARTICLE III-131

Les dispositions de protection adoptées en vertu de l'article III-130 ne font pas obstacle au maintien et à l'établissement, par chaque État membre, de dispositions de protection renforcées. Ces dispositions doivent être compatibles avec la Constitution. Elles sont notifiées à la Commission.

SECTION 6. *Protection des consommateurs*

ARTICLE III-132

1. Afin de promouvoir les intérêts des consommateurs et d'assurer un niveau élevé de protection des consommateurs, l'Union contribue à la protection de la santé, de la sécurité et des intérêts économiques des consommateurs, ainsi qu'à la promotion de leur droit à l'information, à l'éducation et à s'organiser afin de préserver leurs intérêts.

2. L'Union contribue à la réalisation des objectifs visés au paragraphe 1 par :

a) des mesures adoptées en application de l'article III-65 dans le cadre de la réalisation du marché intérieur ;

b) des mesures qui appuient et complètent la politique menée par les États membres, et en assurent le suivi.

3. La loi ou la loi-cadre européenne établit les mesures visées au paragraphe 2, point b). Elle est adoptée après consultation du Comité économique et social.

4. Les actes adoptés en application du paragraphe 3 ne peuvent empêcher un État membre de maintenir ou d'établir des dispositions de protection plus strictes. Ces dispositions doivent être compatibles avec la Constitution. Elles sont notifiées à la Commission.

SECTION 7. *Transports*

ARTICLE III-133

Les objectifs de la Constitution sont poursuivis, en ce qui concerne la matière régie par le présent titre, dans le cadre d'une politique commune des transports.

ARTICLE III-134

La loi ou la loi-cadre européenne met en œuvre l'article III-133, en tenant compte des aspects spéciaux des transports. Elle est adoptée après consultation du Comité des régions et du Comité économique et social.

La loi ou la loi-cadre européenne comprend :

a) des règles communes applicables aux transports internationaux exécutés au départ ou à destination du territoire d'un État membre, ou traversant le territoire d'un ou de plusieurs États membres ;

b) les conditions d'admission de transporteurs non résidents aux transports nationaux dans un État membre ;

c) les mesures permettant d'améliorer la sécurité des transports ;

d) toute autre mesure utile.

ARTICLE III-135

Jusqu'à l'adoption de la loi ou loi-cadre européenne visée à l'article III-134, premier alinéa, et sauf adoption à l'unanimité d'une décision européenne du Conseil des ministres accordant une dérogation, aucun État membre ne peut rendre moins favorables, dans leur effet direct ou indirect à l'égard des transporteurs des autres États membres par rapport aux transporteurs nationaux, les dispositions diverses régissant la matière au 1er janvier 1958 ou, pour les États adhérents, à la date de leur adhésion.

ARTICLE III-136

Sont compatibles avec la Constitution les aides qui répondent aux besoins de la coordination des transports ou qui correspondent au remboursement de certaines servitudes inhérentes à la notion de service public.

ARTICLE III-137

Toute mesure dans le domaine des prix et conditions de transport, adoptée dans le cadre de la Constitution, doit tenir compte de la situation économique des transporteurs.

ARTICLE III-138

1. Dans le trafic à l'intérieur de l'Union, sont interdites les discriminations qui consistent en l'application par un transporteur, pour les mêmes marchandises sur les mêmes relations de trafic, de prix et conditions de transport différents en raison de l'État membre d'origine ou de destination des produits transportés.

2. Le paragraphe 1 n'exclut pas que d'autres lois ou lois-cadres européennes puissent être adoptées en application de l'article III-134, premier alinéa.

3. Le Conseil des ministres, sur proposition de la Commission, adopte des règlements ou décisions européens assurant la mise en œuvre du paragraphe 1. Il statue après consultation du Parlement européen et du Comité économique et social.

Il peut notamment adopter les règlements et décisions européens nécessaires pour permettre aux institutions de veiller au respect de la règle énoncée au paragraphe 1 et pour en assurer l'entier bénéfice aux usagers.

4. La Commission, de sa propre initiative ou à la demande d'un État membre, examine les cas de discrimination visés au paragraphe 1 et, après consultation de tout État membre intéressé, adopte, dans le cadre des règlements et décisions européens visés au paragraphe 3, les décisions européennes nécessaires.

ARTICLE III-139

1. L'application imposée par un État membre, aux transports exécutés à l'intérieur de l'Union, de prix et conditions comportant tout élément de soutien ou de protection dans l'intérêt d'une ou de plusieurs entreprises ou industries particulières est interdite sauf si elle est autorisée par une décision européenne de la Commission.

2. La Commission, de sa propre initiative ou à la demande d'un État membre, examine les prix et conditions visés au paragraphe 1 en tenant compte, notamment, d'une part, des exigences d'une politique économique régionale appropriée, des besoins des régions sous-développées, ainsi que des problèmes des régions gravement affectées par les circonstances politiques, et, d'autre part, des effets de ces prix et conditions sur la concurrence entre les modes de transport.

Après consultation de tout État membre intéressé, elle adopte les décisions européennes nécessaires.

3. L'interdiction visée au paragraphe 1 ne s'applique pas aux tarifs de concurrence.

ARTICLE III-140

Les taxes ou redevances qui, indépendamment des prix de transport, sont perçues par un transporteur au passage des frontières ne doivent pas dépasser un niveau raisonnable, compte tenu des frais réels effectivement entraînés par ce passage.

Les États membres s'efforcent de réduire ces frais.

La Commission peut adresser aux États membres des recommandations en vue de l'application du présent article.

ARTICLE III-141

Les dispositions de la présente section ne font pas obstacle aux mesures prises dans la République fédérale d'Allemagne, pour autant qu'elles soient nécessaires pour compenser les désavantages économiques causés, par la division de l'Allemagne, à l'économie de certaines régions de la République fédérale affectées par cette division.

ARTICLE III-142

Un comité de caractère consultatif, composé d'experts désignés par les gouvernements des États membres, est institué auprès de la Commission. Celle-ci le consulte chaque fois qu'elle le juge utile en matière de transports.

ARTICLE III-143

1. La présente section s'applique aux transports par chemin de fer, par route et par voie navigable.
2. La loi ou la loi-cadre européenne peut établir les mesures appropriées pour la navigation maritime et aérienne. Elle est adoptée après consultation du Comité des régions et du Comité économique et social.

SECTION 8. *Réseaux transeuropéens*

ARTICLE III-144

1. En vue de contribuer à la réalisation des objectifs visés aux articles III-14 et III-116 et de permettre aux citoyens de l'Union, aux opérateurs économiques, ainsi qu'aux collectivités régionales et locales de bénéficier pleinement des avantages découlant de la mise en place d'un espace sans frontières intérieures, l'Union contribue à l'établissement et au développement de réseaux transeuropéens dans les secteurs des infrastructures du transport, des télécommunications et de l'énergie.

2. Dans le cadre d'un système de marchés ouverts et concurrentiels, l'action de l'Union vise à favoriser l'interconnexion et l'interopérabilité des réseaux nationaux ainsi que l'accès à ces réseaux. Elle tient compte en particulier de la nécessité de relier les régions insulaires, enclavées et périphériques aux régions centrales de l'Union.

ARTICLE III-145

1. Afin de réaliser les objectifs visés à l'article III-144, l'Union :

a) établit un ensemble d'orientations couvrant les objectifs, les priorités ainsi que les grandes lignes des actions envisagées dans le domaine des réseaux transeuropéens ; ces orientations identifient des projets d'intérêt commun ;

b) met en œuvre toute action qui peut s'avérer nécessaire pour assurer l'interopérabilité des réseaux, en particulier dans le domaine de l'harmonisation des normes techniques ;

c) peut soutenir des projets d'intérêt commun soutenus par les États membres et définis dans le cadre des orientations visées au point a), en particulier sous forme d'études de faisabilité, de garanties d'emprunt ou de bonifications d'intérêts ; l'Union peut également contribuer au financement, dans les États membres, de projets spécifiques en matière d'infrastructure des transports par le biais du Fonds de cohésion.

L'action de l'Union tient compte de la viabilité économique potentielle des projets.

2. La loi ou la loi-cadre européenne établit les orientations et les autres mesures visées au paragraphe 1. Elle est adoptée après consultation du Comité des régions et du Comité économique et social.

Les orientations et projets d'intérêt commun qui concernent le territoire d'un État membre requièrent l'accord de l'État membre concerné.

3. Les États membres coordonnent entre eux, en liaison avec la Commission, les politiques menées au niveau natio-

nal qui peuvent avoir un impact significatif sur la réalisation des objectifs visés à l'article III-144. La Commission peut prendre, en étroite collaboration avec les États membres, toute initiative utile pour promouvoir cette coordination.

4. L'Union peut coopérer avec les pays tiers pour promouvoir des projets d'intérêt commun et assurer l'interopérabilité des réseaux.

SECTION 9. *Recherche et développement technologique et espace*

ARTICLE III-146

1. L'Union vise à renforcer les bases scientifiques et technologiques de l'industrie de l'Union et à favoriser le développement de sa compétitivité internationale, ainsi qu'à promouvoir les actions de recherche jugées nécessaires au titre d'autres chapitres de la Constitution.

2. À ces fins, elle encourage dans l'ensemble de l'Union les entreprises, y compris les petites et moyennes entreprises, les centres de recherche et les universités dans leurs efforts de recherche et de développement technologique de haute qualité ; elle soutient leurs efforts de coopération, en visant tout particulièrement à permettre aux chercheurs de coopérer librement au-delà des frontières et aux entreprises d'exploiter les potentialités du marché intérieur à la faveur, notamment, de l'ouverture des marchés publics nationaux, de la définition de normes communes et de l'élimination des obstacles juridiques et fiscaux à cette coopération.

3. Toutes les actions de l'Union au titre de la Constitution, y compris les actions de démonstration, dans le domaine de la recherche et du développement technologique sont décidées et mises en œuvre conformément à la présente section.

ARTICLE III-147

Dans la poursuite de ces objectifs, l'Union mène les actions suivantes, qui complètent les actions entreprises dans les États membres :

a) mise en œuvre de programmes de recherche, de développement technologique et de démonstration en promouvant la coopération avec et entre les entreprises, les centres de recherche et les universités ;

b) promotion de la coopération en matière de recherche, de développement technologique et de démonstration de l'Union avec les pays tiers et les organisations internationales ;

c) diffusion et valorisation des résultats des activités en matière de recherche, de développement technologique et de démonstration de l'Union ;

d) stimulation de la formation et de la mobilité des chercheurs de l'Union.

ARTICLE III-148

1. L'Union et les États membres coordonnent leur action en matière de recherche et de développement technologique, afin d'assurer la cohérence réciproque des politiques nationales et de la politique de l'Union.

2. La Commission peut prendre, en étroite collaboration avec les États membres, toute initiative utile pour promouvoir la coordination visée au paragraphe 1, notamment des initiatives en vue d'établir des orientations et des indicateurs, d'organiser l'échange des meilleures pratiques et de préparer les éléments nécessaires à la surveillance et à l'évaluation périodiques. Le Parlement européen est pleinement informé.

ARTICLE III-149

1. La loi européenne établit le programme-cadre pluriannuel, dans lequel est repris l'ensemble des actions de l'Union.

Elle est adoptée après consultation du Comité économique et social.

Le programme-cadre :

a) fixe les objectifs scientifiques et technologiques à réaliser par les actions envisagées à l'article III-147 et les priorités qui s'y attachent ;

b) indique les grandes lignes de ces actions ;

c) fixe le montant global maximum et les modalités de la participation financière de l'Union au programme-cadre, ainsi que les quotes-parts respectives de chacune des actions envisagées.

2. Le programme-cadre est adapté ou complété en fonction de l'évolution des situations.

3. Le programme-cadre est mis en œuvre au moyen de programmes spécifiques développés à l'intérieur de chacune des actions. Chaque programme spécifique précise les modalités de sa réalisation, fixe sa durée et prévoit les moyens estimés nécessaires. La somme des montants estimés nécessaires, fixés par les programmes spécifiques, ne peut pas dépasser le montant global maximum fixé pour le programme-cadre et pour chaque action.

4. Le Conseil des ministres adopte, sur proposition de la Commission, les règlements ou décisions européens établissant les programmes spécifiques. Il statue après consultation du Parlement européen et du Comité économique et social.

ARTICLE III-150

Pour la mise en œuvre du programme-cadre pluriannuel, la loi ou la loi-cadre européenne établit :

a) les règles de participation des entreprises, des centres de recherche et des universités ;

b) les règles applicables à la diffusion des résultats de la recherche.

La loi ou la loi-cadre européenne est adoptée après consultation du Comité économique et social.

ARTICLE III-151

Dans la mise en œuvre du programme-cadre pluriannuel, la loi européenne peut établir des programmes complémentaires auxquels ne participent que certains États membres qui assurent leur financement sous réserve d'une participation éventuelle de l'Union.

Cette loi fixe les règles applicables aux programmes complémentaires, notamment en matière de diffusion des connaissances et d'accès d'autres États membres. Elle est adoptée après consultation du Comité économique et social et avec l'accord des États membres concernés.

ARTICLE III-152

Dans la mise en œuvre du programme-cadre pluriannuel, la loi européenne peut prévoir, en accord avec les États membres concernés, une participation à des programmes de recherche et de développement entrepris par plusieurs États membres, y compris la participation aux structures créées pour l'exécution de ces programmes.

Cette loi est adoptée après consultation du Comité économique et social.

ARTICLE III-153

Dans la mise en œuvre du programme-cadre pluriannuel, l'Union peut prévoir une coopération en matière de recherche, de développement technologique et de démonstration de l'Union avec des pays tiers ou des organisations internationales.

Les modalités de cette coopération peuvent faire l'objet d'accords entre l'Union et les tierces parties concernées, qui sont négociés et conclus conformément à l'article III-227.

ARTICLE III-154

Le Conseil des ministres, sur proposition de la Commission, peut adopter des règlements ou des décisions européens visant à créer des entreprises communes ou toute autre structure nécessaire à la bonne exécution des programmes de recherche, de développement technologique et de démonstration de l'Union. Il statue après consultation du Parlement européen et du Comité économique et social.

ARTICLE III-155

1. Afin de favoriser le progrès scientifique et technique, la compétitivité industrielle et la mise en œuvre de ses politiques, l'Union élabore une politique spatiale européenne. À cette fin, elle peut promouvoir des initiatives communes, soutenir la recherche et le développement technologique et coordonner les efforts nécessaires pour l'exploration et l'utilisation de l'espace.

2. Pour contribuer à la réalisation des objectifs visés au paragraphe 1, la loi ou la loi-cadre européenne établit les mesures nécessaires, qui peuvent prendre la forme d'un programme spatial européen.

ARTICLE III-156

Au début de chaque année, la Commission présente un rapport au Parlement européen et au Conseil des ministres. Ce rapport porte notamment sur les activités menées en matière de recherche et de développement technologique et de diffusion des résultats durant l'année précédente et sur le programme de travail de l'année en cours.

SECTION 10. *Énergie*

ARTICLE III-157

1. Dans le cadre de la réalisation du marché intérieur et en tenant compte de l'exigence de préserver et améliorer l'environnement, la politique de l'Union dans le domaine de l'énergie vise à :

a) assurer le fonctionnement du marché de l'énergie,

b) assurer la sécurité de l'approvisionnement énergétique dans l'Union, et

c) promouvoir l'efficacité énergétique et les économies d'énergie ainsi que le développement des énergies nouvelles et renouvelables.

2. La loi ou la loi-cadre européenne établit les mesures nécessaires pour atteindre les objectifs visés au paragraphe 1. Elle est adoptée après consultation du Comité des régions et du Comité économique et social.

Cette loi ou loi-cadre n'affecte pas le choix d'un État membre entre différentes sources d'énergie et la structure générale de son approvisionnement énergétique, sans préjudice de l'article III-130, paragraphe 2, point c).

CHAPITRE IV
ESPACE DE LIBERTÉ, DE SÉCURITÉ ET DE JUSTICE

SECTION 1. *Dispositions générales*

ARTICLE III-158

1. L'Union constitue un espace de liberté, de sécurité et de justice dans le respect des droits fondamentaux et en

tenant compte des différentes traditions et systèmes juridiques des États membres.

2. Elle assure l'absence de contrôles des personnes aux frontières intérieures et développe une politique commune en matière d'asile, d'immigration et de contrôle des frontières extérieures fondée sur la solidarité entre États membres et qui est équitable à l'égard des ressortissants des pays tiers. Aux fins du présent chapitre, les apatrides sont assimilés aux ressortissants des pays tiers.

3. L'Union œuvre pour assurer un niveau élevé de sécurité par des mesures de prévention et de lutte contre la criminalité et contre le racisme et la xénophobie, des mesures de coordination et de coopération entre autorités policières et judiciaires et autres autorités compétentes, ainsi que par la reconnaissance mutuelle des décisions judiciaires en matière pénale et, si nécessaire, le rapprochement des législations pénales.

4. L'Union facilite l'accès à la justice, notamment par le principe de reconnaissance mutuelle des décisions judiciaires et extrajudiciaires en matière civile.

ARTICLE III-159

Le Conseil européen définit les orientations stratégiques de la programmation législative et opérationnelle dans l'espace de liberté, de sécurité et de justice.

ARTICLE III-160

1. Les parlements nationaux des États membres, à l'égard des propositions et initiatives législatives soumises dans le cadre des sections 4 et 5 du présent chapitre, veillent au respect du principe de subsidiarité, conformément aux modalités particulières prévues dans le protocole sur l'application des principes de subsidiarité et de proportionnalité.

Les parlements nationaux des États membres peuvent participer aux mécanismes d'évaluation prévus par l'article III-

161 ainsi qu'au contrôle politique d'Europol et à l'évaluation des activités d'Eurojust, conformément aux articles III-177 et III-174.

ARTICLE III-161

Sans préjudice des articles III-265 à III-267, le Conseil des ministres, sur proposition de la Commission, peut adopter des règlements ou décisions européens établissant des modalités par lesquelles les États membres, en collaboration avec la Commission, procèdent à une évaluation objective et impartiale de la mise en œuvre, par les autorités des États membres, des politiques de l'Union visées au présent chapitre, en particulier afin de favoriser la pleine application du principe de reconnaissance mutuelle. Le Parlement européen ainsi que les parlements nationaux des États membres sont informés de la teneur et des résultats de cette évaluation.

ARTICLE III-162

Un comité permanent est institué au sein du Conseil des ministres afin d'assurer à l'intérieur de l'Union la promotion et le renforcement de la coopération opérationnelle en matière de sécurité intérieure. Sans préjudice de l'article III-247, il favorise la coordination de l'action des autorités compétentes des États membres. Les représentants des organes et agences concernés de l'Union peuvent être associés aux travaux du comité. Le Parlement européen, ainsi que les parlements nationaux des États membres, sont tenus informés des travaux.

ARTICLE III-163

Le présent chapitre ne porte pas atteinte à l'exercice des responsabilités qui incombent aux États membres pour le maintien de l'ordre public et la sauvegarde de la sécurité intérieure.

ARTICLE III-164

Le Conseil des ministres adopte des règlements européens pour assurer une coopération administrative entre les services compétents des États membres dans les domaines visés par le présent chapitre, ainsi qu'entre ces services et la Commission. Il statue sur proposition de la Commission, sans préjudice de l'article III-165, et après consultation du Parlement européen.

ARTICLE III-165

Les actes visés aux sections 4 et 5 du présent chapitre sont adoptés :

a) sur proposition de la Commission, ou

b) sur initiative d'un quart des États membres.

SECTION 2. *Politiques relatives aux contrôles aux frontières, à l'asile et à l'immigration*

ARTICLE III-166

1. L'Union développe une politique visant à :

a) assurer l'absence de tout contrôle des personnes, quelle que soit leur nationalité, lorsqu'elles franchissent les frontières intérieures ;

b) assurer le contrôle des personnes et la surveillance efficace du franchissement des frontières extérieures ;

c) mettre en place progressivement un système intégré de gestion des frontières extérieures.

2. À cette fin, la loi ou la loi-cadre européenne établit les mesures portant sur :

a) la politique commune de visas et d'autres titres de séjour de courte durée ;

b) les contrôles auxquels sont soumises les personnes franchissant les frontières extérieures ;

c) les conditions dans lesquelles les ressortissants des pays tiers peuvent circuler librement dans l'Union pendant une courte durée ;

d) toute mesure nécessaire pour l'établissement progressif d'un système intégré de gestion des frontières extérieures ;

e) l'absence de contrôle des personnes, quelle que soit leur nationalité, lorsqu'elles franchissent les frontières intérieures.

3. Le présent article n'affecte pas la compétence des États membres concernant la délimitation géographique de leurs frontières, conformément au droit international.

ARTICLE III-167

1. L'Union développe une politique commune en matière d'asile et de protection temporaire visant à offrir un statut approprié à tout ressortissant d'un pays tiers nécessitant une protection internationale et à assurer le respect du principe de non-refoulement. Cette politique doit être conforme à la Convention de Genève du 28 juillet 1951, au protocole du 31 janvier 1967 relatifs au statut des réfugiés et aux autres traités pertinents.

2. À cette fin, la loi ou la loi-cadre européenne établit les mesures relatives à un système européen commun d'asile comportant :

a) un statut uniforme d'asile en faveur de ressortissants de pays tiers, valable dans toute l'Union ;

b) un statut uniforme de protection subsidiaire pour les ressortissants des pays tiers qui, sans obtenir l'asile européen, ont besoin d'une protection internationale ;

c) un système commun visant une protection temporaire des personnes déplacées en cas d'afflux massif ;

d) des procédures communes pour l'octroi et le retrait du statut uniforme d'asile ou de protection subsidiaire ;

e) des critères et mécanismes de détermination de l'État membre responsable de l'examen d'une demande d'asile ou de protection subsidiaire ;

f) des normes concernant les conditions d'accueil des demandeurs d'asile ou de protection subsidiaire ;

g) le partenariat et la coopération avec des pays tiers pour gérer les flux de personnes demandant l'asile ou une protection subsidiaire ou temporaire.

3. Au cas où un ou plusieurs États membres se trouvent dans une situation d'urgence caractérisée par un afflux soudain de ressortissants de pays tiers, le Conseil des ministres, sur proposition de la Commission, peut adopter des règlements ou décisions européens comportant des mesures provisoires au profit du ou des États membres concernés. Il statue après consultation du Parlement européen.

ARTICLE III-168

1. L'Union développe une politique commune de l'immigration visant à assurer, à tous les stades, une gestion efficace des flux migratoires, un traitement équitable des ressortissants de pays tiers en séjour régulier dans les États membres, ainsi qu'une prévention et une lutte renforcée contre l'immigration illégale et la traite d'êtres humains.

2. À cette fin, la loi ou la loi-cadre européenne établit les mesures dans les domaines suivants :

a) les conditions d'entrée et de séjour, ainsi que les normes concernant la délivrance par les États membres de visas et de titres de séjour de longue durée, y compris aux fins du regroupement familial ;

b) la définition des droits des ressortissants des pays tiers en séjour régulier dans un État membre, y compris les conditions régissant la liberté de circulation et de séjour dans les autres États membres ;

c) l'immigration clandestine et le séjour irrégulier, y compris l'éloignement et le rapatriement des personnes en séjour irrégulier ;

d) la lutte contre la traite d'êtres humains, en particulier des femmes et des enfants.

3. L'Union peut conclure avec des pays tiers des accords visant la réadmission, dans les pays d'origine ou de prove-

nance, de ressortissants de pays tiers en séjour irrégulier, conformément à l'article III-227.

4. La loi ou la loi-cadre européenne peut établir des mesures pour encourager et appuyer l'action des États membres en vue de favoriser l'intégration des ressortissants de pays tiers en séjour régulier sur leur territoire, à l'exclusion de toute harmonisation des dispositions législatives et réglementaires des États membres.

5. Le présent article n'affecte pas le droit des États membres de fixer les volumes d'entrée des ressortissants de pays tiers en provenance de pays tiers sur leur territoire dans le but d'y rechercher un emploi salarié ou non salarié.

ARTICLE III-169

Les politiques de l'Union visées à la présente section et leur mise en œuvre sont régies par le principe de solidarité et de partage équitable de responsabilités entre les États membres, y compris sur le plan financier. Chaque fois que cela est nécessaire, les actes de l'Union adoptés en vertu de la présente section contiennent des mesures appropriées pour l'application de ce principe.

SECTION 3. *Coopération judiciaire en matière civile*

ARTICLE III-170

1. L'Union développe une coopération judiciaire dans les matières civiles ayant une incidence transfrontière, fondée sur le principe de reconnaissance mutuelle des décisions judiciaires et extrajudiciaires. Cette coopération peut inclure l'adoption de mesures de rapprochement des dispositions législatives et réglementaires des États membres.

2. À cette fin, la loi ou la loi-cadre établit des mesures visant entre autres à assurer :

a) la reconnaissance mutuelle entre les États membres des décisions judiciaires et extrajudiciaires et leur exécution ;

b) la signification et la notification transfrontalières des actes judiciaires et extrajudiciaires ;

c) la compatibilité des règles applicables dans les États membres en matière de conflit de lois et de compétences ;

d) la coopération en matière d'obtention des preuves ;

e) un niveau élevé d'accès à la justice ;

f) le bon déroulement des procédures civiles, au besoin en favorisant la compatibilité des règles de procédure civile applicables dans les États membres ;

g) le développement de méthodes alternatives de résolution des litiges ;

h) un soutien à la formation des magistrats et des personnels de justice.

3. Par dérogation au paragraphe 2, les mesures relatives au droit de la famille ayant une incidence transfrontière sont établies par une loi ou loi-cadre européenne du Conseil des ministres. Celui-ci statue à l'unanimité après consultation du Parlement européen.

Le Conseil des ministres, sur proposition de la Commission, peut adopter une décision européenne déterminant les aspects du droit de la famille ayant une incidence transfrontière susceptibles de faire l'objet d'actes adoptés selon la procédure législative ordinaire. Le Conseil des ministres statue à l'unanimité après consultation du Parlement européen.

SECTION 4. *Coopération judiciaire en matière pénale*

ARTICLE III-171

1. La coopération judiciaire en matière pénale dans l'Union est fondée sur le principe de reconnaissance mutuelle des jugements et décisions judiciaires et inclut le rapprochement des dispositions législatives et réglementaires des États membres dans les domaines visés au paragraphe 2 et à l'article III-172.

La loi ou la loi-cadre européenne établit les mesures visant à :

a) établir des règles et des procédures pour assurer la reconnaissance, dans l'ensemble de l'Union, de toutes les formes de jugements et de décisions judiciaires ;

b) prévenir et résoudre les conflits de compétences entre les États membres ;

c) favoriser la formation des magistrats et des personnels de justice ;

d) faciliter la coopération entre les autorités judiciaires ou équivalentes des États membres dans le cadre des poursuites pénales et de l'exécution des décisions.

2. Afin de faciliter la reconnaissance mutuelle des jugements et décisions judiciaires et la coopération policière et judiciaire dans les matières pénales ayant une dimension transfrontière, la loi-cadre européenne peut établir des règles minimales portant sur :

a) l'admissibilité mutuelle des preuves entre les États membres ;

b) les droits des personnes dans la procédure pénale ;

c) les droits des victimes de la criminalité ;

d) d'autres éléments spécifiques de la procédure pénale, que le Conseil des ministres aura identifiés préalablement par une décision européenne. Il statue à l'unanimité après approbation du Parlement européen.

L'adoption de ces règles minimales n'empêche pas les États membres de maintenir ou d'instituer un niveau de protection plus élevé pour les droits des personnes dans la procédure pénale.

ARTICLE III-172

1. La loi-cadre européenne peut établir des règles minimales relatives à la définition des infractions pénales et des sanctions dans des domaines de criminalité particulièrement grave et qui revêtent une dimension transfrontière résultant

du caractère ou des incidences de ces infractions ou d'un besoin particulier de les combattre sur des bases communes.

Ces domaines de criminalité sont les suivants : le terrorisme, la traite d'êtres humains et l'exploitation sexuelle des femmes et des enfants, le trafic illicite de drogues, le trafic illicite d'armes, le blanchiment d'argent, la corruption, la contrefaçon de moyens de paiement, la criminalité informatique et la criminalité organisée.

En fonction des développements de la criminalité, le Conseil des ministres peut adopter une décision européenne identifiant d'autres domaines de criminalité qui remplissent les critères visés au présent paragraphe. Il statue à l'unanimité après approbation du Parlement européen.

2. Lorsque le rapprochement de normes de droit pénal s'avère indispensable pour assurer la mise en œuvre efficace d'une politique de l'Union dans un domaine ayant fait l'objet de mesures d'harmonisation, la loi-cadre européenne peut établir des règles minimales relatives à la définition des infractions pénales et des sanctions dans le domaine concerné.

Sans préjudice de l'article III-165, cette loi-cadre est adoptée selon la même procédure que celle utilisée pour l'adoption des mesures d'harmonisation visées à l'alinéa précédent.

ARTICLE III-173

La loi ou la loi-cadre européenne peut établir des mesures pour encourager et appuyer l'action des États membres dans le domaine de la prévention du crime. Ces mesures ne peuvent pas comporter le rapprochement des dispositions législatives et réglementaires des États membres.

ARTICLE III-174

1. La mission d'Eurojust est d'appuyer et de renforcer la coordination et la coopération entre les autorités nationales chargées des poursuites relatives à la criminalité grave affec-

tant deux ou plusieurs États membres ou exigeant une poursuite sur des bases communes, sur la base des opérations effectuées et des informations fournies par les autorités des États membres et par Europol.

2. La loi européenne détermine la structure, le fonctionnement, le domaine d'action et les tâches d'Eurojust. Ces tâches peuvent comprendre :

a) le déclenchement et la coordination de poursuites pénales conduites par les autorités nationales compétentes, en particulier celles relatives à des infractions portant atteinte aux intérêts financiers de l'Union ;

b) le renforcement de la coopération judiciaire, y compris par la résolution de conflits de compétences et par une coopération étroite avec le Réseau judiciaire européen.

La loi européenne fixe également les modalités de l'association du Parlement européen et des parlements nationaux des États membres à l'évaluation des activités d'Eurojust.

3. Dans le cadre des poursuites visées à la présente disposition, et sans préjudice de l'article III-175, les actes officiels de procédure judiciaire sont accomplis par les agents nationaux compétents.

ARTICLE III-175

1. Pour combattre la criminalité grave ayant une dimension transfrontière, ainsi que les infractions portant atteinte aux intérêts de l'Union, une loi européenne du Conseil des ministres peut instituer un Parquet européen à partir d'Eurojust. Le Conseil des ministres statue à l'unanimité, après approbation du Parlement européen.

2. Le Parquet européen est compétent pour rechercher, poursuivre et renvoyer en jugement, le cas échéant en liaison avec Europol, les auteurs et complices de crimes graves affectant plusieurs États membres ainsi que d'infractions portant atteinte aux intérêts financiers de l'Union, tels que déterminés par la loi européenne prévue au paragraphe 1. Il exerce

devant les juridictions compétentes des États membres l'action publique relative à ces infractions.

3. La loi européenne visée au paragraphe 1 fixe le statut du Parquet européen, les conditions d'exercice de ses fonctions, les règles de procédure applicables à ses activités ainsi que celles gouvernant l'admissibilité des preuves et les règles applicables au contrôle juridictionnel des actes de procédure qu'il arrête dans l'exercice de ses fonctions.

SECTION 5. *Coopération policière*

ARTICLE III-176

1. L'Union développe une coopération policière qui associe toutes les autorités compétentes des États membres, y compris les services de police, des douanes et d'autres services répressifs spécialisés dans les domaines de la prévention ou de la détection des infractions pénales et des enquêtes en la matière.

2. À cette fin, la loi ou la loi-cadre européenne peut établir des mesures portant sur :

a) la collecte, le stockage, le traitement, l'analyse et l'échange d'informations pertinentes ;

b) un soutien à la formation de personnels, ainsi que la coopération relative à l'échange de personnels, aux équipements et à la recherche en criminalistique ;

c) les techniques communes d'enquête concernant la détection de formes graves de criminalité organisée.

3. Une loi ou une loi-cadre européenne du Conseil des ministres peut établir des mesures portant sur la coopération opérationnelle entre les autorités visées au présent article. Le Conseil des ministres statue à l'unanimité après consultation du Parlement européen.

ARTICLE III-177

1. La mission d'Europol est d'appuyer et de renforcer l'action des autorités policières et des autres services répressifs des États membres ainsi que leur collaboration mutuelle dans la prévention et la lutte contre la criminalité grave affectant deux ou plusieurs États membres, le terrorisme et les formes de criminalité qui portent atteinte à un intérêt commun qui fait l'objet d'une politique de l'Union.

2. La loi européenne détermine la structure, le fonctionnement, le domaine d'action et les tâches d'Europol. Ces tâches peuvent comprendre :

a) la collecte, le stockage, le traitement, l'analyse et l'échange des informations, transmises notamment par les autorités des États membres ou de pays ou instances tiers ;

b) la coordination, l'organisation et la réalisation d'enquêtes et d'actions opérationnelles, menées conjointement avec les autorités compétentes des États membres ou dans le cadre d'équipes conjointes d'enquête, le cas échéant en liaison avec Eurojust.

La loi européenne fixe également les modalités de contrôle des activités d'Europol par le Parlement européen auquel sont associés les parlements nationaux des États membres.

3. Toute action opérationnelle d'Europol doit être menée en liaison et en accord avec les autorités du ou des États membres dont le territoire est concerné. L'application de mesures de contrainte relève exclusivement des autorités nationales compétentes.

ARTICLE III-178

Une loi ou une loi-cadre européenne du Conseil des ministres fixe les conditions et les limites dans lesquelles les autorités compétentes des États membres visées aux articles III-171 et III-176 peuvent intervenir sur le territoire d'un autre État membre en liaison et en accord avec les autorités de celui-ci. Le Conseil des ministres statue à l'unanimité après consultation du Parlement européen.

CHAPITRE V

DOMAINES OÙ L'UNION PEUT DÉCIDER DE MENER UNE ACTION DE COORDINATION, DE COMPLÉMENT OU D'APPUI

SECTION 1. *Santé publique*

ARTICLE III-179

1. Un niveau élevé de protection de la santé humaine est assuré dans la définition et la mise en œuvre de toutes les politiques et actions de l'Union.

L'action de l'Union, qui complète les politiques nationales, porte sur l'amélioration de la santé publique et la prévention des maladies et des affections humaines et des causes de danger pour la santé physique et mentale. Cette action comprend également la lutte contre les grands fléaux, en favorisant la recherche sur leurs causes, leur transmission et leur prévention ainsi que l'information et l'éducation en matière de santé.

L'Union complète l'action menée par les États membres en vue de réduire les effets nocifs de la drogue sur la santé, y compris par l'information et la prévention.

2. L'Union encourage la coopération entre les États membres dans les domaines visés au présent article et, si nécessaire, elle appuie leur action.

Les États membres coordonnent entre eux, en liaison avec la Commission, leurs politiques et programmes dans les domaines visés au paragraphe 1. La Commission peut prendre, en contact étroit avec les États membres, toute initiative utile pour promouvoir cette coordination, notamment des initiatives en vue d'établir des orientations et des indicateurs, d'organiser l'échange des meilleures pratiques et de préparer les éléments nécessaires à la surveillance et à l'évaluation périodiques. Le Parlement européen est pleinement informé.

3. L'Union et les États membres favorisent la coopération avec les pays tiers et les organisations internationales compétentes en matière de santé publique.

4. La loi ou la loi-cadre européenne contribue à la réalisation des objectifs visés au présent article en établissant les mesures suivantes afin de faire face aux enjeux communs de sécurité :

a) des mesures fixant des normes élevées de qualité et de sécurité des organes et substances d'origine humaine, du sang et des dérivés du sang ; ces mesures ne peuvent empêcher un État membre de maintenir ou d'établir des mesures de protection plus strictes ;

b) des mesures dans les domaines vétérinaire et phytosanitaire ayant directement pour objectif la protection de la santé publique ;

La loi ou la loi-cadre européenne est adoptée après consultation du Comité des régions et du Comité économique et social.

5. La loi ou la loi-cadre européenne peut également établir des mesures d'encouragement visant à protéger et à améliorer la santé humaine et à lutter contre les grands fléaux transfrontaliers, à l'exclusion de toute harmonisation des dispositions législatives et réglementaires des États membres. Elle est adoptée après consultation du Comité des régions et du Comité économique et social.

6. Aux fins énoncées au présent article, le Conseil des ministres, sur proposition de la Commission, peut également adopter des recommandations.

7. L'action de l'Union dans le domaine de la santé publique respecte pleinement les responsabilités des États membres en matière d'organisation et de fourniture de services de santé et de soins médicaux. En particulier, les mesures visées au paragraphe 4, point a), ne portent pas atteinte aux disposi-

tions nationales relatives aux dons d'organes et de sang ou à leur utilisation à des fins médicales.

SECTION 2. *Industrie*

ARTICLE III-180

1. L'Union et les États membres veillent à ce que les conditions nécessaires à la compétitivité de l'industrie de l'Union soient assurées.

À cette fin, conformément à un système de marchés ouverts et concurrentiels, leur action vise à :

a) accélérer l'adaptation de l'industrie aux changements structurels ;

b) encourager un environnement favorable à l'initiative et au développement des entreprises de l'ensemble de l'Union, et notamment des petites et moyennes entreprises ;

c) encourager un environnement favorable à la coopération entre entreprises ;

d) favoriser une meilleure exploitation du potentiel industriel des politiques d'innovation, de recherche et de développement technologique.

2. Les États membres se consultent mutuellement, en liaison avec la Commission et, pour autant que de besoin, coordonnent leurs actions. La Commission peut prendre toute initiative utile pour promouvoir cette coordination, notamment des initiatives en vue d'établir des orientations et des indicateurs, d'organiser l'échange des meilleures pratiques et de préparer les éléments nécessaires à la surveillance et à l'évaluation périodiques. Le Parlement européen est pleinement informé.

3. L'Union contribue à la réalisation des objectifs visés au paragraphe 1 au travers des politiques et actions qu'elle mène au titre d'autres dispositions de la Constitution. La loi ou la loi-cadre européenne peut établir des mesures spécifiques

destinées à appuyer les actions menées dans les États membres afin de réaliser les objectifs visés au paragraphe 1, à l'exclusion de toute harmonisation des dispositions législatives et réglementaires des États membres. Elle est adoptée après consultation du Comité économique et social.

La présente section ne constitue pas une base pour l'introduction, par l'Union, de quelque mesure que ce soit pouvant entraîner des distorsions de concurrence ou comportant des dispositions fiscales ou relatives aux droits et intérêts des travailleurs salariés.

SECTION 3. *Culture*

ARTICLE III-181

1. L'Union contribue à l'épanouissement des cultures des États membres dans le respect de leur diversité nationale et régionale, tout en mettant en évidence l'héritage culturel commun.

2. L'action de l'Union vise à encourager la coopération entre États membres et, si nécessaire, à appuyer et compléter leur action dans les domaines suivants :

a) l'amélioration de la connaissance et de la diffusion de la culture et de l'histoire des peuples européens,

b) la conservation et la sauvegarde du patrimoine culturel d'importance européenne,

c) les échanges culturels non commerciaux,

d) la création artistique et littéraire, y compris dans le secteur de l'audiovisuel.

3. L'Union et les États membres favorisent la coopération avec les pays tiers et les organisations internationales compétentes dans le domaine de la culture, et en particulier avec le Conseil de l'Europe.

4. L'Union tient compte des aspects culturels dans son action au titre d'autres dispositions de la Constitution, afin

notamment de respecter et de promouvoir la diversité de ses cultures.

5. Pour contribuer à la réalisation des objectifs visés au présent article :

a) la loi ou la loi-cadre européenne établit des actions d'encouragement, à l'exclusion de toute harmonisation des dispositions législatives et réglementaires des États membres. Elle est adoptée après consultation du Comité des régions ;

b) le Conseil des ministres, sur proposition de la Commission, adopte des recommandations.

SECTION 4. *Éducation, formation professionnelle, jeunesse et sport*

ARTICLE III-182

1. L'Union contribue au développement d'une éducation de qualité en encourageant la coopération entre États membres et, si nécessaire, en appuyant et en complétant leur action. Elle respecte pleinement la responsabilité des États membres pour le contenu de l'enseignement et l'organisation du système éducatif ainsi que leur diversité culturelle et linguistique.

L'Union contribue à la promotion des enjeux européens du sport, eu égard à sa fonction sociale et éducative.

2. L'action de l'Union vise :

a) à développer la dimension européenne dans l'éducation, notamment par l'apprentissage et la diffusion des langues des États membres ;

b) à favoriser la mobilité des étudiants et des enseignants, y compris en encourageant la reconnaissance académique des diplômes et des périodes d'études ;

c) à promouvoir la coopération entre les établissements d'enseignement ;

d) à développer l'échange d'informations et d'expériences

sur les questions communes aux systèmes d'éducation des États membres ;

e) à favoriser le développement des échanges de jeunes et d'animateurs socio-éducatifs et à encourager la participation des jeunes à la vie démocratique de l'Europe ;

f) à encourager le développement de l'éducation à distance ;

g) à développer la dimension européenne du sport, en promouvant l'équité dans les compétitions et la coopération entre les organismes sportifs ainsi qu'en protégeant l'intégrité physique et morale des sportifs, notamment des jeunes sportifs.

3. L'Union et les États membres favorisent la coopération avec les pays tiers et les organisations internationales compétentes en matière d'éducation, et en particulier avec le Conseil de l'Europe.

4. Pour contribuer à la réalisation des objectifs visés au présent article,

a) la loi ou la loi-cadre européenne établit des actions d'encouragement, à l'exclusion de toute harmonisation des dispositions législatives et réglementaires des États membres. Elle est adoptée après consultation du Comité des régions et du Comité économique et social ;

b) le Conseil des ministres, sur proposition de la Commission, adopte des recommandations.

ARTICLE III-183

1. L'Union met en œuvre une politique de formation professionnelle, qui appuie et complète les actions des États membres, tout en respectant pleinement la responsabilité des États membres pour le contenu et l'organisation de la formation professionnelle.

2. L'action de l'Union vise :

a) à faciliter l'adaptation aux mutations industrielles, notamment par la formation et la reconversion professionnelle ;

b) à améliorer la formation professionnelle initiale et la formation continue afin de faciliter l'insertion et la réinsertion professionnelle sur le marché du travail ;

c) à faciliter l'accès à la formation professionnelle et à favoriser la mobilité des formateurs et des personnes en formation, et notamment des jeunes ;

d) à stimuler la coopération en matière de formation entre établissements d'enseignement ou de formation professionnelle et entreprises ;

e) à développer l'échange d'informations et d'expériences sur les questions communes aux systèmes de formation des États membres.

3. L'Union et les États membres favorisent la coopération avec les pays tiers et les organisations internationales compétentes en matière de formation professionnelle.

4. La loi ou la loi-cadre européenne contribue à la réalisation des objectifs visés au présent article, à l'exclusion de toute harmonisation des dispositions législatives et réglementaires des États membres. Elle est adoptée après consultation du Comité des régions et du Comité économique et social.

SECTION 5. *Protection civile*

ARTICLE III-184

1. L'Union encourage la coopération entre les États membres afin de renforcer l'efficacité des systèmes de prévention et de protection contre les catastrophes naturelles ou d'origine humaine à l'intérieur de l'Union.

L'action de l'Union vise à :

a) soutenir et compléter l'action des États membres au niveau national, régional et local portant sur la prévention des risques, sur la préparation des acteurs de la protection civile dans les États membres et sur l'intervention en cas de catastrophes naturelles ou d'origine humaine ;

b) promouvoir une coopération opérationnelle rapide et efficace entre les services de protection civile nationaux ;

c) favoriser la cohérence des actions entreprises au niveau international en matière de protection civile.

2. La loi ou la loi-cadre européenne établit les mesures nécessaires pour contribuer à la réalisation des objectifs visés au paragraphe 1, à l'exclusion de toute harmonisation des dispositions législatives et réglementaires des États membres.

SECTION 6. *Coopération administrative*

ARTICLE III-185

1. La mise en œuvre effective du droit de l'Union par les États membres, qui est essentielle au bon fonctionnement de l'Union, est considérée comme une question d'intérêt mutuel.

2. L'Union peut appuyer les efforts déployés par les États membres pour améliorer leur capacité administrative à mettre en œuvre le droit de l'Union. Cette action peut consister notamment à faciliter les échanges d'informations et de fonctionnaires ainsi qu'à soutenir des programmes de formation. Aucun État membre n'est tenu de recourir à cet appui. La loi européenne établit les mesures nécessaires à cette fin, à l'exclusion de toute harmonisation des dispositions législatives et réglementaires des États membres.

3. Le présent article est sans préjudice de l'obligation des États membres de mettre en œuvre le droit de l'Union ainsi que des prérogatives et devoirs de la Commission. Il est également sans préjudice des autres dispositions de la Constitution qui prévoient une coopération administrative entre les États membres ainsi qu'entre eux et l'Union.

TITRE IV

L'association des pays et territoires d'outre-mer

ARTICLE III-186

Les pays et territoires non européens entretenant avec le Danemark, la France, les Pays-Bas et le Royaume-Uni des relations particulières sont associés à l'Union. Ces pays et territoires, ci-après dénommés « pays et territoires », sont énumérés à l'annexe II*.

Le but de l'association est la promotion du développement économique et social des pays et territoires, et l'établissement de relations économiques étroites entre eux et l'Union dans son ensemble.

L'association doit en premier lieu permettre de favoriser les intérêts des habitants de ces pays et territoires et leur prospérité, de manière à les conduire au développement économique, social et culturel qu'ils attendent.

ARTICLE III-187

L'association poursuit les objectifs ci-après.

a) Les États membres appliquent à leurs échanges commerciaux avec les pays et territoires le régime qu'ils s'accordent entre eux en vertu de la Constitution.

b) Chaque pays ou territoire applique à ses échanges commerciaux avec les États membres et les autres pays et

---

* Cette annexe, qui correspond à l'annexe II du TCE, est à établir. (*N.d.E.*)

territoires le régime qu'il applique à l'État européen avec lequel il entretient des relations particulières.

c) Les États membres contribuent aux investissements que demande le développement progressif de ces pays et territoires.

d) Pour les investissements financés par l'Union, la participation aux adjudications et fournitures est ouverte, à égalité de conditions, à toutes les personnes physiques et morales ressortissantes des États membres et des pays et territoires.

e) Dans les relations entre les États membres et les pays et territoires, le droit d'établissement des ressortissants et sociétés est réglé conformément aux dispositions et par application des procédures prévues à la sous-section relative au droit d'établissement et sur une base non discriminatoire, sous réserve des mesures particulières adoptées en vertu de l'article III-191.

ARTICLE III-188

1. Les importations originaires des pays et territoires bénéficient à leur entrée dans les États membres de l'interdiction des droits de douane entre États membres prévue par la Constitution.

2. À l'entrée dans chaque pays et territoire, les droits de douane frappant les importations des États membres et des autres pays et territoires sont interdits conformément à l'article III-38.

3. Toutefois, les pays et territoires peuvent percevoir des droits de douane qui répondent aux nécessités de leur développement et aux besoins de leur industrialisation ou qui, de caractère fiscal, ont pour but d'alimenter leur budget.

Les droits visés au premier alinéa ne peuvent excéder ceux qui frappent les importations des produits en provenance de l'État membre avec lequel chaque pays ou territoire entretient des relations particulières.

4. Le paragraphe 2 n'est pas applicable aux pays et territoires qui, en raison des obligations internationales particulières auxquelles ils sont soumis, appliquent déjà un tarif douanier non discriminatoire.

5. L'établissement ou la modification de droits de douane frappant les marchandises importées dans les pays et territoires ne doit pas donner lieu, en droit ou en fait, à une discrimination directe ou indirecte entre les importations en provenance des divers États membres.

ARTICLE III-189

Si le niveau des droits applicables aux marchandises en provenance d'un pays tiers à l'entrée dans un pays ou territoire est, compte tenu de l'application de l'article III-188, paragraphe 1, de nature à provoquer des détournements de trafic au détriment d'un des États membres, celui-ci peut demander à la Commission de proposer aux autres États membres de prendre les dispositions nécessaires pour remédier à cette situation.

ARTICLE III-190

Sous réserve des dispositions qui régissent la santé publique, la sécurité publique et l'ordre public, la liberté de circulation des travailleurs des pays et territoires dans les États membres et des travailleurs des États membres dans les pays et territoires est régie par des mesures adoptées conformément à l'article III-191.

ARTICLE III-191

Le Conseil des ministres adopte à l'unanimité, à partir des réalisations acquises dans le cadre de l'association entre les pays et territoires et l'Union, les règlements et décisions européens relatifs aux modalités et à la procédure de l'association entre les pays et territoires et l'Union.

ARTICLE III-192

Les articles III-186 à III-191 sont applicables au Groenland sous réserve des dispositions spécifiques figurant dans le protocole sur le régime particulier applicable au Groenland.

TITRE V

L'action extérieure de l'Union

CHAPITRE I

DISPOSITIONS D'APPLICATION GÉNÉRALE

ARTICLE III-193

1. L'action de l'Union sur la scène internationale repose sur des principes qui ont présidé à sa création, à son développement et à son élargissement et qu'elle vise à promouvoir dans le reste du monde : la démocratie, l'État de droit, l'universalité et l'indivisibilité des droits de l'homme et des libertés fondamentales, le respect de la dignité humaine, les principes d'égalité et de solidarité et le respect du droit international conformément aux principes de la Charte des Nations Unies.

L'Union s'efforce de développer des relations et de construire des partenariats avec les pays tiers et avec les organisations internationales, régionales ou mondiales, qui partagent ces valeurs. Elle favorise des solutions multilatérales aux problèmes communs, en particulier dans le cadre des Nations Unies.

2. L'Union définit et mène des politiques communes et des actions, et œuvre pour assurer un haut degré de coopération dans tous les domaines des relations internationales afin de :

a) sauvegarder les valeurs, les intérêts fondamentaux, la sécurité, l'indépendance et l'intégrité de l'Union ;

b) consolider et soutenir la démocratie, l'État de droit, les droits de l'homme et les principes du droit international ;

c) préserver la paix, prévenir les conflits et renforcer la sécurité internationale, conformément aux principes de la Charte des Nations Unies ;

d) soutenir le développement durable sur le plan économique, social et environnemental des pays en voie de développement dans le but essentiel d'éradiquer la pauvreté ;

e) encourager l'intégration de tous les pays dans l'économie mondiale, y compris par la suppression progressive des obstacles au commerce international ;

f) contribuer à l'élaboration de mesures internationales pour préserver et améliorer la qualité de l'environnement et la gestion durable des ressources naturelles mondiales, afin d'assurer un développement durable ;

g) aider les populations, les pays et les régions confrontés à des catastrophes naturelles ou d'origine humaine ; et

h) promouvoir un système international basé sur une coopération multilatérale renforcée et une bonne gouvernance mondiale.

3. L'Union respecte les principes et poursuit les objectifs énumérés aux paragraphes 1 et 2 dans l'élaboration et la mise en œuvre de son action extérieure dans les différents domaines couverts par le présent titre, ainsi que de ses autres politiques dans leurs aspects extérieurs.

L'Union veille à la cohérence entre les différents domaines de son action extérieure et entre ceux-ci et ses autres politiques. Le Conseil des ministres et la Commission, assistés par le ministre des Affaires étrangères de l'Union, assurent cette cohérence et coopèrent à cet effet.

ARTICLE III-194

1. Sur la base des principes et objectifs énumérés à l'article III-193, le Conseil européen identifie les intérêts et objectifs stratégiques de l'Union.

2. Les décisions européennes du Conseil européen sur des intérêts et objectifs stratégiques de l'Union portent sur la politique étrangère et de sécurité commune ainsi que sur d'autres domaines relevant de l'action extérieure de l'Union. Elles peuvent concerner les relations de l'Union avec un pays ou une région, ou avoir une approche thématique. Elles définissent leur durée et les moyens que devront fournir l'Union et les États membres.

Le Conseil européen statue à l'unanimité sur recommandation du Conseil des ministres, adoptée par celui-ci selon les modalités prévues pour chaque domaine. Les décisions européennes du Conseil européen sont mises en œuvre selon les procédures prévues par la Constitution.

2. Le ministre des Affaires étrangères de l'Union, pour le domaine de la politique étrangère et de sécurité commune, et la Commission, pour les autres domaines de l'action extérieure, peuvent présenter des propositions conjointes au Conseil des ministres.

CHAPITRE II

LA POLITIQUE ÉTRANGÈRE ET DE SÉCURITÉ COMMUNE

ARTICLE III-195

1. Dans le cadre des principes et objectifs de son action extérieure, l'Union définit et met en œuvre une politique étrangère et de sécurité commune couvrant tous les domaines de la politique étrangère et de sécurité.

2. Les États membres appuient activement et sans réserve la politique étrangère et de sécurité commune dans un esprit de loyauté et de solidarité mutuelle.

Les États membres œuvrent de concert au renforcement et au développement de leur solidarité politique mutuelle. Ils s'abstiennent de toute action contraire aux intérêts de l'Union ou susceptible de nuire à son efficacité en tant que force de cohésion dans les relations internationales.

Le Conseil des ministres et le ministre des Affaires étrangères de l'Union veillent au respect de ces principes.

3. L'Union conduit la politique étrangère et de sécurité commune :

a) en définissant les orientations générales ;

b) en adoptant des décisions européennes portant sur :

i) des actions de l'Union,

ii) des positions de l'Union,

iii) la mise en œuvre des actions et positions ;

c) et en renforçant la coopération systématique entre les États membres pour la conduite de leur politique.

ARTICLE III-196

1. Le Conseil européen définit les orientations générales de la politique étrangère et de sécurité commune, y compris pour les questions ayant des implications en matière de défense.

Si un développement international l'exige, le président du Conseil européen convoque une réunion extraordinaire du Conseil européen afin de définir les lignes stratégiques de la politique de l'Union face à ce développement.

2. Le Conseil des ministres adopte les décisions européennes nécessaires à la définition et à la mise en œuvre de la politique étrangère et de sécurité commune, sur la base des orientations générales et des lignes stratégiques définies par le Conseil européen.

ARTICLE III-197

1. Le ministre des Affaires étrangères de l'Union, qui préside le Conseil des ministres des Affaires étrangères, contribue par ses propositions à l'élaboration de la politique étrangère et de sécurité commune et assure la mise en œuvre

des décisions européennes adoptées par le Conseil européen et le Conseil des ministres.

2. Pour les matières relevant de la politique étrangère et de sécurité commune, l'Union est représentée par le ministre des Affaires étrangères de l'Union. Il conduit au nom de l'Union le dialogue politique et exprime la position de l'Union dans les organisations internationales et au sein des conférences internationales.

3. Dans l'accomplissement de son mandat, le ministre des Affaires étrangères de l'Union s'appuie sur un service européen pour l'action extérieure. Ce service travaille en collaboration avec les services diplomatiques des États membres [1].

ARTICLE III-198

1. Lorsqu'une situation internationale exige une action opérationnelle de l'Union, le Conseil des ministres adopte les décisions européennes nécessaires. Ces décisions fixent les objectifs, la portée, les moyens à mettre à la disposition de l'Union, ainsi que les conditions relatives à la mise en œuvre de l'action et, si nécessaire, sa durée.

S'il se produit un changement de circonstances ayant une nette incidence sur une question faisant l'objet d'une telle décision européenne, le Conseil des ministres révise les principes et les objectifs de cette action et adopte les décisions européennes nécessaires. Aussi longtemps que le Conseil des ministres n'a pas statué, la décision européenne sur l'action de l'Union est maintenue.

2. Ces décisions européennes engagent les États membres dans leurs prises de position et dans la conduite de leur action.

3. Toute prise de position ou toute action nationale envisagée en application d'une décision européenne visée au paragraphe 1 fait l'objet d'une information dans des délais

---

1. Voir la déclaration sur la création d'un Service européen pour l'action extérieure.

permettant, en cas de nécessité, une concertation préalable au sein du Conseil des ministres. L'obligation d'information préalable ne s'applique pas aux dispositions qui constituent une simple transposition sur le plan national des décisions européennes.

4. En cas de nécessité impérieuse liée à l'évolution de la situation et à défaut d'une nouvelle décision européenne, les États membres peuvent prendre d'urgence les dispositions qui s'imposent, en tenant compte des objectifs généraux de la décision européenne visée au paragraphe 1. L'État membre qui prend de telles dispositions en informe immédiatement le Conseil des ministres.

5. En cas de difficultés majeures pour appliquer une décision européenne visée au présent article, un État membre saisit le Conseil des ministres, qui en délibère et recherche les solutions appropriées. Celles-ci ne peuvent aller à l'encontre des objectifs de l'action ni nuire à son efficacité.

ARTICLE III-199

Le Conseil des ministres adopte des décisions européennes qui définissent la position de l'Union sur une question particulière de nature géographique ou thématique. Les États membres veillent à la conformité de leurs politiques nationales avec les positions de l'Union.

ARTICLE III-200

1. Chaque État membre, le ministre des Affaires étrangères de l'Union, ou le ministre avec le soutien de la Commission, peut saisir le Conseil des ministres de toute question relevant de la politique étrangère et de sécurité commune et lui soumet des propositions.

2. Dans les cas exigeant une décision rapide, le ministre des Affaires étrangères de l'Union convoque, soit d'office, soit à la demande d'un État membre, dans un délai de quarante-huit heures ou, en cas de nécessité absolue, dans un

délai plus bref, une réunion extraordinaire du Conseil des ministres.

ARTICLE III-201

1. Les décisions européennes visées au présent chapitre sont adoptées par le Conseil des ministres statuant à l'unanimité. Les abstentions des membres présents ou représentés n'empêchent pas l'adoption de ces décisions.

Tout membre du Conseil des ministres qui s'abstient lors d'un vote peut assortir son abstention d'une déclaration formelle. Dans ce cas, il n'est pas tenu d'appliquer la décision européenne, mais il accepte qu'elle engage l'Union. Dans un esprit de solidarité mutuelle, l'État membre concerné s'abstient de toute action susceptible d'entrer en conflit avec l'action de l'Union fondée sur cette décision ou d'y faire obstacle et les autres États membres respectent sa position. Si les membres du Conseil des ministres qui assortissent leur abstention d'une telle déclaration représentent au moins un tiers des États membres représentant au moins un tiers de la population de l'Union, la décision n'est pas adoptée.

2. Par dérogation au paragraphe 1, le Conseil des ministres statue à la majorité qualifiée :

a) lorsque, sur la base d'une décision européenne du Conseil européen portant sur les intérêts et objectifs stratégiques de l'Union, visée à l'article III-194, paragraphe 1, il adopte des décisions européennes portant sur des actions et des positions de l'Union ;

b) lorsqu'il adopte une décision sur une action ou position de l'Union, sur une proposition que le ministre lui présente à la suite d'une demande spécifique que le Conseil européen lui a adressée de sa propre initiative ou de celle du ministre ;

c) lorsqu'il adopte toute décision européenne mettant en œuvre une action ou une position de l'Union ;

d) lorsqu'il adopte une décision européenne portant sur la nomination d'un représentant spécial conformément à l'article III-203.

Si un membre du Conseil des ministres déclare que, pour des raisons de politique nationale vitales et qu'il expose, il a l'intention de s'opposer à l'adoption d'une décision européenne devant être adoptée à la majorité qualifiée, il n'est pas procédé au vote. Le ministre des Affaires étrangères de l'Union recherche, en étroite consultation avec l'État membre concerné, une solution acceptable pour celui-ci. En l'absence d'un résultat, le Conseil des ministres, statuant à la majorité qualifiée, peut demander que le Conseil européen soit saisi de la question en vue d'une décision à l'unanimité.

3. Le Conseil européen peut décider à l'unanimité que le Conseil des ministres statue à la majorité qualifiée dans d'autres cas que ceux visés au paragraphe 2.

4. Les paragraphes 2 et 3 ne s'appliquent pas aux décisions ayant des implications militaires ou dans le domaine de la défense.

ARTICLE III-202

1. Lorsque l'Union a défini une approche commune au sens de l'article I-39, paragraphe 5, le ministre des Affaires étrangères de l'Union et les ministres des Affaires étrangères des États membres coordonnent leurs activités au sein du Conseil des ministres.

2. Les missions diplomatiques des États membres et les délégations de l'Union coopèrent entre elles dans les pays tiers et auprès des organisations internationales et contribuent à la formulation et à la mise en œuvre d'une approche commune.

ARTICLE III-203

Chaque fois qu'il l'estime nécessaire, le Conseil des ministres nomme, à l'initiative du ministre des Affaires étrangères de l'Union, un représentant spécial auquel il confère un mandat en liaison avec des questions politiques particulières. Le représentant spécial exerce son mandat sous l'autorité du ministre des Affaires étrangères de l'Union.

ARTICLE III-204

L'Union peut conclure des accords avec un ou plusieurs États ou organisations internationales en application du présent chapitre, selon la procédure décrite à l'article III-227.

ARTICLE III-205

1. Le ministre des Affaires étrangères de l'Union consulte le Parlement européen sur les principaux aspects et les choix fondamentaux de la politique étrangère et de sécurité commune, y compris la politique de sécurité et de défense commune, et veille à ce que les vues du Parlement européen soient dûment prises en considération. Le Parlement européen est tenu régulièrement informé par le ministre des Affaires étrangères de l'Union de l'évolution de la politique étrangère et de sécurité commune, y compris la politique de sécurité et de défense commune. Les représentants spéciaux peuvent être associés à l'information du Parlement européen.

2. Le Parlement européen peut adresser des questions ou formuler des recommandations à l'intention du Conseil des ministres et du ministre des Affaires étrangères de l'Union. Il procède deux fois par an à un débat sur les progrès réalisés dans la mise en œuvre de la politique étrangère et de sécurité commune, y compris la politique de sécurité et de défense commune.

ARTICLE III-206

1. Les États membres coordonnent leur action au sein des organisations internationales et lors des conférences internationales. Ils défendent dans ces enceintes les positions de l'Union. Le ministre des Affaires étrangères de l'Union assure l'organisation de cette coordination.

Au sein des organisations internationales et lors des conférences internationales auxquelles tous les États membres ne participent pas, ceux qui y participent défendent les positions de l'Union.

2. Sans préjudice du paragraphe 1 et de l'article III-198, paragraphe 3, les États membres représentés dans des organisations internationales ou des conférences internationales auxquelles tous les États membres ne participent pas tiennent ces derniers, ainsi que le ministre des Affaires étrangères de l'Union, informés de toute question présentant un intérêt commun.

Les États membres qui sont aussi membres du Conseil de sécurité des Nations Unies se concertent et tiennent les autres États membres ainsi que le ministre des Affaires étrangères de l'Union pleinement informés. Les États membres qui sont membres du Conseil de sécurité défendront, dans l'exercice de leurs fonctions, les positions et les intérêts de l'Union, sans préjudice des responsabilités qui leur incombent en vertu des dispositions de la Charte des Nations Unies.

Lorsque l'Union a défini une position sur un thème à l'ordre du jour du Conseil de sécurité des Nations Unies, les États membres qui y siègent demandent que le ministre des Affaires étrangères de l'Union soit invité à présenter la position de l'Union.

ARTICLE III-207

Les missions diplomatiques et consulaires des États membres et les délégations de l'Union dans les pays tiers et les conférences internationales ainsi que leurs représentations auprès des organisations internationales coopèrent pour assurer le respect et la mise en œuvre des décisions européennes portant sur des positions et des actions de l'Union adoptées par le Conseil des ministres. Elles intensifient leur coopération en échangeant des informations et en procédant à des évaluations communes.

Elles contribuent à la mise en œuvre des dispositions visées à l'article I-8, paragraphe 2, concernant les droits de protection des citoyennes et citoyens européens sur le territoire d'un pays tiers ainsi que des mesures adoptées en application de l'article III-11.

ARTICLE III-208

Sans préjudice de l'article III-247, un comité politique et de sécurité suit la situation internationale dans les domaines relevant de la politique étrangère et de sécurité commune et contribue à la définition des politiques en émettant des avis à l'intention du Conseil des ministres, à la demande de celui-ci, du ministre des Affaires étrangères de l'Union, ou de sa propre initiative. Il surveille également la mise en œuvre des politiques convenues, sans préjudice des compétences du ministre des Affaires étrangères de l'Union.

Dans le cadre du présent chapitre, le comité exerce, sous la responsabilité du Conseil des ministres et du ministre des Affaires étrangères de l'Union, le contrôle politique et la direction stratégique des opérations de gestion de crise, telles que définies à l'article III-210.

Le Conseil des ministres peut autoriser le comité, aux fins d'une opération de gestion de crise et pour la durée de celle-ci, telles que déterminées par le Conseil des ministres, à prendre les mesures appropriées concernant le contrôle politique et la direction stratégique de l'opération.

ARTICLE III-209

La mise en œuvre de la politique étrangère et de sécurité commune n'affecte pas les compétences énumérées aux articles I-12 à I-14, et I-16. De la même manière, la mise en œuvre des politiques énumérées dans ces articles n'affecte pas la compétence visée à l'article I-15.

La Cour de justice est compétente pour contrôler le respect du présent article.

SECTION 1. *La politique de sécurité et de défense commune*

ARTICLE III-210

1. Les missions visées à l'article I-40, paragraphe 1, dans lesquelles l'Union peut avoir recours à des moyens civils et militaires, incluent les actions conjointes en matière de désarmement, les missions humanitaires et d'évacuation, les missions de conseil et d'assistance en matière militaire, les missions de prévention des conflits et de maintien de la paix, les missions de forces de combat pour la gestion des crises, y compris les missions de rétablissement de la paix et les opérations de stabilisation à la fin des conflits. Toutes ces missions peuvent contribuer à la lutte contre le terrorisme, y compris par le soutien apporté à des États tiers pour combattre le terrorisme sur leur territoire.

2. Le Conseil des ministres, statuant à l'unanimité, adopte des décisions européennes portant sur les missions visées au paragraphe 1 en définissant leur objectif et leur portée ainsi que les modalités générales de leur mise en œuvre. Le ministre des Affaires étrangères de l'Union, sous l'autorité du Conseil des ministres et en contact étroit et permanent avec le comité politique et de sécurité, veille à la coordination des aspects civils et militaires de ces missions.

ARTICLE III-211

1. Dans le cadre des décisions européennes adoptées conformément à l'article III-210, le Conseil des ministres peut confier la mise en œuvre d'une mission à un groupe d'États membres qui disposent des capacités nécessaires et souhaitent s'engager dans celle-ci. Ces États membres, en association avec le ministre des Affaires étrangères de l'Union, conviennent entre eux de la gestion de la mission.

2. Le Conseil des ministres est informé régulièrement par

les États membres participant à la réalisation de la mission de l'état de la mission. Il est immédiatement saisi par ces États membres si la réalisation de cette mission comporte de nouvelles conséquences majeures ou requiert une modification de l'objectif, de la portée ou des modalités adoptées par le Conseil des ministres en vertu de l'article III-210. Dans ces cas, le Conseil des ministres adopte les décisions européennes nécessaires.

ARTICLE III-212

1. L'Agence européenne de l'armement, de la recherche et des capacités militaires, placée sous l'autorité du Conseil des ministres, a pour mission de :

a) contribuer à identifier les objectifs de capacités militaires des États membres et à évaluer le respect des engagements de capacités souscrits par les États membres ;

b) promouvoir une harmonisation des besoins opérationnels et l'adoption de méthodes d'acquisition performantes et compatibles ;

c) proposer des projets multilatéraux pour remplir les objectifs en termes de capacités militaires, et assurer la coordination des programmes exécutés par les États membres et la gestion de programmes de coopération spécifiques ;

d) soutenir la recherche en matière de technologie de défense, coordonner et planifier des activités de recherche conjointes et des études de solutions techniques répondant aux besoins opérationnels futurs ;

e) contribuer à identifier, et le cas échéant mettre en œuvre, toute mesure utile pour renforcer la base industrielle et technologique du secteur de la défense et pour améliorer l'efficacité des dépenses militaires.

2. L'Agence est ouverte à tous les États membres qui souhaitent y participer. Le Conseil des ministres, statuant à la majorité qualifiée, adopte une décision européenne définissant le statut, le siège et les modalités de fonctionnement de

l'Agence. Cette décision tient compte du degré de participation effective dans les activités de l'Agence. Des groupes spécifiques sont constitués à l'intérieur de l'Agence rassemblant des États membres qui mènent des projets conjoints. L'Agence accomplit ses missions en liaison avec la Commission en tant que de besoin.

ARTICLE III-213

1. Les États membres, dont la liste figure au protocole [*titre*] *, qui remplissent des critères de capacités militaires plus élevés et souhaitent entreprendre des engagements plus contraignants en cette matière en vue des missions les plus exigeantes, instaurent entre eux une coopération structurée au sens de l'article I-40, paragraphe 6. Les critères et les engagements en matière de capacités militaires que ces États membres ont définis sont repris dans ledit protocole.

2. Si un État membre souhaite participer à cette coopération à un stade ultérieur, en souscrivant aux obligations qu'elle impose, il informe le Conseil européen de son intention. Le Conseil des ministres délibère sur la demande de cet État membre. Seuls les membres du Conseil des ministres représentant les États membres participant à la coopération structurée prennent part au vote.

3. Lorsque le Conseil des ministres adopte les décisions européennes relatives à l'objet de la coopération structurée, seuls les membres du Conseil des ministres représentant les États membres participant à la coopération structurée prennent part aux délibérations et à l'adoption de ces décisions. Le ministre des Affaires étrangères de l'Union assiste aux délibérations. Les représentants des autres États membres sont dûment et régulièrement informés du développement de la coopération structurée par le ministre des Affaires étrangères de l'Union.

* Il appartiendra à chaque État membre de faire connaître sa décision quant à son éventuelle participation à cette coopération structurée. (*N.d.E*)

4. Le Conseil des ministres peut confier aux États membres participant à cette coopération la réalisation, dans le cadre de l'Union, d'une mission visée à l'article III-210.

5. Sans faire obstacle aux paragraphes précédents, les dispositions appropriées relatives aux coopérations renforcées s'appliquent à la coopération structurée régie par le présent article.

ARTICLE III-214

1. La coopération plus étroite en matière de défense mutuelle prévue à l'article I-40, paragraphe 7, est ouverte à tous les États membres de l'Union. Une liste des États membres participant à la coopération plus étroite est reprise dans la déclaration *titre**. Si un État membre souhaite y participer à un stade ultérieur, en acceptant les obligations qu'elle impose, il en informe le Conseil européen et souscrit à ladite déclaration.

2. Un État membre participant à cette coopération qui fait l'objet d'une agression armée sur son territoire informe les autres États participants de la situation et peut demander l'aide et l'assistance de ceux-ci. Les États membres participants se réunissent au niveau ministériel, avec l'assistance de leur représentant au sein du comité politique et de sécurité et du comité militaire.

3. Le Conseil de sécurité des Nations Unies est immédiatement informé de toute agression armée ainsi que des mesures prises en conséquence.

4. Le présent article n'affecte pas, pour les États membres qui sont concernés, les droits et obligations résultant du traité de l'Atlantique Nord.

---

* Cette déclaration contiendra la liste des États membres ayant décidé de participer à la coopération structurée prévue à l'article I-40, paragraphe 7. (*N.d.E.*)

SECTION 2. *Dispositions financières*

ARTICLE III-215

1. Les dépenses administratives entraînées pour les institutions par les dispositions visées au présent chapitre sont à la charge du budget de l'Union.

2. Les dépenses opérationnelles entraînées par la mise en œuvre desdites dispositions sont également à la charge du budget de l'Union, à l'exception des dépenses afférentes à des opérations ayant des implications militaires ou dans le domaine de la défense et des cas où le Conseil des ministres en décide autrement.

Quand une dépense n'est pas mise à la charge du budget de l'Union, elle est à la charge des États membres selon la clé du produit national brut, à moins que le Conseil des ministres n'en décide autrement. Pour ce qui est des dépenses afférentes à des opérations ayant des implications militaires ou dans le domaine de la défense, les États membres dont les représentants au Conseil des ministres ont fait une déclaration formelle au titre de l'article III-201, paragraphe 1, deuxième alinéa, ne sont pas tenus de contribuer à leur financement.

3. Le Conseil des ministres adopte une décision européenne établissant les procédures spécifiques pour garantir l'accès rapide aux crédits du budget de l'Union destinés au financement d'urgence d'initiatives dans le cadre de la politique étrangère et de sécurité commune et notamment aux activités préparatoires d'une mission visée à l'article I-40, paragraphe 1. Il statue après consultation du Parlement européen.

Les activités préparatoires des missions visées à l'article I-40, paragraphe 1, qui ne sont pas mises à la charge du budget de l'Union, sont financées par un fonds de lancement, constitué de contributions des États membres.

Le Conseil des ministres adopte à la majorité qualifiée, sur proposition du ministre des Affaires étrangères de l'Union, les décisions européennes établissant :

a) les modalités de l'institution et du financement du fonds de lancement, notamment les montants financiers alloués au fonds ainsi que les modalités de son remboursement ;

b) les modalités de gestion du fonds de lancement ;

c) les modalités de contrôle financier.

Lorsqu'il envisage une mission visée à l'article I-40, paragraphe 1, qui ne peut être mise à la charge du budget de l'Union, le Conseil des ministres autorise le ministre des Affaires étrangères de l'Union à utiliser ce fonds. Le ministre des Affaires étrangères de l'Union fait rapport au Conseil des ministres sur l'exécution de ce mandat.

CHAPITRE III

LA POLITIQUE COMMERCIALE COMMUNE

ARTICLE III-216

En établissant une union douanière entre les États membres, l'Union entend contribuer, conformément à l'intérêt commun, au développement harmonieux du commerce mondial, à la suppression progressive des restrictions aux échanges internationaux et aux investissements étrangers directs, et à la réduction des barrières douanières et autres.

ARTICLE III-217

1. La politique commerciale commune est fondée sur des principes uniformes, notamment en ce qui concerne les modifications tarifaires, la conclusion d'accords tarifaires et commerciaux relatifs aux échanges de marchandises et services, et les aspects commerciaux de la propriété intellectuelle, les investissements étrangers directs, l'uniformisation des mesures de libération, la politique d'exportation, ainsi que les mesures de défense commerciale, dont celles à prendre en

cas de dumping et de subventions. La politique commerciale commune est menée dans le cadre des principes et objectifs de l'action extérieure de l'Union.

2. La loi ou la loi-cadre européenne établit les mesures nécessaires pour la mise en œuvre de la politique commerciale commune.

3. Si des accords avec un ou plusieurs États ou organisations internationales doivent être négociés et conclus, les dispositions pertinentes de l'article III-227 sont applicables. La Commission présente des recommandations au Conseil des ministres, qui l'autorise à ouvrir les négociations nécessaires. Il appartient au Conseil des ministres et à la Commission de veiller à ce que les accords négociés soient compatibles avec les politiques et règles internes de l'Union.

Ces négociations sont conduites par la Commission, en consultation avec un comité spécial désigné par le Conseil des ministres pour l'assister dans cette tâche, et dans le cadre des directives que le Conseil des ministres peut lui adresser. La Commission fait régulièrement rapport au comité spécial, ainsi qu'au Parlement européen, sur l'état d'avancement des négociations.

4. Pour la négociation et la conclusion d'un accord dans les domaines du commerce des services impliquant des déplacements de personnes et des aspects commerciaux de la propriété intellectuelle, le Conseil des ministres statue à l'unanimité lorsque cet accord comprend des dispositions pour lesquelles l'unanimité est requise pour l'adoption de règles internes.

Le Conseil statue également à l'unanimité pour la négociation et la conclusion d'accords dans le domaine du commerce des services culturels et audiovisuels, lorsque ceux-ci risquent de porter atteinte à la diversité culturelle et linguistique de l'Union.

La négociation et la conclusion d'accords internationaux dans le domaine des transports restent soumises aux dispositions de la section 7 du chapitre III du titre III et de l'article III-227.

5. L'exercice des compétences attribuées par le présent article dans le domaine de la politique commerciale n'affecte pas la délimitation des compétences entre l'Union et les États membres, et n'entraîne pas une harmonisation des dispositions législatives ou réglementaires des États membres dans la mesure où la Constitution exclut une telle harmonisation.

CHAPITRE IV

LA COOPÉRATION AVEC LES PAYS TIERS ET L'AIDE HUMANITAIRE

SECTION 1. *La coopération au développement*

ARTICLE III-218

1. La politique de l'Union dans le domaine de la coopération au développement est menée dans le cadre des principes et objectifs de l'action extérieure de l'Union. La politique de coopération au développement de l'Union et celles des États membres se complètent et se renforcent mutuellement.

L'objectif principal de la politique de l'Union dans ce domaine est la réduction et, à terme, l'éradication de la pauvreté. L'Union tient compte des objectifs de la coopération au développement dans la mise en œuvre des politiques qui sont susceptibles d'affecter les pays en voie de développement.

2. L'Union et les États membres respectent les engagements, et tiennent compte des objectifs qu'ils ont agréés dans le cadre des Nations Unies et des autres organisations internationales compétentes.

ARTICLE III-219

1. La loi ou la loi-cadre européenne établit les mesures nécessaires pour la mise en œuvre de la politique de coopération au développement, qui peuvent porter sur des programmes

pluriannuels de coopération avec des pays en voie de développement ou des programmes avec une approche thématique.

2. L'Union peut conclure avec les pays tiers et les organisations internationales compétentes tout accord utile à la réalisation des objectifs visés à l'article III-193. Ces accords sont négociés et conclus conformément à l'article III-227.

Le premier alinéa ne préjuge pas la compétence des États membres pour négocier dans les instances internationales et conclure des accords internationaux.

3. La Banque européenne d'investissement contribue, selon les conditions prévues dans ses statuts, à la mise en œuvre des mesures visées au paragraphe 1.

ARTICLE III-220

1. Pour favoriser la complémentarité et l'efficacité de leurs actions, l'Union et les États membres coordonnent leurs politiques en matière de coopération au développement et se concertent sur leurs programmes d'aide, y compris dans les organisations internationales et lors des conférences internationales. Ils peuvent entreprendre des actions conjointes. Les États membres contribuent, si nécessaire, à la mise en œuvre des programmes d'aide de l'Union.

2. La Commission peut prendre toute initiative utile pour promouvoir la coordination visée au paragraphe 1.

3. Dans le cadre de leurs compétences respectives, l'Union et les États membres coopèrent avec les pays tiers et les organisations internationales compétentes.

SECTION 2. *La coopération économique, financière et technique avec les pays tiers*

ARTICLE III-221

1. Sans préjudice des autres dispositions de la Constitution, et notamment des articles III-218 à III-220, l'Union mène

des actions de coopération économique, financière et technique, y compris de l'assistance en particulier dans le domaine financier, avec des pays tiers autres que les pays en voie de développement. Ces actions sont cohérentes avec la politique de développement de l'Union et sont menées dans le cadre des principes et objectifs de son action extérieure. Les actions de l'Union et des États membres se complètent et se renforcent mutuellement.

2. La loi ou la loi-cadre européenne établit les mesures nécessaires pour la mise en œuvre du paragraphe 1.

3. Dans le cadre de leurs compétences respectives, l'Union et les États membres coopèrent avec les pays tiers et les organisations internationales compétentes. Les modalités de la coopération de l'Union peuvent faire l'objet d'accords entre celle-ci et les tierces parties concernées, qui sont négociés et conclus conformément à l'article III-227. Le Conseil des ministres statue à l'unanimité pour les accords d'association visés à l'article III-226, paragraphe 2, ainsi que pour les accords avec les États candidats à l'adhésion à l'Union.

Le premier alinéa ne préjuge pas la compétence des États membres pour négocier dans les instances internationales et conclure des accords internationaux.

ARTICLE III-222

Lorsque la situation dans un pays tiers exige une assistance financière à caractère urgent de la part de l'Union, le Conseil des ministres, sur proposition de la Commission, adopte les décisions européennes nécessaires.

SECTION 3. *L'aide humanitaire*

ARTICLE III-223

1. Les actions de l'Union dans le domaine de l'aide humanitaire sont menées dans le cadre des principes et objectifs

de l'action extérieure de l'Union. Ces actions visent à porter ponctuellement assistance, secours et protection aux populations des pays tiers, victimes de catastrophes naturelles ou d'origine humaine, pour faire face aux besoins humanitaires résultant de ces différentes situations. Les actions de l'Union et des États membres se complètent et se renforcent mutuellement.

2. Les actions d'aide humanitaire sont menées conformément aux principes du droit international humanitaire, en particulier les principes d'impartialité et de non-discrimination.

3. La loi ou la loi-cadre européenne établit les mesures définissant le cadre dans lequel sont mises en œuvre les actions d'aide humanitaire de l'Union.

4. L'Union peut conclure avec les pays tiers et les organisations internationales compétentes tout accord utile à la réalisation des objectifs visés à l'article III-193. Ces accords sont négociés et conclus conformément à l'article III-227.

Le premier alinéa ne préjuge pas la compétence des États membres pour négocier dans les instances internationales et conclure des accords internationaux.

5. Afin d'établir un cadre pour des contributions communes des jeunes européens aux actions humanitaires de l'Union, un Corps volontaire européen d'aide humanitaire est créé. La loi européenne fixe son statut et son fonctionnement.

6. La Commission peut prendre toute initiative utile pour promouvoir la coordination entre les actions de l'Union et celles des États membres, afin de renforcer l'efficacité et la complémentarité des dispositifs de l'Union et des dispositifs nationaux d'aide humanitaire.

7. L'Union veille à ce que ses actions humanitaires soient coordonnées et cohérentes avec celles des organisations et organismes internationaux, en particulier ceux qui font partie du système des Nations Unies.

CHAPITRE V

LES MESURES RESTRICTIVES

ARTICLE III-224

1. Lorsqu'une décision européenne portant sur une position ou une action de l'Union adoptée en vertu des dispositions sur la politique étrangère et de sécurité commune du chapitre II du présent titre, prévoit l'interruption ou la réduction, en tout ou en partie, des relations économiques et financières avec un ou plusieurs pays tiers, le Conseil des ministres, statuant à la majorité qualifiée sur proposition du ministre des Affaires étrangères de l'Union et de la Commission conjointement, adopte les règlements ou décisions européens nécessaires. Il en informe le Parlement européen.

2. Dans les domaines visés au paragraphe 1, le Conseil des ministres peut adopter selon la même procédure des mesures restrictives à l'encontre de personnes physiques ou morales, groupes ou entités non étatiques.

CHAPITRE VI

ACCORDS INTERNATIONAUX

ARTICLE III-225

1. L'Union peut conclure des accords avec un ou plusieurs États tiers ou organisations internationales lorsque la Constitution le prévoit ou lorsque la conclusion d'un accord est nécessaire pour réaliser, dans le cadre des politiques de l'Union, l'un des objectifs fixés par la Constitution, est pré-

vue dans un acte juridique obligatoire de l'Union ou affecte un acte interne de l'Union.

2. Les accords conclus par l'Union lient les institutions de l'Union et les États membres.

ARTICLE III-226

1. L'Union peut conclure des accords d'association avec un ou plusieurs États tiers ou organisations internationales. Ces accords créent une association caractérisée par des droits et obligations réciproques, des actions en commun et des procédures particulières.

ARTICLE III-227

1. Sans préjudice des dispositions particulières de l'article III-217, les accords entre l'Union et des États tiers ou organisations internationales sont négociés et conclus selon la procédure suivante.

2. Le Conseil des ministres autorise l'ouverture des négociations, arrête les directives de négociation et conclut les accords.

3. La Commission, ou le ministre des Affaires étrangères de l'Union lorsque l'accord porte exclusivement ou principalement sur la politique étrangère et de sécurité commune, présente des recommandations au Conseil des ministres qui adopte une décision européenne autorisant l'ouverture des négociations.

4. Le Conseil des ministres désigne, dans le cadre de la décision européenne d'autorisation de négociation, en fonction de la matière du futur accord, le négociateur ou le chef de l'équipe de négociation de l'Union.

5. Le Conseil des ministres peut adresser des directives de négociation au négociateur de l'Union et peut désigner un comité spécial en consultation avec lequel les négociations doivent être conduites.

6. Sur proposition du négociateur, le Conseil des ministres

adopte une décision européenne autorisant la signature de l'accord et, le cas échéant, son application provisoire.

7. Le Conseil des ministres, sur proposition du négociateur, adopte une décision européenne portant conclusion de l'accord.

Sauf lorsque l'accord porte exclusivement sur la politique étrangère et de sécurité commune, le Conseil des ministres adopte la décision visée au premier alinéa après consultation du Parlement européen. Le Parlement européen émet son avis dans un délai que le Conseil des ministres peut fixer en fonction de l'urgence. En l'absence d'avis dans ce délai, le Conseil des ministres peut statuer.

L'approbation du Parlement européen est requise pour :

a) les accords d'association ;

b) l'adhésion de l'Union à la Convention européenne de sauvegarde des droits de l'homme et des libertés fondamentales ;

c) les accords créant un cadre institutionnel spécifique en organisant des procédures de coopération ;

d) les accords ayant des implications budgétaires notables pour l'Union ;

e) les accords couvrant des domaines auxquels s'applique la procédure législative.

Le Parlement européen et le Conseil des ministres peuvent, en cas d'urgence, convenir d'un délai pour l'approbation.

8. Par dérogation aux dispositions des paragraphes 6, 7 et 10, le Conseil des ministres peut, lors de la conclusion d'un accord, habiliter le négociateur à approuver, au nom de l'Union, les modifications de l'accord lorsque celui-ci prévoit que ces modifications doivent être adoptées selon une procédure simplifiée ou par une instance créée par ledit accord ; le Conseil des ministres peut assortir cette habilitation de certaines conditions spécifiques.

9. Au cours de toute la procédure, le Conseil des ministres statue à la majorité qualifiée. Il statue à l'unanimité lorsque l'accord porte sur un domaine pour lequel l'unanimité est

requise pour l'adoption d'un acte de l'Union ainsi que pour les accords d'association et pour l'adhésion de l'Union à la Convention européenne de sauvegarde des droits de l'homme et des libertés fondamentales.

10. Le Conseil des ministres, sur proposition du ministre des Affaires étrangères de l'Union ou de la Commission, adopte une décision européenne sur la suspension de l'application d'un accord et établissant les positions à prendre au nom de l'Union dans une instance créée par un accord, lorsque cette instance est appelée à adopter des actes ayant des effets juridiques, à l'exception des actes complétant ou modifiant le cadre institutionnel de l'accord.

11. Le Parlement européen est immédiatement et pleinement informé à toutes les étapes de la procédure.

12. Un État membre, le Parlement européen, le Conseil des ministres ou la Commission peut recueillir l'avis de la Cour de justice sur la compatibilité d'un accord envisagé avec les dispositions de la Constitution. En cas d'avis négatif de la Cour de justice, l'accord envisagé ne peut entrer en vigueur sauf modification de celui-ci ou révision de la Constitution selon la procédure prévue à l'article IV-6.

ARTICLE III-228

1. Par dérogation à l'article III-227, le Conseil des ministres, statuant à l'unanimité sur recommandation de la Banque centrale européenne ou de la Commission, après consultation de la Banque centrale européenne en vue de parvenir à un consensus compatible avec l'objectif de la stabilité des prix et après consultation du Parlement européen, selon la procédure visée au paragraphe 3 pour les arrangements y mentionnés, peut conclure des accords formels portant sur un système de taux de change pour l'euro, vis-à-vis des monnaies autres que celles ayant cours légal au sein de l'Union.

Le Conseil des ministres, statuant à la majorité qualifiée, soit sur recommandation de la Commission et après consultation de la Banque centrale européenne, soit sur recommandation de la Banque centrale européenne et en vue de parvenir à un consensus compatible avec l'objectif de la stabilité des prix, peut adopter, modifier ou abandonner les cours centraux de l'euro dans le système des taux de change. Le président du Conseil des ministres informe le Parlement européen de l'adoption, de la modification ou de l'abandon des cours centraux de l'euro.

2. En l'absence d'un système de taux de change vis-à-vis d'une ou de plusieurs monnaies autres que celles ayant cours légal au sein de l'Union au sens du paragraphe 1, le Conseil des ministres statuant, soit sur recommandation de la Commission et après consultation de la Banque centrale européenne, soit sur recommandation de la Banque centrale européenne, peut formuler les orientations générales de politique de change vis-à-vis de ces monnaies. Ces orientations générales n'affectent pas l'objectif principal du Système européen de banques centrales, à savoir le maintien de la stabilité des prix.

3. Par dérogation à l'article III-227, au cas où des accords sur des questions se rapportant au régime monétaire ou de change doivent faire l'objet de négociations entre l'Union et un ou plusieurs États ou organisations internationales, le Conseil des ministres, statuant sur recommandation de la Commission et après consultation de la Banque centrale européenne, décide des arrangements relatifs aux négociations et à la conclusion de ces accords. Ces arrangements doivent assurer que l'Union exprime une position unique. La Commission est pleinement associée aux négociations.

4. Sans préjudice des compétences et des accords de l'Union dans le domaine de l'union économique et monétaire, les États membres peuvent négocier dans les instances internationales et conclure des accords internationaux.

CHAPITRE VII

RELATIONS DE L'UNION AVEC LES ORGANISATIONS INTERNATIONALES ET LES PAYS TIERS ET DÉLÉGATIONS DE L'UNION

ARTICLE III-229

1. L'Union établit toute coopération utile avec les Nations Unies, le Conseil de l'Europe, l'Organisation pour la sécurité et la coopération en Europe, et l'Organisation de coopération et de développement économiques.

2. Elle assure en outre les liaisons opportunes avec d'autres organisations internationales.

3. Le ministre des Affaires étrangères de l'Union et la Commission sont chargés de la mise en œuvre du présent article.

ARTICLE III-230

1. Les délégations de l'Union dans les pays tiers et auprès des organisations internationales assurent la représentation de l'Union.

2. Les délégations de l'Union opèrent sous l'autorité du ministre des Affaires étrangères de l'Union et en étroite coopération avec les missions diplomatiques des États membres.

CHAPITRE VIII

MISE EN ŒUVRE DE LA CLAUSE DE SOLIDARITÉ

ARTICLE III-231

1. Le Conseil des ministres, sur proposition conjointe de la Commission et du ministre des Affaires étrangères de l'Union, adopte une décision européenne définissant les modalités pour la mise en œuvre de la clause de solidarité visée à l'article I-42. Le Parlement européen est informé.

2. Si un État membre fait l'objet d'une attaque terroriste ou d'une catastrophe naturelle ou d'origine humaine, les autres États membres lui portent assistance à la demande de ses autorités politiques. À cette fin, les États membres se coordonnent au sein du Conseil des ministres.

3. Dans le cadre du présent article, le Conseil des ministres est assisté par le comité politique et de sécurité avec le soutien des structures développées dans le cadre de la politique de sécurité et de défense commune et par le comité prévu à l'article III-162, qui lui présentent, le cas échéant, des avis conjoints.

4. Afin de permettre à l'Union d'agir d'une manière efficace, le Conseil européen procède à une évaluation régulière des menaces auxquelles l'Union est confrontée.

TITRE VI

Le fonctionnement de l'Union

CHAPITRE I

DISPOSITIONS INSTITUTIONNELLES

SECTION 1. *Les institutions*

SOUS-SECTION 1. LE PARLEMENT EUROPÉEN

ARTICLE III-232

1. Une loi ou loi-cadre européenne du Conseil des ministres établit les mesures nécessaires pour permettre l'élection des membres du Parlement européen au suffrage universel direct selon une procédure uniforme dans tous les États membres ou conformément à des principes communs à tous les États membres.

Le Conseil des ministres statue à l'unanimité sur un projet du Parlement européen, après approbation de celui-ci qui se prononce à la majorité des membres qui le composent. Cette loi ou loi-cadre n'entre en vigueur qu'après son approbation par les États membres conformément à leurs règles constitutionnelles respectives.

2. Une loi européenne du Parlement européen fixe le statut et les conditions générales d'exercice des fonctions de ses membres. Le Parlement européen statue, de sa propre initiative, après avis de la Commission et avec l'approbation du

Conseil des ministres. Le Conseil des ministres statue à l'unanimité sur toute règle ou toute condition relatives au régime fiscal des membres ou des anciens membres.

3. Pendant la législature 2004-2009, la composition du Parlement européen est celle que prévoit le protocole sur la représentation des citoyens au Parlement européen.

ARTICLE III-233

La loi européenne fixe le statut des partis politiques au niveau européen visés à l'article I-45, paragraphe 4, et notamment les règles relatives à leur financement.

ARTICLE III-234

Le Parlement européen peut, à la majorité des membres qui le composent, demander à la Commission de soumettre toute proposition appropriée sur les questions qui lui paraissent nécessiter l'élaboration d'un acte de l'Union pour la mise en œuvre de la Constitution. Si la Commission ne soumet pas de proposition, elle en communique les raisons au Parlement européen.

ARTICLE III-235

Dans le cadre de l'accomplissement de ses missions, le Parlement européen peut, à la demande d'un quart des membres qui le composent, constituer une commission temporaire d'enquête pour examiner, sans préjudice des attributions conférées dans la Constitution à d'autres institutions ou organes, les allégations d'infraction ou de mauvaise administration dans l'application du droit de l'Union, sauf si les faits allégués sont en cause devant une juridiction et aussi longtemps que la procédure juridictionnelle n'est pas achevée.

L'existence de la commission temporaire d'enquête prend fin par le dépôt de son rapport.

Une loi européenne du Parlement européen fixe les modalités d'exercice du droit d'enquête. Le Parlement européen statue, de sa propre initiative, après approbation du Conseil des ministres et de la Commission.

ARTICLE III-236

Tout citoyen de l'Union, ainsi que toute personne physique ou morale résidant ou ayant son siège statutaire dans un État membre, a le droit de présenter, à titre individuel ou en association avec d'autres citoyens ou personnes, une pétition au Parlement européen sur un sujet relevant des domaines d'activité de l'Union et qui le concerne directement.

ARTICLE III-237

1. Le Parlement européen nomme le médiateur européen. Le médiateur européen est habilité à recevoir les plaintes émanant de tout citoyen de l'Union ou de toute personne physique ou morale résidant ou ayant son siège statutaire dans un État membre et relatives à des cas de mauvaise administration dans l'action des institutions, organes ou agences de l'Union, à l'exclusion de la Cour de justice dans l'exercice de ses fonctions juridictionnelles.

Conformément à sa mission, le médiateur européen procède aux enquêtes qu'il estime justifiées, soit de sa propre initiative, soit sur la base des plaintes qui lui ont été présentées directement ou par l'intermédiaire d'un membre du Parlement européen, sauf si les faits allégués font ou ont fait l'objet d'une procédure juridictionnelle. Dans les cas où le médiateur européen a constaté un cas de mauvaise administration, il saisit l'institution, organe ou agence concerné, qui dispose d'un délai de trois mois pour lui faire part de son avis. Le médiateur européen transmet ensuite un rapport au Parlement européen et à l'institution, organe ou agence concerné. La personne dont émane la plainte est informée du résultat de ces enquêtes.

Chaque année, le médiateur européen présente un rapport au Parlement européen sur les résultats de ses enquêtes.

2. Le médiateur européen est nommé après chaque élection du Parlement européen pour la durée de la législature. Son mandat est renouvelable.

Le médiateur européen peut être déclaré démissionnaire par la Cour de justice, à la requête du Parlement européen, s'il ne remplit plus les conditions nécessaires à l'exercice de ses fonctions ou s'il a commis une faute grave.

3. Le médiateur européen exerce ses fonctions en toute indépendance. Dans l'accomplissement de ses devoirs, il ne sollicite ni n'accepte d'instructions d'aucun organisme. Pendant la durée de ses fonctions, le médiateur européen ne peut exercer aucune autre activité professionnelle, rémunérée ou non.

4. Une loi européenne du Parlement européen fixe le statut et les conditions générales d'exercice des fonctions du médiateur européen. Le Parlement européen statue, de sa propre initiative, après avis de la Commission et approbation du Conseil des ministres.

ARTICLE III-238

Le Parlement européen tient une session annuelle. Il se réunit de plein droit le deuxième mardi de mars.

Le Parlement européen peut se réunir en période de session extraordinaire à la demande de la majorité des membres qui le composent, du Conseil des ministres ou de la Commission.

ARTICLE III-239

1. La Commission peut assister à toutes les séances du Parlement européen et est entendue à sa demande.

La Commission répond oralement ou par écrit aux questions qui lui sont posées par le Parlement européen ou par ses membres.

2. Le Conseil européen et le Conseil des ministres sont entendus par le Parlement européen dans les conditions pré-

vues par les règles de procédure du Conseil européen et par le règlement intérieur du Conseil des ministres.

ARTICLE III-240

Sauf dispositions contraires de la Constitution, le Parlement européen statue à la majorité des suffrages exprimés. Le règlement intérieur fixe le quorum.

ARTICLE III-241

Le Parlement européen adopte son règlement intérieur à la majorité des membres qui le composent.

Les actes du Parlement européen sont publiés dans les conditions prévues par la Constitution et par son règlement intérieur.

ARTICLE III-242

Le Parlement européen procède, en séance publique, à la discussion du rapport général annuel qui lui est soumis par la Commission.

ARTICLE III-243

Le Parlement européen, saisi d'une motion de censure sur la gestion de la Commission, ne peut se prononcer sur cette motion que trois jours au moins après son dépôt et par un scrutin public.

Si la motion de censure est adoptée à la majorité des deux tiers des suffrages exprimés et à la majorité des membres qui composent le Parlement européen, la Commission doit abandonner ses fonctions. Elle continue à expédier les affaires courantes jusqu'à son remplacement conformément aux articles I-25 et I-26. Dans ce cas, le mandat de la Commission nommée pour la remplacer expire à la date à laquelle aurait dû expirer le mandat de la Commission obligée d'abandonner ses fonctions.

SOUS-SECTION 2. LE CONSEIL EUROPÉEN

ARTICLE III-244

1. En cas de vote, chaque membre du Conseil européen peut recevoir délégation d'un seul des autres membres.

L'abstention des membres présents ou représentés ne fait pas d'obstacle à l'adoption des délibérations du Conseil européen qui requièrent l'unanimité.

2. Le président du Parlement européen peut être invité à être entendu par le Conseil européen.

3. Le Conseil européen établit à la majorité simple ses propres règles de procédure.

Le Conseil européen est assisté par le secrétariat général du Conseil des ministres.

SOUS-SECTION 3. LE CONSEIL DES MINISTRES

ARTICLE III-245

1. Le Conseil des ministres se réunit sur convocation de son président à l'initiative de celui-ci, d'un de ses membres ou de la Commission.

2. Le Conseil européen adopte à l'unanimité une décision européenne établissant les règles pour la rotation de la présidence des formations du Conseil des ministres.

ARTICLE III-246

1. En cas de vote, chaque membre du Conseil des ministres peut recevoir délégation d'un seul des autres membres.

2. Pour les délibérations qui requièrent la majorité simple, le Conseil des ministres statue à la majorité des membres qui le composent.

3. Les abstentions des membres présents ou représentés ne font pas obstacle à l'adoption des délibérations du Conseil des ministres qui requièrent l'unanimité.

ARTICLE III-247

1. Un comité composé des représentants permanents des États membres a pour tâche de préparer les travaux du Conseil des ministres et d'exécuter les mandats qui lui sont confiés par celui-ci. Le comité peut adopter des décisions de procédure dans les cas prévus par le règlement intérieur du Conseil des ministres.

2. Le Conseil des ministres est assisté d'un secrétariat général, placé sous la responsabilité d'un Secrétaire général nommé par le Conseil des ministres.

Le Conseil des ministres décide à la majorité simple de l'organisation du secrétariat général.

3. Le Conseil des ministres statue à la majorité simple pour les questions de procédure ainsi que pour l'adoption de son règlement intérieur.

ARTICLE III-248

Le Conseil des ministres peut, à la majorité simple, demander à la Commission de procéder à toutes études qu'il juge opportunes pour la réalisation des objectifs communs et de lui soumettre toutes propositions appropriées. Si la Commission ne soumet pas de proposition, elle en communique les raisons au Conseil des ministres.

ARTICLE III-249

Le Conseil des ministres adopte des décisions européennes fixant le statut des comités prévus par la Constitution. Il statue à la majorité simple après consultation de la Commission.

SOUS-SECTION 4. LA COMMISSION

ARTICLE III-250

Les Commissaires européens et les Commissaires sont nommés, pour une période de cinq ans, sous réserve, le cas échéant, de l'article III-243. Seuls les ressortissants des États membres peuvent être Commissaires européens ou Commissaires.

ARTICLE III-251

Les Commissaires européens et les Commissaires s'abstiennent de tout acte incompatible avec leurs fonctions. Chaque État membre s'engage à respecter ce principe et à ne pas chercher à influencer les Commissaires européens et les Commissaires, dans l'exécution de leurs tâches.

Les Commissaires européens et les Commissaires ne peuvent, pendant la durée de leurs fonctions, exercer aucune autre activité professionnelle, rémunérée ou non. Ils prennent, lors de leur installation, l'engagement solennel de respecter, pendant la durée de leurs fonctions et après la cessation de celles-ci, les obligations découlant de leur charge, notamment les devoirs d'honnêteté et de délicatesse quant à l'acceptation, après cette cessation, de certaines fonctions ou de certains avantages. En cas de violation de ces obligations, la Cour de justice, saisie par le Conseil des ministres, statuant à la majorité simple, ou par la Commission, peut, selon le cas, prononcer la démission d'office dans les conditions de l'article III-253 ou la déchéance du droit à pension de l'intéressé ou d'autres avantages en tenant lieu.

ARTICLE III-252

1. En dehors des renouvellements réguliers et des décès, les fonctions des Commissaires européens et des Commissaires prennent fin individuellement par démission volontaire ou d'office. Un Commissaire européen ou un Commissaire présente sa démission si le président le lui demande.

2. Le Commissaire européen ou Commissaire démissionnaire ou décédé est remplacé pour la durée du mandat restant à courir par un nouveau Commissaire européen ou Commissaire nommé par le président de la Commission conformément aux articles I-25 et I-26.

3. En cas de démission volontaire, de démission d'office ou de décès, le président est remplacé pour la durée du mandat restant à courir conformément à l'article I-26, paragraphe 1.

4. En cas de démission de l'ensemble des Commissaires européens ou Commissaires, ceux-ci restent en fonction jusqu'à ce qu'il soit pourvu à leur remplacement, pour la durée du mandat à courir, conformément aux articles I-25 et I-26.

ARTICLE III-253

Tout Commissaire européen ou Commissaire, s'il ne remplit plus les conditions nécessaires à l'exercice de ses fonctions ou s'il a commis une faute grave, peut être déclaré démissionnaire par la Cour de justice, à la requête du Conseil des ministres, statuant à la majorité simple, ou de la Commission.

ARTICLE III-254

Les responsabilités incombant à la Commission sont structurées et réparties entre ses membres par son président, conformément à l'article I-26, paragraphe 3. Le président peut remanier la répartition de ces responsabilités en cours de mandat. Les Commissaires européens et les Commissaires exercent les fonctions qui leur sont dévolues par le président sous l'autorité de celui-ci.

ARTICLE III-255

Les délibérations de la Commission sont acquises à la majorité des membres du collège. Le règlement intérieur fixe le quorum.

ARTICLE III-256

La Commission adopte son règlement intérieur en vue d'assurer son fonctionnement et celui de ses services. Elle assure la publication de ce règlement.

ARTICLE III-257

La Commission publie tous les ans, un mois au moins avant l'ouverture de la session du Parlement européen, un rapport général sur l'activité de l'Union.

SOUS-SECTION 5. LA COUR DE JUSTICE

ARTICLE III-258

La Cour de justice européenne siège en chambres, en grande chambre ou en assemblée plénière, conformément au statut de la Cour de justice.

ARTICLE III-259

La Cour de justice européenne est assistée de huit avocats généraux. Si la Cour de justice européenne le demande, le Conseil des ministres peut, statuant à l'unanimité, adopter une décision européenne pour augmenter le nombre des avocats généraux.

L'avocat général a pour rôle de présenter publiquement, en toute impartialité et en toute indépendance, des conclusions motivées sur les affaires qui, conformément au statut de la Cour de justice, requièrent son intervention.

ARTICLE III-260

Les juges et les avocats généraux de la Cour de justice européenne, choisis parmi des personnalités offrant toutes garanties d'indépendance et qui réunissent les conditions requises pour l'exercice, dans leurs pays respectifs, des plus hautes fonctions juridictionnelles, ou qui sont des jurisconsultes possédant des compétences notoires, sont nommés d'un commun accord par les gouvernements des États membres, après consultation du comité prévu à l'article III-262.

Un renouvellement partiel des juges et des avocats généraux a lieu tous les trois ans dans les conditions prévues par le statut de la Cour de justice.

Les juges désignent parmi eux, pour trois ans, le président de la Cour de justice européenne. Son mandat est renouvelable.

La Cour de justice européenne adopte son règlement de procédure. Ce règlement est soumis à l'approbation du Conseil des ministres.

ARTICLE III-261

Le nombre des juges du Tribunal de grande instance est fixé par le statut de la Cour de justice. Le statut peut prévoir que le Tribunal est assisté d'avocats généraux.

Les membres du Tribunal de grande instance sont choisis parmi les personnes offrant toutes garanties d'indépendance et possédant la capacité requise pour l'exercice de hautes fonctions juridictionnelles. Ils sont nommés d'un commun accord par les gouvernements des États membres, après consultation du comité prévu à l'article III-262.

Un renouvellement partiel du Tribunal de grande instance a lieu tous les trois ans. Les membres sortants peuvent être nommés à nouveau.

Les juges désignent parmi eux, pour trois ans, le président du Tribunal de grande instance. Son mandat est renouvelable.

Le Tribunal de grande instance adopte son règlement de procédure en accord avec la Cour de justice européenne. Ce règlement est soumis à l'approbation du Conseil des ministres.

À moins que le statut de la Cour de justice n'en dispose autrement, les dispositions de la Constitution relatives à la Cour de justice européenne sont applicables au Tribunal de grande instance.

ARTICLE III-262

Un comité est institué afin de donner un avis sur l'adéquation des candidats à l'exercice des fonctions de juge et d'avocat général de la Cour de justice européenne et du Tribunal de grande instance préalablement à la décision des gouvernements des États membres conformément aux articles III-260 et III-261.

Le comité est composé de sept personnalités choisies parmi d'anciens membres de la Cour de justice européenne et du Tribunal de grande instance, des membres des juridictions nationales suprêmes et des juristes possédant des compétences notoires, dont un est proposé par le Parlement européen. Le Conseil des ministres adopte une décision européenne établissant les règles de fonctionnement de ce comité, ainsi qu'une décision européenne en désignant les membres. Il statue sur initiative du président de la Cour de justice européenne.

ARTICLE III-263

1. Le Tribunal de grande instance est compétent pour connaître en première instance des recours visés aux articles III-270, III-272, III-275, III-277 et III-279, à l'exception de ceux qui sont attribués à un tribunal spécialisé et de ceux que le statut réserve à la Cour de justice européenne. Le statut peut prévoir que le Tribunal de grande instance est compétent pour d'autres catégories de recours.

Les décisions rendues par le Tribunal de grande instance en vertu du présent paragraphe peuvent faire l'objet d'un pourvoi devant la Cour de justice européenne, limité aux questions de droit, dans les conditions et limites prévues par le statut de la Cour de justice.

2. Le Tribunal de grande instance est compétent pour connaître des recours qui sont formés contre les décisions des tribunaux spécialisés créés en application de l'article III-264.

Les décisions rendues par le Tribunal de grande instance en vertu du présent paragraphe peuvent exceptionnellement faire l'objet d'un réexamen par la Cour de justice européenne, dans les conditions et limites prévues par le statut, en cas de risque sérieux d'atteinte à l'unité ou à la cohérence du droit de l'Union.

3. Le Tribunal de grande instance est compétent pour connaître des questions préjudicielles, soumises en vertu de l'article III-274, dans des matières spécifiques déterminées par le statut de la Cour de justice.

Lorsque le Tribunal de grande instance estime que l'affaire appelle une décision de principe susceptible d'affecter l'unité ou la cohérence du droit de l'Union, il peut renvoyer l'affaire devant la Cour de justice européenne afin qu'elle statue.

Les décisions rendues par le Tribunal de grande instance sur des questions préjudicielles peuvent exceptionnellement faire l'objet d'un réexamen par la Cour de justice européenne, dans les conditions et limites prévues par le statut, en cas de risque sérieux d'atteinte à l'unité ou à la cohérence du droit de l'Union.

ARTICLE III-264

1. La loi européenne peut créer des tribunaux spécialisés adjoints au Tribunal de grande instance, chargés de connaître en première instance de certaines catégories de recours formés dans des matières spécifiques. Elle est adoptée soit sur proposition de la Commission et après consultation de la Cour de justice, soit sur demande de la Cour de justice et après consultation de la Commission.

2. La loi européenne portant création d'un tribunal spécialisé fixe les règles relatives à la composition de ce tribunal et précise l'étendue des compétences qui lui sont conférées.

3. Les décisions des tribunaux spécialisés peuvent faire l'objet d'un pourvoi limité aux questions de droit ou, lorsque la loi européenne portant création du tribunal spécialisé le prévoit, d'un appel portant également sur les questions de fait, devant le Tribunal de grande instance.

4. Les membres des tribunaux spécialisés sont choisis parmi des personnes offrant toutes les garanties d'indépen-

dance et possédant la capacité requise pour l'exercice de fonctions juridictionnelles. Ils sont nommés par le Conseil des ministres, statuant à l'unanimité.

5. Les tribunaux spécialisés adoptent leur règlement de procédure en accord avec la Cour de justice. Ce règlement est soumis à l'approbation du Conseil des ministres.

6. À moins que la loi européenne portant création du tribunal spécialisé n'en dispose autrement, les dispositions de la Constitution relatives à la Cour de justice et les dispositions du statut de la Cour de justice s'appliquent aux tribunaux spécialisés.

ARTICLE III-265

Si la Commission estime qu'un État membre a manqué à une des obligations qui lui incombent en vertu de la Constitution, elle émet un avis motivé à ce sujet, après avoir mis cet État en mesure de présenter ses observations.

Si l'État en cause ne se conforme pas à cet avis dans le délai déterminé par la Commission, celle-ci peut saisir la Cour de justice.

ARTICLE III-266

Chacun des États membres peut saisir la Cour de justice s'il estime qu'un autre État membre a manqué à une des obligations qui lui incombent en vertu de la Constitution.

Avant qu'un État membre n'introduise, contre un autre État membre, un recours fondé sur une prétendue violation des obligations qui lui incombent en vertu de la Constitution, il doit en saisir la Commission.

La Commission émet un avis motivé après que les États intéressés ont été mis en mesure de présenter contradictoirement leurs observations écrites et orales.

Si la Commission n'a pas émis l'avis dans un délai de trois mois à compter de la demande, l'absence d'avis ne fait pas obstacle à la saisine de la Cour de justice.

ARTICLE III-267

1. Si la Cour de justice reconnaît qu'un État membre a manqué à une des obligations qui lui incombent en vertu de la Constitution, cet État est tenu de prendre les dispositions que comporte l'exécution de l'arrêt de la Cour de justice.

2. Si la Commission estime que l'État membre concerné n'a pas pris les mesures que comporte l'exécution de l'arrêt de la Cour, elle peut saisir la Cour de justice, après avoir mis cet État en mesure de présenter ses observations. Elle indique le montant de la somme forfaitaire ou de l'astreinte à payer par l'État membre concerné qu'elle estime adapté aux circonstances.

Si la Cour de justice reconnaît que l'État membre concerné ne s'est pas conformé à son arrêt, elle peut lui infliger le paiement d'une somme forfaitaire ou d'une astreinte.

Cette procédure est sans préjudice de l'article III-266

3. Lorsque la Commission saisit la Cour de justice d'un recours en vertu de l'article III-265 estimant que l'État concerné a manqué à son obligation de communiquer des mesures de transposition d'une loi-cadre européenne, elle peut, lorsqu'elle le considère approprié, demander à la Cour de justice d'infliger, dans le même recours, le paiement d'une somme forfaitaire ou d'une astreinte dans le cas où elle constaterait un manquement. Si la Cour de justice fait droit à la demande de la Commission, le paiement en question prend effet dans le délai imparti par la Cour de justice dans son arrêt.

ARTICLE III-268

Les lois européennes ou les règlements européens du Conseil des ministres peuvent attribuer à la Cour de justice une compétence de pleine juridiction pour les sanctions qu'ils prévoient.

ARTICLE III-269

Sans préjudice des autres dispositions de la Constitution, la loi européenne peut attribuer à la Cour de justice, dans la mesure qu'elle détermine, la compétence pour statuer sur des litiges liés à l'application des actes adoptés sur la base de la Constitution qui créent des titres européens de propriété intellectuelle.

ARTICLE III-270

1. La Cour de justice contrôle la légalité des lois et des lois-cadres européennes, des actes du Conseil des ministres, de la Commission et de la Banque centrale européenne, autres que les recommandations et les avis, et des actes du Parlement européen destinés à produire des effets juridiques vis-à-vis des tiers. Elle contrôle aussi la légalité des actes des organes ou agences de l'Union destinés à produire des effets juridiques vis-à-vis des tiers.

2. À cet effet, la Cour de justice est compétente pour se prononcer sur les recours pour incompétence, violation des formes substantielles, violation de la Constitution ou de toute règle de droit relatif à son application, ou détournement de pouvoir, formés par un État membre, le Parlement européen, le Conseil des ministres ou la Commission.

3. La Cour de justice est compétente, dans les mêmes conditions, pour se prononcer sur les recours formés par la Cour des comptes, par la Banque centrale européenne et par le Comité des régions, qui tendent à la sauvegarde des prérogatives de ceux-ci.

4. Toute personne physique ou morale peut former, dans les mêmes conditions, un recours contre les actes dont elle est le destinataire ou qui la concernent directement et individuellement, ainsi que contre les actes réglementaires qui la concernent directement et qui ne comportent pas de mesures d'exécution.

5. Les actes créant les organes et agences de l'Union peu-

vent prévoir des conditions et modalités spécifiques concernant les recours introduits par des personnes physiques ou morales contre des actes de ces organes ou agences destinés à produire des effets juridiques.

6. Les recours prévus au présent article doivent être formés dans un délai de deux mois à compter, suivant le cas, de la publication de l'acte, de sa notification au requérant ou, à défaut, du jour où celui-ci en a eu connaissance.

ARTICLE III-271

Si le recours est fondé, la Cour de justice déclare nul et non avenu l'acte contesté.

Toutefois, elle indique, si elle l'estime nécessaire, ceux des effets de l'acte annulé qui doivent être considérés comme définitifs.

ARTICLE III-272

Dans le cas où, en violation de la Constitution, le Parlement européen, le Conseil des ministres, la Commission ou la Banque centrale européenne s'abstiendraient de statuer, les États membres et les autres institutions de l'Union peuvent saisir la Cour de justice en vue de faire constater cette violation. Cette disposition s'applique, dans les mêmes conditions, aux organes et agences de l'Union qui s'abstiennent de statuer.

Ce recours n'est recevable que si l'institution, organe ou agence en cause a été préalablement invité à agir. Si, à l'expiration d'un délai de deux mois à compter de cette invitation, l'institution, agence ou organe n'a pas pris position, le recours peut être formé dans un nouveau délai de deux mois.

Toute personne physique ou morale peut saisir la Cour de justice dans les conditions fixées aux alinéas précédents pour faire grief à l'une des institutions, organes ou agences de l'Union d'avoir manqué de lui adresser un acte autre qu'une recommandation ou un avis.

ARTICLE III-273

L'institution ou les institutions, l'organe ou l'agence dont émane l'acte annulé, ou dont l'abstention a été déclarée contraire à la Constitution, sont tenues de prendre les mesures que comporte l'exécution de l'arrêt de la Cour de justice.

Cette obligation ne préjuge pas celle qui peut résulter de l'application de l'article III-337, deuxième alinéa.

ARTICLE III-274

La Cour de justice est compétente pour statuer, à titre préjudiciel :

a) sur l'interprétation de la Constitution,

b) sur la validité et l'interprétation des actes des institutions de l'Union.

Lorsqu'une telle question est soulevée devant une juridiction d'un des États membres, cette juridiction peut, si elle estime qu'une décision sur ce point est nécessaire pour rendre son jugement, demander à la Cour de justice de statuer sur cette question.

Lorsqu'une telle question est soulevée dans une affaire pendante devant une juridiction nationale dont les décisions ne sont pas susceptibles d'un recours juridictionnel de droit interne, cette juridiction est tenue de saisir la Cour de justice.

Si une telle question est soulevée dans une affaire pendante devant une juridiction nationale concernant une personne détenue, la Cour de justice statue dans les plus brefs délais.

ARTICLE III-275

La Cour de justice est compétente pour connaître des litiges relatifs à la réparation des dommages visés à l'article III-337, deuxième alinéa.

ARTICLE III-276

Sur demande de l'État membre qui a fait l'objet d'une constatation du Conseil européen ou du Conseil des ministres en vertu de l'article I-58, la Cour de justice européenne est compétente pour statuer sur les seules prescriptions de procédure prévues par ledit article. La Cour statue dans un délai d'un mois à compter de la date de ladite constatation.

ARTICLE III-277

La Cour de justice est compétente pour statuer sur tout litige entre l'Union et ses agents dans les limites et conditions déterminées par le statut des fonctionnaires de l'Union et le régime applicable aux autres agents de l'Union.

ARTICLE III-278

La Cour de justice est compétente, dans les limites ci-après, pour connaître des litiges concernant :

a) l'exécution des obligations des États membres résultant des statuts de la Banque européenne d'investissement. Le conseil d'administration de la Banque dispose à cet égard des pouvoirs reconnus à la Commission par l'article III-265 ;

b) les délibérations du conseil des gouverneurs de la Banque européenne d'investissement. Chaque État membre, la Commission et le conseil d'administration de la Banque peuvent former un recours en cette matière dans les conditions prévues à l'article III-270 ;

c) les délibérations du conseil d'administration de la Banque européenne d'investissement. Les recours contre ces délibérations ne peuvent être formés, dans les conditions fixées à l'article III-270, que par les États membres ou la Commission, et seulement pour violation des formes prévues à l'article 21, paragraphes 2 et 5 à 7 inclus, des statuts de la Banque ;

d) l'exécution par les banques centrales nationales des obligations résultant de la Constitution et des statuts du Système européen des banques centrales et de la Banque centrale européenne. Le conseil de la Banque centrale européenne dispose à cet égard, vis-à-vis des banques centrales nationales, des pouvoirs reconnus à la Commission par l'article III-265 vis-à-vis des États membres. Si la Cour de justice reconnaît qu'une banque centrale nationale a manqué à une des obligations qui lui incombent en vertu de la Constitution, cette banque est tenue de prendre les dispositions que comporte l'exécution de l'arrêt de la Cour de justice.

ARTICLE III-279

La Cour de justice est compétente pour statuer en vertu d'une clause compromissoire contenue dans un contrat de droit public ou de droit privé passé par l'Union ou pour son compte.

ARTICLE III-280

La Cour de justice est compétente pour statuer sur tout différend entre États membres en connexité avec l'objet de la Constitution, si ce différend lui est soumis en vertu d'un compromis.

ARTICLE III-281

Sous réserve des compétences attribuées à la Cour de justice par la Constitution, les litiges auxquels l'Union est partie ne sont pas, de ce chef, soustraits à la compétence des juridictions nationales.

ARTICLE III-282

La Cour de justice n'est pas compétente au regard des articles I-39 et I-40 et des dispositions du chapitre II du titre V de la partie III concernant la politique étrangère et de sécurité commune.

Toutefois, la Cour de justice est compétente pour se prononcer sur les recours concernant le contrôle de la légalité des mesures restrictives à l'encontre de personnes physiques ou morales adoptées par le Conseil sur la base de l'article III-193, formés dans les conditions visées à l'article III-270, paragraphe 4.

ARTICLE III-283

Dans l'exercice de ses compétences concernant les dispositions des sections 4 et 5 du chapitre IV du titre III concernant l'espace de liberté, de sécurité et de justice, la Cour de justice n'est pas compétente pour vérifier la validité ou la proportionnalité d'opérations menées par la police ou d'autres services répressifs dans un État membre, ni pour statuer sur l'exercice des responsabilités qui incombent aux États membres pour le maintien de l'ordre public et la sauvegarde de la sécurité intérieure, lorsque ces actes relèvent du droit interne.

ARTICLE III-284

Les États membres s'engagent à ne pas soumettre un différend relatif à l'interprétation ou à l'application de la Constitution à un mode de règlement autre que ceux prévus par celle-ci.

ARTICLE III-285

Nonobstant l'expiration du délai prévu à l'article III-270, paragraphe 6, toute partie peut, à l'occasion d'un litige mettant en cause une loi européenne ou un règlement européen du Conseil des ministres, de la Commission ou de la Banque centrale européenne, se prévaloir des moyens prévus à l'article III-270, paragraphe 2, pour invoquer devant la Cour de justice l'inapplicabilité de cet acte.

ARTICLE III-286

Les recours formés devant la Cour de justice n'ont pas d'effet suspensif. Toutefois, la Cour de justice peut, si elle estime que les circonstances l'exigent, ordonner le sursis à l'exécution de l'acte attaqué.

ARTICLE III-287

Dans les affaires dont elle est saisie, la Cour de justice peut prescrire les mesures provisoires nécessaires.

ARTICLE III-288

Les arrêts de la Cour de justice ont force exécutoire dans les conditions fixées à l'article III-307.

ARTICLE III-289

Le statut de la Cour de justice est fixé par un protocole.

La loi européenne peut modifier les dispositions du statut, à l'exception de son titre I et de son article 64. Elle est adoptée soit sur demande de la Cour de justice et après consultation de la Commission, soit sur proposition de la Commission et après consultation de la Cour de justice.

SOUS-SECTION 6. LA COUR DES COMPTES

ARTICLE III-290

1. La Cour des comptes examine les comptes de la totalité des recettes et dépenses de l'Union. Elle examine également les comptes de la totalité des recettes et dépenses de tout organisme créé par l'Union dans la mesure où l'acte de fondation n'exclut pas cet examen.

La Cour des comptes fournit au Parlement européen et au Conseil des ministres une déclaration d'assurance concernant la fiabilité des comptes ainsi que la légalité et la régularité des opérations sous-jacentes, qui est publiée au Journal officiel de l'Union européenne. Cette déclaration peut être complétée par des appréciations spécifiques pour chaque domaine majeur de l'activité de l'Union.

2. La Cour des comptes examine la légalité et la régularité des recettes et dépenses et s'assure de la bonne gestion financière. Ce faisant, elle signale en particulier toute irrégularité.

Le contrôle des recettes s'effectue sur la base des constatations comme des versements des recettes à l'Union.

Le contrôle des dépenses s'effectue sur la base des engagements comme des paiements.

Ces contrôles peuvent être effectués avant la clôture des comptes de l'exercice budgétaire considéré.

3. Le contrôle a lieu sur pièces et, au besoin, sur place auprès des autres institutions, dans les locaux de tout organisme gérant des recettes ou des dépenses au nom de l'Union et dans les États membres, y compris dans les locaux de toute personne physique ou morale bénéficiaire de versements provenant du budget. Le contrôle dans les États membres s'effectue en liaison avec les institutions de contrôle nationales ou, si celles-ci ne disposent pas des compétences nécessaires, avec les services nationaux compétents. La Cour des comptes et les institutions de contrôle nationales des États membres pratiquent une coopération empreinte de confiance et respectueuse de leur indépendance. Ces institutions ou services font connaître à la Cour des comptes s'ils entendent participer au contrôle.

Tout document ou toute information nécessaire à l'accomplissement de la mission de la Cour des comptes est communiqué à celle-ci, sur sa demande, par les autres institutions, par les organismes gérant des recettes ou des dépenses au nom de l'Union, par les personnes physiques ou morales bénéficiaires de versements provenant du budget et par les institutions de contrôle nationales ou, si celles-ci ne disposent pas des compétences nécessaires, par les services nationaux compétents.

En ce qui concerne l'activité de gestion de recettes et de

dépenses de l'Union exercée par la Banque européenne d'investissement, le droit d'accès de la Cour des comptes aux informations détenues par la Banque est régi par un accord conclu entre la Cour, la Banque et la Commission. En l'absence d'accord, la Cour a néanmoins accès aux informations nécessaires pour effectuer le contrôle des recettes et des dépenses de l'Union gérées par la Banque.

4. La Cour des comptes établit un rapport annuel après la clôture de chaque exercice. Ce rapport est transmis aux autres institutions et publié au Journal officiel de l'Union européenne, accompagné des réponses desdites institutions aux observations de la Cour des comptes.

La Cour des comptes peut en outre présenter à tout moment ses observations, notamment sous la forme de rapports spéciaux, sur des questions particulières et rendre des avis à la demande d'une des autres institutions.

Elle adopte ses rapports annuels, rapports spéciaux ou avis à la majorité des membres qui la composent. Toutefois, elle peut créer en son sein des chambres en vue d'adopter certaines catégories de rapports ou d'avis, dans les conditions prévues par son règlement intérieur.

Elle assiste le Parlement européen et le Conseil des ministres dans l'exercice de leur fonction de contrôle de l'exécution du budget.

La Cour des comptes adopte son règlement intérieur. Ce règlement est soumis à l'approbation du Conseil des ministres.

ARTICLE III-291

1. Les membres de la Cour des comptes sont choisis parmi des personnalités appartenant ou ayant appartenu dans leur pays respectif aux institutions de contrôle externe ou possédant une qualification particulière pour cette fonction. Ils doivent offrir toutes garanties d'indépendance.

2. Les membres de la Cour des comptes sont nommés pour

six ans. Leur mandat est renouvelable. Le Conseil des ministres adopte une décision européenne fixant la liste des membres établie conformément aux propositions faites par chaque État membre. Il statue après consultation du Parlement européen.

Les membres de la Cour des comptes désignent parmi eux, pour trois ans, leur président. Son mandat est renouvelable.

3. Les membres de la Cour des comptes exercent leurs fonctions en pleine indépendance, dans l'intérêt général de l'Union.

Dans l'accomplissement de leurs devoirs, ils ne sollicitent ni n'acceptent d'instructions d'aucun gouvernement ni d'aucun organisme. Ils s'abstiennent de tout acte incompatible avec le caractère de leurs fonctions.

4. Les membres de la Cour des comptes ne peuvent, pendant la durée de leurs fonctions, exercer aucune activité professionnelle, rémunérée ou non. Ils prennent, lors de leur installation, l'engagement solennel de respecter, pendant la durée de leurs fonctions et après la cessation de celles-ci, les obligations découlant de leur charge, notamment les devoirs d'honnêteté et de délicatesse quant à l'acceptation, après cette cessation, de certaines fonctions ou de certains avantages.

5. En dehors des renouvellements réguliers et des décès, les fonctions de membre de la Cour des comptes prennent fin individuellement par démission volontaire ou par démission d'office déclarée par la Cour de justice conformément au paragraphe 6.

L'intéressé est remplacé pour la durée du mandat restant à courir.

Sauf en cas de démission d'office, les membres de la Cour des comptes restent en fonction jusqu'à ce qu'il soit pourvu à leur remplacement.

6. Les membres de la Cour des comptes ne peuvent être relevés de leurs fonctions ni déclarés déchus de leur droit à pension ou d'autres avantages en tenant lieu que si la Cour

de justice constate, à la demande de la Cour des comptes, qu'ils ont cessé de répondre aux conditions requises ou de satisfaire aux obligations découlant de leur charge.

SECTION 2. *Les organes consultatifs de l'Union*

SOUS-SECTION 1. LE COMITÉ DES RÉGIONS

ARTICLE III-292

Le nombre des membres du Comité des régions ne dépasse pas trois cent cinquante. Le Conseil des ministres adopte à l'unanimité une décision européenne fixant la composition du Comité.

Les membres du Comité ainsi qu'un nombre égal de suppléants sont nommés pour cinq ans. Leur mandat est renouvelable.

Le Conseil des ministres adopte la décision européenne fixant la liste des membres et des suppléants établie conformément aux propositions faites par chaque État membre.

À l'échéance du mandat visé à l'article I-31, paragraphe 2, en vertu duquel ils ont été proposés, le mandat des membres du Comité prend fin d'office et ils sont remplacés pour la période restante dudit mandat selon la même procédure.

Ils ne peuvent pas être simultanément membres du Parlement européen.

ARTICLE III-293

Le Comité des régions désigne, parmi ses membres, son président et son bureau pour une durée de deux ans et demi.

Il établit son règlement intérieur.

Le Comité est convoqué par son président à la demande du Parlement européen, du Conseil des ministres ou de la Commission. Il peut également se réunir de sa propre initiative.

ARTICLE III-294

Le Comité des régions est consulté par le Parlement européen, le Conseil des ministres ou par la Commission dans les cas prévus par la Constitution et dans tous les autres cas, en particulier lorsqu'ils ont trait à la coopération transfrontière, où l'une de ces institutions le juge opportun.

S'il l'estime nécessaire, le Parlement européen, le Conseil des ministres ou la Commission impartit au Comité, pour présenter son avis, un délai qui ne peut être inférieur à un mois à compter de la communication qui est adressée à cet effet au président. À l'expiration du délai imparti, il peut être passé outre à l'absence d'avis.

Lorsque le Comité économique et social est consulté en application de l'article III-298, le Comité des régions est informé par le Parlement européen, le Conseil des ministres ou la Commission de cette demande d'avis. Le Comité des régions peut, lorsqu'il estime que des intérêts régionaux spécifiques sont en jeu, émettre un avis à ce sujet. Il peut également émettre un avis de sa propre initiative dans les cas où il le juge utile.

L'avis du Comité ainsi qu'un compte rendu des délibérations sont transmis au Parlement européen, au Conseil des ministres et à la Commission.

SOUS-SECTION 2. LE COMITÉ ÉCONOMIQUE ET SOCIAL

ARTICLE III-295

Le nombre des membres du Comité économique et social ne dépasse pas trois cent cinquante. Le Conseil des ministres adopte à l'unanimité une décision européenne fixant la composition du Comité.

ARTICLE III-296

Les membres du Comité économique et social sont nommés pour cinq ans. Leur mandat est renouvelable. Le Conseil des ministres adopte la décision européenne fixant la liste des membres établie conformément aux propositions faites par chaque État membre.

Le Conseil des ministres statue après consultation de la Commission. Il peut recueillir l'opinion des organisations européennes représentatives des différents secteurs économiques et sociaux et de la société civile intéressés à l'activité de l'Union.

ARTICLE III-297

Le Comité économique et social désigne parmi ses membres son président et son bureau pour une durée de deux ans et demi.

Il établit son règlement intérieur.

Il est convoqué par son président à la demande du Parlement européen, du Conseil des ministres ou de la Commission. Il peut également se réunir de sa propre initiative.

ARTICLE III-298

Le Comité économique et social est obligatoirement consulté par le Parlement européen, le Conseil des ministres ou par la Commission dans les cas prévus par la Constitution. Dans tous les autres cas, il peut être consulté par ces institutions. Il peut également émettre un avis de sa propre initiative.

S'il l'estime nécessaire, le Parlement européen, le Conseil des ministres ou la Commission impartit au Comité, pour présenter son avis, un délai qui ne peut être inférieur à un mois à compter de la communication qui est adressée à cet effet au président. À l'expiration du délai imparti, il peut être passé outre à l'absence d'avis.

L'avis du Comité ainsi qu'un compte rendu des délibérations sont transmis au Parlement européen, au Conseil des ministres et à la Commission.

SECTION 3. *La Banque européenne d'investissement*

ARTICLE III-299

La Banque européenne d'investissement a la personnalité juridique.

Les membres de la Banque européenne d'investissement sont les États membres.

Les statuts de la Banque européenne d'investissement font l'objet d'un protocole. La loi européenne peut modifier les articles 4, 11 et 12 et l'article 18, paragraphe 5, des statuts de la Banque, soit sur demande de la Banque européenne d'investissement et après consultation de la Commission, soit sur proposition de la Commission et après consultation de la Banque européenne d'investissement

ARTICLE III-300

La Banque européenne d'investissement a pour mission de contribuer, en faisant appel aux marchés des capitaux et à ses ressources propres, au développement équilibré et sans heurt du marché intérieur dans l'intérêt de l'Union. À cette fin, elle facilite, par l'octroi de prêts et de garanties, sans poursuivre de but lucratif, le financement des projets ci-après, dans tous les secteurs de l'économie :

a) projets envisageant la mise en valeur des régions moins développées ;

b) projets visant la modernisation ou la conversion d'entreprises ou la création d'activités nouvelles appelées par l'établissement progressif du marché intérieur, qui, par leur ampleur ou par leur nature, ne peuvent être entièrement couverts par les divers moyens de financement existant dans chacun des États membres ;

c) projets d'intérêt commun pour plusieurs États membres, qui, par leur ampleur ou par leur nature, ne peuvent être entièrement couverts par les divers moyens de financement existant dans chacun des États membres.

Dans l'accomplissement de sa mission, la Banque facilite le financement de programmes d'investissement en liaison avec les interventions des fonds structurels et des autres instruments financiers de l'Union.

SECTION 4. *Dispositions communes aux institutions, organes et agences de l'Union*

ARTICLE III-301

1. Lorsque, en vertu de la Constitution, un acte du Conseil des ministres est pris sur proposition de la Commission, le Conseil des ministres ne peut prendre un acte constituant amendement de la proposition que statuant à l'unanimité, sous réserve des articles I-54, III-302, paragraphes 10 et 13, et III-310.

2. Tant que le Conseil des ministres n'a pas statué, la Commission peut modifier sa proposition tout au long des procédures conduisant à l'adoption d'un acte de l'Union.

ARTICLE III-302

1. Lorsqu'en vertu de la Constitution, les lois ou les lois-cadres européennes sont adoptées selon la procédure législative ordinaire, les dispositions suivantes sont applicables.

2. La Commission présente une proposition au Parlement européen et au Conseil des ministres.

Première lecture

3. Le Parlement européen arrête sa position en première lecture et la transmet au Conseil des ministres.

4. Si le Conseil des ministres approuve la position du Parlement européen, l'acte proposé est adopté.

5. Si le Conseil des ministres n'approuve pas la position du Parlement européen, il arrête sa position en première lecture et la transmet au Parlement européen.

6. Le Conseil des ministres informe pleinement le Parlement européen des raisons qui l'ont conduit à arrêter sa position en première lecture. La Commission informe pleinement le Parlement européen de sa position.

Deuxième lecture

7. Si, dans un délai de trois mois après cette transmission, le Parlement européen

a) approuve la position du Conseil des ministres en première lecture ou ne s'est pas prononcé, l'acte proposé est réputé adopté ;

b) rejette, à la majorité des membres qui le composent, la position du Conseil des ministres en première lecture, l'acte proposé est réputé non adopté ;

c) propose, à la majorité des membres qui le composent, des amendements à la position du Conseil des ministres en première lecture, le texte ainsi amendé est transmis au Conseil des ministres et à la Commission, qui émet un avis sur ces amendements.

8. Si, dans un délai de trois mois après réception des amendements du Parlement européen, le Conseil des ministres, statuant à la majorité qualifiée,

a) approuve tous ces amendements, l'acte concerné est réputé adopté ;

b) n'approuve pas tous les amendements, le président du Conseil des ministres, en accord avec le président du Parlement européen, convoque le comité de conciliation dans un délai de six semaines.

9. Le Conseil des ministres statue à l'unanimité sur les amendements ayant fait l'objet d'un avis négatif de la Commission.

Conciliation

10. Le comité de conciliation, qui réunit les membres du Conseil des ministres ou leurs représentants et autant de membres représentant le Parlement européen, a pour mission

d'aboutir à un accord sur un projet commun à la majorité qualifiée des membres du Conseil des ministres ou de leurs représentants et à la majorité des membres représentant le Parlement européen dans un délai de six semaines à partir de sa convocation, sur la base des positions du Parlement et du Conseil des ministres en deuxième lecture.

11. La Commission participe aux travaux du comité de conciliation et prend toutes les initiatives nécessaires en vue de promouvoir un rapprochement des positions du Parlement européen et du Conseil des ministres.

12. Si, dans un délai de six semaines après sa convocation, le comité de conciliation n'approuve pas de projet commun, l'acte proposé est réputé non adopté.

Troisième lecture

13. Si, dans ce délai, le comité de conciliation approuve un projet commun, le Parlement européen et le Conseil des ministres disposent chacun d'un délai de six semaines à compter de cette date pour adopter l'acte concerné conformément au projet commun, le Parlement européen statuant à la majorité des suffrages exprimés et le Conseil des ministres à la majorité qualifiée. À défaut, l'acte proposé est réputé non adopté.

14. Les délais de trois mois et de six semaines visés au présent article sont prolongés respectivement d'un mois et de deux semaines au maximum à l'initiative du Parlement européen ou du Conseil des ministres.

Dispositions particulières

15. Lorsque, dans les cas spécifiquement prévus dans la Constitution, une loi ou une loi-cadre est soumise à la procédure législative ordinaire sur initiative d'un groupe d'États membres, sur recommandation de la Banque centrale européenne ou sur demande de la Cour de justice ou de la Banque européenne d'investissement, les paragraphes 2, 6, deuxième phrase, et 9 ne sont pas applicables.

Le Parlement européen et le Conseil des ministres transmettent à la Commission le projet d'acte ainsi que leurs positions en première et deuxième lectures.

Le Parlement européen ou le Conseil des ministres peuvent demander l'avis de la Commission tout au long de la procédure. La Commission peut également émettre un avis de sa propre initiative. Elle peut, si elle l'estime nécessaire, participer au comité de conciliation dans les termes prévus au paragraphe 11.

ARTICLE III-303

Le Parlement européen, le Conseil des ministres et la Commission procèdent à des consultations réciproques et organisent d'un commun accord les modalités de leur coopération. À cet effet, ils peuvent, dans le respect de la Constitution, conclure des accords interinstitutionnels qui peuvent revêtir un caractère contraignant.

ARTICLE III-304

1. Dans l'accomplissement de leurs missions, les institutions, les organes et les agences de l'Union s'appuient sur une administration européenne ouverte, efficace et indépendante.

2. Sans préjudice de l'article III-332, la loi européenne fixe les dispositions spécifiques à cet effet.

ARTICLE III-305

1. Les institutions, organes et agences de l'Union reconnaissent l'importance de la transparence de leurs travaux et définissent, en application de l'article I-49, dans leurs règlements intérieurs, les dispositions spécifiques concernant l'accès du public aux documents. La Cour de justice et la Banque centrale européenne sont soumises aux dispositions de l'article I-49, paragraphe 3, lorsqu'elles exercent des fonctions administratives.

2. Le Parlement européen et le Conseil des ministres assurent la publicité des documents relatifs aux procédures législatives.

ARTICLE III-306

1. Le Conseil des ministres adopte des règlements et décisions européens fixant :

a) les traitements, indemnités et pensions du président du Conseil européen, du président de la Commission, du ministre des Affaires étrangères de l'Union, des Commissaires européens et Commissaires, du président, des membres et du greffier de la Cour de justice ainsi que des membres et du greffier du Tribunal de grande instance.

b) les conditions d'emploi, et notamment les traitements, indemnités et pensions, du président et des membres de la Cour des comptes.

Il fixe également toutes indemnités tenant lieu de rémunération.

2. Le Conseil des ministres adopte des règlements et décisions européens fixant les indemnités des membres du Comité économique et social.

ARTICLE III-307

Les actes du Conseil des ministres, de la Commission ou de la Banque centrale européenne qui comportent, à la charge des personnes autres que les États, une obligation pécuniaire forment titre exécutoire.

L'exécution forcée est régie par les règles de la procédure civile en vigueur dans l'État membre sur le territoire duquel elle a lieu. La formule exécutoire est apposée, sans autre contrôle que celui de la vérification de l'authenticité du titre, par l'autorité nationale que le gouvernement de chacun des États membres désigne à cet effet et dont il informe la Commission et la Cour de justice.

Après l'accomplissement de ces formalités à la demande

de l'intéressé, celui-ci peut poursuivre l'exécution forcée en saisissant directement l'autorité compétente conformément à la législation nationale.

L'exécution forcée ne peut être suspendue qu'en vertu d'une décision de la Cour de justice. Toutefois, le contrôle de la régularité des dispositions d'exécution relève de la compétence des juridictions nationales.

CHAPITRE II
DISPOSITIONS FINANCIÈRES

SECTION 1. *Le cadre financier pluriannuel*

ARTICLE III-308

1. Le cadre financier pluriannuel est établi pour une période d'au moins cinq années conformément à l'article I-54.

2. Le cadre financier fixe les montants des plafonds annuels des crédits pour engagements par catégorie de dépenses et du plafond annuel des crédits pour paiements. Les catégories de dépenses, d'un nombre limité, correspondent aux grands secteurs d'activité de l'Union.

3. Le cadre financier prévoit toute autre disposition utile pour le bon déroulement de la procédure budgétaire annuelle.

4. Lorsque la loi européenne du Conseil des ministres établissant un nouveau cadre financier n'a pas été adoptée à l'échéance du cadre financier précédent, les plafonds et autres dispositions correspondant à la dernière année de celui-ci sont prorogés jusqu'à l'adoption de cette loi.

5. Tout au long de la procédure conduisant à l'adoption du cadre financier, le Parlement européen, le Conseil des ministres et la Commission prennent toute mesure nécessaire pour faciliter l'aboutissement de la procédure.

SECTION 2. *Le budget annuel de l'Union*

ARTICLE III-309

L'exercice budgétaire commence le 1er janvier et s'achève le 31 décembre.

ARTICLE III-310

La loi européenne établit le budget annuel de l'Union conformément aux dispositions ci-après.

1. Chaque institution dresse, avant le 1er juillet, un état prévisionnel de ses dépenses. La Commission groupe ces états dans un projet de budget. Elle y joint un avis qui peut comporter des prévisions divergentes.

Ce projet comprend une prévision des recettes et une prévision des dépenses.

La Commission peut modifier le projet de budget au cours de la procédure jusqu'à la convocation du comité de conciliation visé au paragraphe 5.

2. La Commission soumet le projet de budget au Parlement européen et au Conseil des ministres au plus tard le 1er septembre de l'année qui précède celle de l'exécution du budget.

3. Le Conseil des ministres arrête sa position sur le projet de budget et la transmet au Parlement européen au plus tard le 1er octobre de l'année qui précède celle de l'exécution du budget. Il informe pleinement le Parlement européen des raisons qui l'ont conduit à arrêter sa position.

4. Si, dans un délai de quarante-deux jours après cette transmission, le Parlement européen :

a) approuve la position du Conseil des ministres ou ne s'est pas prononcé, la loi européenne de budget est réputée adoptée ;

b) propose, à la majorité des membres qui le composent, des amendements à la position du Conseil des ministres, le texte ainsi amendé est transmis au Conseil des ministres et à la Commission. Le président du Parlement européen, en accord avec le président du Conseil des ministres, convoque sans délai le comité de conciliation.

Le comité de conciliation ne se réunit pas si, dans un délai de dix jours, le Conseil des ministres communique au Parlement européen qu'il approuve tous ses amendements.

5. Le comité de conciliation, qui réunit les membres du Conseil des ministres ou leurs représentants et autant de membres représentant le Parlement européen, a pour mission d'aboutir à un accord sur un projet commun à la majorité qualifiée des membres du Conseil des ministres ou de leurs représentants et à la majorité des membres représentant le Parlement européen dans un délai de vingt et un jours à partir de sa convocation, sur la base des positions du Parlement européen et du Conseil des ministres.

6. La Commission participe aux travaux du comité de conciliation et prend toutes les initiatives nécessaires en vue de promouvoir un rapprochement des positions du Parlement européen et du Conseil des ministres.

7. Si, dans le délai de vingt et un jours visé au paragraphe 5, le comité de conciliation approuve un projet commun, le Parlement européen et le Conseil des ministres disposent chacun d'un délai de quatorze jours à compter de cette date pour adopter le projet commun, le Parlement européen statuant à la majorité des suffrages exprimés et le Conseil des ministres à la majorité qualifiée.

8. Si, dans le délai de vingt et un jours visé au paragraphe 5, le comité de conciliation n'approuve pas de projet commun ou si le Conseil des ministres rejette le projet commun, le Parlement européen peut, dans un délai de quatorze jours, statuant à la majorité des membres qui le composent et des trois cinquièmes des suffrages exprimés, confirmer ses amendements. Si l'amendement du Parlement n'est pas confirmé, la position du Conseil des ministres pour le poste budgétaire qui fait l'objet de cet amendement est réputée adoptée.

Si le Parlement rejette le projet commun à la majorité des membres qui le composent et des trois cinquièmes des suffrages exprimés, il peut demander qu'un nouveau projet de budget soit soumis.

9. Lorsque la procédure prévue au présent article est achevée, le président du Parlement européen constate que la loi européenne de budget est définitivement arrêtée.

ARTICLE III-311

1. À défaut de loi européenne de budget au début d'un exercice budgétaire, les dépenses peuvent être effectuées mensuellement par chapitre ou par autre division, d'après les dispositions de la loi européenne visée à l'article III-318, dans la limite du douzième des crédits inscrits dans la loi européenne de budget de l'exercice précédent, sans que cette mesure puisse avoir pour effet de mettre à la disposition de la Commission des crédits supérieurs au douzième de ceux prévus dans le projet de budget sous examen.

2. Le Conseil des ministres, sur proposition de la Commission et dans le respect des autres conditions fixées au paragraphe 1, peut adopter une décision européenne autorisant des dépenses qui excèdent le douzième. Il la transmet immédiatement au Parlement européen.

Cette décision européenne prévoit les mesures nécessaires en matière de ressources pour l'application du présent article.

Elle entre en vigueur trente jours après son adoption si, dans ce délai, le Parlement européen, statuant à la majorité des membres qui le composent, ne décide pas de réduire ces dépenses.

ARTICLE III-312

Dans les conditions déterminées par la loi européenne visée à l'article III-318, les crédits, autres que ceux relatifs aux dépenses de personnel, qui sont inutilisés à la fin de l'exercice budgétaire peuvent faire l'objet d'un report qui est limité au seul exercice suivant.

Les crédits sont spécialisés par chapitres groupant les dépenses selon leur nature ou leur destination, et subdivisés, conformément à la loi européenne visée à l'article 318.

Les dépenses du Parlement européen, du Conseil des ministres, de la Commission et de la Cour de justice font l'objet de parties séparées du budget sans préjudice d'un régime spécial pour certaines dépenses communes.

SECTION 3. *L'exécution du budget et la décharge*

ARTICLE III-313

La Commission exécute le budget en coopération avec les États membres, conformément à la loi européenne visée à l'article 318, sous sa propre responsabilité et dans la limite des crédits alloués, conformément au principe de la bonne gestion financière. Les États membres coopèrent avec la Commission pour faire en sorte que les crédits soient utilisés conformément à ce même principe.

La loi européenne visée à l'article 318 établit les obligations de contrôle et d'audit des États membres dans l'exécution du budget ainsi que les responsabilités qui en découlent.

La loi européenne visée à l'article 318 établit les responsabilités et les modalités particulières selon lesquelles chaque institution participe à l'exécution de ses dépenses propres.

À l'intérieur du budget, la Commission peut procéder, dans les limites et conditions fixées par la loi européenne visée à l'article l'article 318, à des virements de crédits, soit de chapitre à chapitre, soit de subdivision à subdivision.

ARTICLE III-314

La Commission soumet chaque année au Parlement européen et au Conseil des ministres les comptes de l'exercice écoulé afférents aux opérations du budget. En outre, elle leur communique un bilan financier décrivant l'actif et le passif de l'Union.

La Commission présente également au Parlement européen et au Conseil des ministres un rapport d'évaluation des finances de l'Union basée sur les résultats obtenus notamment par rapport aux indications données par le Parlement européen et le Conseil des ministres en vertu de l'article III-315.

ARTICLE III-315

1. Le Parlement européen, sur recommandation du Conseil des ministres, donne décharge à la Commission sur l'exécution du budget. À cet effet, il examine, à la suite du Conseil des ministres, les comptes, le bilan financier et le rapport d'évaluation visés à l'article III-314, le rapport annuel de la Cour des comptes, accompagné des réponses des institutions contrôlées aux observations de la Cour des comptes, la déclaration d'assurance visée à l'article III-290, paragraphe 1, second alinéa, ainsi que les rapports spéciaux pertinents de la Cour des comptes.

2. Avant de donner décharge à la Commission ou à toute autre fin se situant dans le cadre de l'exercice des attributions de celle-ci en matière d'exécution du budget, le Parlement européen peut demander à entendre la Commission sur l'exécution des dépenses ou le fonctionnement des systèmes de contrôle financier. La Commission soumet au Parlement européen, à la demande de ce dernier, toute information nécessaire.

3. La Commission met tout en œuvre pour donner suite aux observations accompagnant les décisions de décharge et aux autres observations du Parlement européen concernant l'exécution des dépenses ainsi qu'aux commentaires accompagnant les recommandations de décharge adoptées par le Conseil des ministres.

4. À la demande du Parlement européen ou du Conseil des ministres, la Commission fait rapport sur les mesures prises à la lumière de ces observations et commentaires et notam-

ment sur les instructions données aux services chargés de l'exécution du budget. Ces rapports sont également transmis à la Cour des comptes.

SECTION 4. *Dispositions communes*

ARTICLE III-316

Le cadre financier pluriannuel et le budget annuel sont établis en euros.

ARTICLE III-317

La Commission peut, sous réserve d'en informer les autorités compétentes des États intéressés, transférer dans la monnaie de l'un des États membres les avoirs qu'elle détient dans la monnaie d'un autre État membre, dans la mesure nécessaire à leur utilisation pour les objets auxquels ils sont destinés par la Constitution. La Commission évite, dans la mesure du possible, de procéder à de tels transferts, si elle détient des avoirs disponibles ou mobilisables dans les monnaies dont elle a besoin.

La Commission communique avec chacun des États membres concernés par l'intermédiaire de l'autorité qu'il désigne. Dans l'exécution des opérations financières, elle a recours à la banque d'émission de l'État membre intéressé ou à une autre institution financière agréée par celui-ci.

ARTICLE III-318

1. La loi européenne :

a) détermine les règles financières qui fixent notamment les modalités relatives à l'établissement et à l'exécution du budget et à la reddition et à la vérification des comptes ;

b) détermine les règles et organise le contrôle de la responsabilité des contrôleurs financiers, ordonnateurs et comptables.

Elle est adoptée après consultation de la Cour des comptes.

2. Le Conseil des ministres adopte, sur proposition de la Commission, un règlement européen fixant les modalités et la procédure selon lesquelles les recettes budgétaires prévues dans le régime des ressources propres de l'Union sont mises à la disposition de la Commission, ainsi que les mesures à appliquer pour faire face, le cas échéant, aux besoins de trésorerie. Il statue après consultation du Parlement européen et de la Cour de comptes.

3. Le Conseil des ministres statue à l'unanimité jusqu'au 1er janvier 2007 dans tous les cas visés par le présent article.

ARTICLE III-319

Le Parlement européen, le Conseil des ministres et la Commission veillent à la disponibilité des moyens financiers permettant à l'Union de remplir ses obligations juridiques à l'égard des tiers.

ARTICLE III-320

Des rencontres régulières des présidents du Parlement européen, du Conseil des ministres et de la Commission sont convoquées à l'initiative de la Commission dans le cadre des procédures budgétaires visées au présent chapitre. Les présidents prennent toutes les mesures nécessaires afin de promouvoir la concertation et le rapprochement des positions des institutions pour faciliter la mise en œuvre des dispositions du présent chapitre.

SECTION 5. *Lutte contre la fraude*

ARTICLE III-321

1. L'Union et les États membres combattent la fraude et toute autre activité illégale portant atteinte aux intérêts financiers de l'Union par des mesures adoptées conformément au

présent article. Ces mesures sont dissuasives et offrent une protection effective dans les États membres.

2. Les États membres prennent les mêmes dispositions pour combattre la fraude portant atteinte aux intérêts financiers de l'Union que celles qu'ils prennent pour combattre la fraude portant atteinte à leurs propres intérêts financiers.

3. Sans préjudice d'autres dispositions de la Constitution, les États membres coordonnent leur action visant à protéger les intérêts financiers de l'Union contre la fraude. À cette fin, ils organisent, avec la Commission, une collaboration étroite et régulière entre les autorités compétentes.

4. La loi ou la loi-cadre européenne établit les mesures nécessaires dans les domaines de la prévention de la fraude portant atteinte aux intérêts financiers de l'Union et de la lutte contre cette fraude en vue d'offrir une protection effective et équivalente dans les États membres. Elle est adoptée après consultation de la Cour des comptes.

5. La Commission, en coopération avec les États membres, adresse chaque année au Parlement européen et au Conseil des ministres un rapport sur les mesures et dispositions adoptées pour la mise en œuvre du présent article.

CHAPITRE III
COOPÉRATIONS RENFORCÉES

ARTICLE III-322

Les coopérations renforcées envisagées respectent la Constitution et le droit de l'Union.

Elles ne peuvent porter atteinte au marché intérieur ni à la cohésion économique, sociale et territoriale. Elles ne peuvent constituer ni une entrave ni une discrimination aux échanges entre les États membres, ni provoquer de distorsions de concurrence entre ceux-ci.

ARTICLE III-323

Les coopérations renforcées envisagées respectent les compétences, droits et obligations des États membres qui n'y participent pas. Ceux-ci n'entravent pas leur mise en œuvre par les États membres qui y participent.

ARTICLE III-324

1. Lors de leur instauration, les coopérations renforcées sont ouvertes à tous les États membres, sous réserve de respecter les conditions éventuelles de participation fixées par la décision européenne d'autorisation. Elles le sont également à tout autre moment sous réserve de respecter, outre les éventuelles conditions susvisées, les actes déjà adoptés dans ce cadre.

La Commission et les États membres participant à une coopération renforcée veillent à faciliter la participation du plus grand nombre possible d'États membres.

2. La Commission et, le cas échéant, le ministre des Affaires étrangères de l'Union informent régulièrement tous les membres du Conseil des ministres de l'évolution des coopérations renforcées, ainsi que le Parlement européen.

ARTICLE III-325

1. Les États membres qui souhaitent instaurer entre eux une coopération renforcée dans l'un des domaines visés par la Constitution, à l'exception de la politique étrangère et de sécurité commune, adressent une demande à la Commission en précisant le champ d'application et les objectifs poursuivis par la coopération renforcée envisagée. La Commission peut soumettre au Conseil des ministres une proposition en ce sens. Si la Commission ne soumet pas de proposition, la Commission en communique les raisons aux États membres concernés.

L'autorisation de procéder à une coopération renforcée est accordée par une décision européenne du Conseil des ministres sur proposition de la Commission, après approbation du Parlement européen.

2. Dans le cadre de la politique étrangère et de sécurité commune, la demande des États membres qui souhaitent instaurer entre eux une coopération renforcée est adressée au Conseil des ministres. Elle est transmise au ministre des Affaires étrangères de l'Union, qui donne son avis sur la cohérence de la coopération renforcée avec la politique étrangère et de sécurité commune de l'Union, ainsi qu'à la Commission qui donne son avis, notamment sur la cohérence de la coopération renforcée envisagée avec les autres politiques de l'Union. Elle est également transmise au Parlement européen pour information.

L'autorisation de procéder à une coopération renforcée est accordée par une décision européenne du Conseil des ministres.

ARTICLE III-326

1. Tout État membre qui souhaite participer à une coopération renforcée dans l'un des domaines visés à l'article III-325, paragraphe 1, notifie son intention au Conseil des ministres et à la Commission.

La Commission, dans un délai de quatre mois à compter de la date de réception de la notification, confirme la participation de l'État membre en question. Elle constate, le cas échéant, que les conditions éventuelles de participation sont remplies et adopte les mesures transitoires jugées nécessaires concernant l'application des actes déjà adoptés dans le cadre de la coopération renforcée.

Toutefois, si la Commission estime que les conditions éventuelles de participation ne sont pas remplies, elle indique les dispositions à prendre pour remplir ces conditions et fixe un délai pour réexaminer la demande de participation. Elle réexamine la demande conformément à la procédure prévue à l'alinéa précédent. Si la Commission estime que les conditions éventuelles de participation ne sont toujours pas remplies, l'État membre en question peut saisir le Conseil des ministres à ce sujet, lequel statue conformément à l'article I-43, paragraphe 3. Le Conseil des ministres peut également adopter, sur proposition de la Commission, les mesures transitoires visées au deuxième alinéa.

2. Tout État membre qui souhaite participer à une coopération renforcée dans le cadre de la politique étrangère et de sécurité commune notifie son intention au Conseil des ministres, au ministre des Affaires étrangères de l'Union et à la Commission.

Le Conseil des ministres confirme la participation de l'État membre en question, après consultation du ministre des Affaires étrangères de l'Union. Il constate, le cas échéant, que les conditions éventuelles de participation sont remplies. Le Conseil des ministres, sur proposition du ministre des Affaires étrangères de l'Union, peut également adopter des mesures transitoires jugées nécessaires concernant l'application des actes déjà adoptés dans le cadre de la coopération renforcée. Toutefois, si le Conseil des ministres estime que les conditions éventuelles de participation ne sont pas remplies, il indique les dispositions à prendre pour remplir ces conditions et fixe un délai pour réexaminer la demande de participation.

Aux fins du présent paragraphe, le Conseil des ministres statue conformément à l'article I-43, paragraphe 3.

ARTICLE III-327

Les dépenses résultant de la mise en œuvre d'une coopération renforcée, autres que les coûts administratifs occasionnés pour les institutions, sont à la charge des États membres qui y participent, à moins que le Conseil des ministres, statuant à l'unanimité de tous ses membres après consultation du Parlement européen, n'en décide autrement.

ARTICLE III-328

Lorsqu'une disposition de la Constitution susceptible d'être appliquée dans le cadre d'une coopération renforcée prévoit que le Conseil statue à l'unanimité, le Conseil, statuant à l'unanimité conformément aux modalités prévues à l'article I-43, paragraphe 3, peut de sa propre initiative décider qu'il statuera à la majorité qualifiée.

Lorsqu'une disposition de la Constitution susceptible d'être appliquée dans le cadre d'une coopération renforcée prévoit que le Conseil adopte des lois ou des lois-cadres européennes conformément à une procédure législative spéciale, le Conseil, statuant à l'unanimité conformément aux modalités prévues à l'article I-43, paragraphe 3, peut de sa propre initiative décider qu'il statuera conformément à la procédure législative ordinaire. Le Conseil statue après consultation du Parlement européen.

ARTICLE III-329

Le Conseil des ministres et la Commission assurent la cohérence des actions entreprises dans le cadre d'une coopération renforcée ainsi que la cohérence de ces actions avec les politiques de l'Union, et coopèrent à cet effet.

TITRE VII

Dispositions communes

ARTICLE III-330

Compte tenu de la situation économique et sociale structurelle des départements français d'outre-mer, des Açores, de Madère et des îles Canaries, qui est aggravée par leur éloignement, l'insularité, leur faible superficie, le relief et le climat difficiles, leur dépendance économique vis-à-vis d'un petit nombre de produits, facteurs dont la permanence et la combinaison nuisent gravement à leur développement, le Conseil des ministres, sur proposition de la Commission, adopte des règlements et des décisions européens visant, en particulier, à fixer les conditions de l'application de la Constitution à ces régions, y compris les politiques communes. Il statue après consultation du Parlement européen.

Les mesures visées au premier alinéa portent notamment sur les politiques douanières et commerciales, la politique fiscale, les zones franches, les politiques dans les domaines de l'agriculture et de la pêche, les conditions d'approvisionnement en matières premières et en biens de consommation de première nécessité, les aides d'État, et les conditions d'accès aux fonds structurels et aux programmes horizontaux de l'Union.

Le Conseil des ministres adopte les mesures visées au premier alinéa en tenant compte des caractéristiques et contraintes particulières des régions ultrapériphériques sans nuire à l'intégrité et à la cohérence de l'ordre juridique de l'Union, y compris le marché intérieur et les politiques communes.

ARTICLE III-331

La Constitution ne préjuge en rien le régime de la propriété dans les États membres.

ARTICLE III-332

Dans chacun des États membres, l'Union possède la capacité juridique la plus large reconnue aux personnes morales par les législations nationales ; elle peut notamment acquérir ou aliéner des biens immobiliers et mobiliers et ester en justice. À cet effet, elle est représentée par la Commission. Toutefois, elle est représentée par chaque institution, au titre de leur autonomie administrative, pour les questions liées à leur fonctionnement respectif.

ARTICLE III-333

La loi européenne fixe le statut des fonctionnaires de l'Union et le régime applicable aux autres agents de l'Union. Elle est adoptée après consultation des institutions intéressées.

ARTICLE III-334

Pour l'accomplissement des tâches qui lui sont confiées, la Commission peut recueillir toutes informations et procéder à toutes vérifications nécessaires, dans les limites et conditions fixées par un règlement ou une décision européenne adoptée par le Conseil des ministres à la majorité simple.

ARTICLE III-335

1. Sans préjudice de l'article 5 du protocole sur les statuts du Système européen de banques centrales et de la Banque centrale européenne, la loi ou la loi-cadre européenne fixe les mesures pour l'établissement de statistiques, lorsque cela est nécessaire à l'accomplissement des activités de l'Union.

2. L'établissement des statistiques se fait dans le respect

de l'impartialité, de la fiabilité, de l'objectivité, de l'indépendance scientifique, de l'efficacité au regard du coût et de la confidentialité des informations statistiques ; il ne doit pas entraîner de charges excessives pour les opérateurs économiques.

ARTICLE III-336

Les membres des institutions de l'Union, les membres des comités, ainsi que les fonctionnaires et agents de l'Union sont tenus, même après la cessation de leurs fonctions, de ne pas divulguer les informations qui, par leur nature, sont couvertes par le secret professionnel, et notamment les renseignements relatifs aux entreprises et concernant leurs relations commerciales ou les éléments de leur prix de revient.

ARTICLE III-337

La responsabilité contractuelle de l'Union est régie par le droit applicable au contrat en cause.

En matière de responsabilité non contractuelle, l'Union doit réparer, conformément aux principes généraux communs aux droits des États membres, les dommages causés par ses institutions ou par ses agents dans l'exercice de leurs fonctions.

Le deuxième alinéa s'applique selon les mêmes conditions aux dommages causés par la Banque centrale européenne ou par ses agents dans l'exercice de leurs fonctions.

La responsabilité personnelle des agents envers l'Union est réglée dans les dispositions fixant leur statut ou le régime qui leur est applicable.

ARTICLE III-338

Le siège des institutions de l'Union est fixé du commun accord des gouvernements des États membres.

ARTICLE III-339

Le Conseil des ministres adopte à l'unanimité un règlement européen fixant le régime linguistique des institutions de l'Union, sans préjudice du statut de la Cour de justice.

ARTICLE III-340

L'Union jouit sur le territoire des États membres des privilèges et immunités nécessaires à l'accomplissement de sa mission dans les conditions définies au protocole du 8 avril 1965 sur les privilèges et immunités des Communautés européennes. Il en est de même de la Banque centrale européenne et de la Banque européenne d'investissement.

ARTICLE III-341

Les droits et obligations résultant de conventions conclues antérieurement au 1er janvier 1958 ou, pour les États adhérents, antérieurement à la date de leur adhésion, entre un ou plusieurs États membres, d'une part, et un ou plusieurs États tiers, d'autre part, ne sont pas affectés par la Constitution.

Dans la mesure où ces conventions ne sont pas compatibles avec la Constitution, le ou les États membres en cause recourent à tous les moyens appropriés pour éliminer les incompatibilités constatées. En cas de besoin, les États membres se prêtent une assistance mutuelle en vue d'arriver à cette fin et adoptent, le cas échéant, une attitude commune.

Dans l'application des conventions visées au premier alinéa, les États membres tiennent compte du fait que les avantages consentis dans la Constitution par chacun des États membres font partie intégrante de l'Union et sont, de ce fait, inséparablement liés à la création d'institutions communes, à l'attribution de compétences en leur faveur et à l'octroi des mêmes avantages par tous les autres États membres.

ARTICLE III-342

1. La Constitution ne fait pas obstacle aux règles ci-après :

a) aucun État membre n'est tenu de fournir des renseignements dont il estimerait la divulgation contraire aux intérêts essentiels de sa sécurité,

b) tout État membre peut prendre les dispositions qu'il estime nécessaires à la protection des intérêts essentiels de sa sécurité et qui se rapportent à la production ou au commerce d'armes, de munitions et de matériel de guerre ; ces dispositions ne doivent pas altérer les conditions de la concurrence dans le marché intérieur en ce qui concerne les produits non destinés à des fins spécifiquement militaires.

2. Le Conseil des ministres, sur proposition de la Commission, peut adopter à l'unanimité une décision européenne modifiant la liste, qu'il a fixée le 15 avril 1958, des produits auxquels les dispositions du paragraphe 1, point b), s'appliquent.

PARTIE IV

DISPOSITIONS GÉNÉRALES ET FINALES

ARTICLE IV-1 : Les signes de l'Union [1]

Le drapeau de l'Union représente un cercle de douze étoiles d'or sur fond bleu.

L'hymne de l'Union est tiré de l'*Ode à la Joie* de la *Neuvième Symphonie* de Ludwig Van Beethoven.

La devise de l'Union est : Unie dans la diversité.

La monnaie de l'Union est l'euro.

Le 9 mai est célébré dans toute l'Union comme la journée de l'Europe.

ARTICLE IV-2 : Abrogation des traités antérieurs

À la date d'entrée en vigueur du traité établissant la Constitution sont abrogés le traité instituant la Communauté européenne et le traité sur l'Union européenne, ainsi que les actes et traités qui les ont complétés ou modifiés et qui figurent dans le protocole annexé au traité établissant la Constitution.

ARTICLE IV-3 : Continuité juridique par rapport à la Communauté européenne et à l'Union européenne

L'Union européenne succède à la Communauté européenne et à l'Union dans tous les droits et obligations de celles-ci, qu'ils soient internes ou résultent d'accords internationaux,

1. La Convention considère que cet article serait mieux placé dans la Partie I.

nés avant l'entrée en vigueur du traité établissant la Constitution en vertu des traités, protocoles et actes antérieurs, y compris tous les éléments du patrimoine actif et passif de la Communauté et de l'Union, ainsi que leurs archives.

Les dispositions des actes des institutions de l'Union, adoptés en vertu des traités et actes mentionnés au premier alinéa, demeurent en vigueur dans les conditions prévues dans le protocole annexé au traité établissant la Constitution. La jurisprudence de la Cour de justice des Communautés européennes est maintenue en tant que source d'interprétation du droit de l'Union.

ARTICLE IV-4 : Champ d'application territoriale

1. Le traité établissant la Constitution s'applique au Royaume de Belgique, au Royaume de Danemark, à la République fédérale d'Allemagne, à la République hellénique, au Royaume d'Espagne, à la République française, à l'Irlande, à la République italienne, au Grand-Duché de Luxembourg, au Royaume des Pays-Bas, à la République d'Autriche, à la République portugaise, à la République de Finlande, au Royaume de Suède et au Royaume-Uni de Grande-Bretagne et d'Irlande du Nord, et... *

2. Le traité établissant la Constitution s'applique aux départements français d'outre-mer, aux Açores, à Madère et aux îles Canaries conformément à l'article III-329 de la partie III.

3. Les pays et territoires d'outre-mer dont la liste figure à l'annexe II du TCE font l'objet du régime spécial d'association défini dans le titre IV de la partie III du traité établissant la Constitution.

Le traité établissant la Constitution ne s'applique pas aux pays et territoires d'outre-mer entretenant des relations particulières avec le Royaume-Uni de Grande-Bretagne et d'Ir-

* Figurera dans cet article la liste des États qui adhéreront à l'Union européenne le 1er mai 2004 : Chypre, Estonie, Hongrie, Lettonie, Lituanie, Malte, Pologne, République tchèque, Slovaquie, Slovénie. (*N.d.E.*)

lande du Nord qui ne sont pas mentionnés dans la liste précitée.

4. Le traité établissant la Constitution s'applique aux territoires européens dont un État membre assume les relations extérieures.

5. Le traité établissant la Constitution s'applique aux îles Åland conformément aux dispositions figurant au protocole n° 2 de l'acte relatif aux conditions d'adhésion de la République d'Autriche, de la République de Finlande et du Royaume de Suède.

6. Par dérogation aux paragraphes précédents :

a) le traité établissant la Constitution ne s'applique pas aux îles Féroé ;

b) le traité établissant la Constitution ne s'applique pas aux zones de souveraineté du Royaume-Uni de Grande-Bretagne et d'Irlande du Nord à Chypre ;

c) le traité établissant la Constitution ne s'applique aux îles anglo-normandes et à l'île de Man que dans la mesure nécessaire pour assurer l'application du régime prévu pour ces îles par le traité relatif à l'adhésion de nouveaux États membres à la Communauté économique européenne et à la Communauté européenne de l'énergie atomique, signé le 22 janvier 1972.

ARTICLE IV-5 : Unions régionales

Le traité établissant la Constitution ne fait pas obstacle à l'existence et à l'accomplissement des unions régionales entre la Belgique et le Luxembourg, ainsi qu'entre la Belgique, le Luxembourg et les Pays-Bas, dans la mesure où les objectifs de ces unions régionales ne sont pas atteints en application dudit traité.

ARTICLE IV-6 : Protocoles

Les protocoles annexés au présent traité en font partie intégrante.

ARTICLE IV-7 : **Procédure de révision du traité établissant la Constitution**

1. Le gouvernement de tout État membre, le Parlement européen ou la Commission, peut soumettre au Conseil des ministres des projets tendant à la révision du traité établissant la Constitution. Ces projets sont notifiés aux parlements nationaux des États membres.

2. Si le Conseil européen, après consultation du Parlement européen et de la Commission, adopte à la majorité simple une décision favorable à l'examen des modifications proposées, le président du Conseil européen convoque une Convention composée de représentants des parlements nationaux des États membres, des chefs d'État ou de gouvernement des États membres, du Parlement européen et de la Commission. La Banque centrale européenne est également consultée dans le cas de modifications institutionnelles dans le domaine monétaire. Le Conseil européen peut décider à la majorité simple, après approbation du Parlement européen, de ne pas convoquer la Convention dans le cas de modifications dont l'ampleur ne le justifie pas. Dans ce dernier cas, le Conseil européen établit le mandat pour la Conférence des représentants des gouvernements des États membres.

La Convention examine les projets de révision et adopte par consensus une recommandation à la Conférence des représentants des gouvernements des États membres prévue au paragraphe 3.

3. La Conférence des représentants des gouvernements des États membres est convoquée par le président du Conseil des ministres en vue d'arrêter d'un commun accord les modifications à apporter au traité établissant la Constitution.

Les amendements entreront en vigueur après avoir été ratifiés par tous les États membres conformément à leurs règles constitutionnelles respectives.

4. Si à l'issue d'un délai de deux ans à compter de la signature du traité modifiant le traité établissant la Constitu-

tion, les quatre cinquièmes des États membres ont ratifié ledit traité et qu'un ou plusieurs États membres ont rencontré des difficultés pour procéder à ladite ratification, le Conseil européen se saisit de la question.

ARTICLE IV-8 : Adoption, ratification et entrée en vigueur du traité établissant la Constitution

1. Le traité établissant la Constitution sera ratifié par les hautes parties contractantes, conformément à leurs règles constitutionnelles respectives. Les instruments de ratification seront déposés auprès du gouvernement de la République italienne.

2. Le traité établissant la Constitution entrera en vigueur le..., à condition que tous les instruments de ratification aient été déposés, ou, à défaut, le premier jour du mois suivant le dépôt de l'instrument de ratification de l'État signataire qui procédera le dernier à cette formalité.

ARTICLE IV-9 : Durée

Le traité établissant la Constitution est conclu pour une durée illimitée.

ARTICLE IV-10 : Langues [1]

Le traité établissant la Constitution rédigé en un exemplaire unique, en langues allemande, anglaise, danoise, espagnole, française, finnoise, grecque, irlandaise, italienne, néerlandaise, portugaise, suédoise, tchèque, estonienne, lettonne, lituanienne, hongroise, maltaise, polonaise, slovaque, slovène, les textes établis dans chacune de ces langues faisant également foi, sera déposé dans les archives du gouvernement de la République italienne, qui remettra une copie certifiée conforme à chacun des gouvernements des autres États signataires.

1. Cet article devra être adapté conformément à l'Acte d'adhésion.

ANNEXES

Protocole sur le rôle des parlements nationaux dans l'Union européenne

Les hautes parties contractantes,

rappelant que la manière dont les différents parlements nationaux exercent leur contrôle sur leur propre gouvernement pour ce qui touche aux activités de l'Union relève de l'organisation et de la pratique constitutionnelles propres à chaque État membre,

désireuses, cependant, d'encourager une participation accrue des parlements nationaux aux activités de l'Union européenne et de renforcer leur capacité à exprimer leur point de vue sur les propositions législatives ainsi que sur d'autres questions qui peuvent présenter pour eux un intérêt particulier, ont adopté les dispositions ci-après, qui sont annexées à la Constitution :

I. Informations destinées aux parlements nationaux des États membres

1. Tous les documents de consultation de la Commission (livres verts, livres blancs et communications) sont transmis directement par la Commission aux parlements nationaux des États membres lors de leur publication. La Commission envoie également aux parlements nationaux des États membres le programme législatif annuel ainsi que tout autre instrument de programmation législative ou de stratégie politique qu'elle présentera au Parlement européen et au Conseil des ministres, en même temps qu'elle les envoie à ces institutions.

2. Toutes les propositions législatives adressées au Parlement européen et au Conseil des ministres sont envoyées simultanément aux parlements nationaux des États membres.

3. Les parlements nationaux des États membres peuvent adresser

aux Présidents du Parlement européen, du Conseil des ministres et de la Commission un avis motivé concernant la conformité d'une proposition législative avec le principe de subsidiarité, selon la procédure prévue par le protocole sur l'application des principes de subsidiarité et de proportionnalité.

4. Un délai de six semaines est observé entre le moment où une proposition législative est mise par la Commission à la disposition du Parlement européen, du Conseil des ministres et des parlements nationaux des États membres dans les langues officielles de l'Union européenne et la date à laquelle elle est inscrite à l'ordre du jour du Conseil des ministres en vue de son adoption ou de l'adoption d'une position dans le cadre d'une procédure législative, des exceptions étant possibles pour des raisons d'urgence, dont les motifs doivent être exposés dans l'acte ou la position du Conseil des ministres. Sauf dans des cas urgents dûment motivés, aucun accord ne peut être constaté sur une proposition législative au cours de ces six semaines. Un délai de dix jours est observé entre l'inscription d'une proposition à l'ordre du jour du Conseil des ministres et l'adoption d'une position.

5. Les ordres du jour et les résultats des sessions du Conseil des ministres, y compris les procès-verbaux des sessions au cours desquelles le Conseil des ministre délibère sur des propositions législatives, sont communiqués directement aux parlements nationaux des États membres, en même temps qu'aux gouvernements des États membres.

6. Lorsque le Conseil européen envisage de recourir à la disposition de l'article I-24, paragraphe 4, premier alinéa, de la Constitution, les parlements nationaux sont informés avant toute décision.

Lorsque le Conseil européen envisage de recourir à la disposition de l'article I-24, paragraphe 4, deuxième alinéa, de la Constitution, les parlements nationaux sont informés au moins quatre mois avant qu'une décision soit prise.

7. La Cour des comptes envoie à titre d'information son rapport annuel aux parlements nationaux des États membres, en même temps qu'au Parlement européen et au Conseil des ministres.

8. Lorsque les parlements nationaux sont bicaméraux, ces dispositions s'appliquent aux deux chambres.

II. Coopération interparlementaire

9. Le Parlement européen et les parlements nationaux définissent ensemble comment organiser et promouvoir de façon efficace et régulière la coopération interparlementaire au sein de l'Union européenne.

10. La Conférence des organes spécialisés dans les affaires communautaires peut soumettre toute contribution qu'elle juge appropriée à l'attention du Parlement européen, du Conseil des ministres et de la Commission. Cette Conférence promeut en outre l'échange d'informations et de meilleures pratiques entre les parlements des États membres et le Parlement européen, y compris entre leurs commissions spécialisées. La Conférence peut également organiser des conférences inter-parlementaires sur des thèmes particuliers, notamment pour débattre des questions de la politique étrangère et de sécurité commune et de la politique de sécurité et de défense commune. Les contributions de la Conférence ne lient en rien les parlements nationaux ni ne préjugent leur position.

Protocole sur l'application des principes de subsidiarité et de proportionnalité

Les hautes parties contractantes,

désireuses de faire en sorte que les décisions soient prises le plus près possible des citoyens de l'Union ;

déterminées à fixer les conditions d'application des principes de subsidiarité et de proportionnalité énoncés à l'article I-9 de la Constitution, ainsi qu'à établir un système de contrôle de l'application de ces principes par les institutions,

sont convenues des dispositions ci-après, qui sont annexées à la Constitution

1. Chaque institution veille de manière continue au respect des principes de subsidiarité et de proportionnalité définis à l'article I-9 de la Constitution.

2. Avant de proposer un acte législatif, la Commission procède à de larges consultations. Ces consultations doivent tenir compte, le cas échéant, de la dimension régionale et locale des actions envisagées. En cas d'urgence exceptionnelle, la Commission ne procède pas à ces consultations. Elle motive sa décision dans sa proposition.

3. La Commission envoie toutes ses propositions législatives ainsi que ses propositions modifiées aux parlements nationaux des États membres en même temps qu'au législateur de l'Union. Dès leur adoption, les résolutions législatives du Parlement européen et les positions du Conseil des ministres sont envoyées par ceux-ci aux parlements nationaux des États membres.

4. La Commission motive sa proposition au regard des principes de subsidiarité et de proportionnalité. Toute proposition législative devrait comporter une fiche contenant des éléments circonstanciés permettant d'apprécier le respect des principes de subsidiarité et

de proportionnalité. Cette fiche devrait comporter des éléments permettant d'évaluer son impact financier et, lorsqu'il s'agit d'une loi-cadre européenne, ses implications sur la réglementation à mettre en œuvre par les États membres, y compris, le cas échéant, la législation régionale. Les raisons permettant de conclure qu'un objectif de l'Union peut être mieux atteint au niveau de celle-ci doivent s'appuyer sur des indicateurs qualitatifs et, chaque fois que c'est possible, quantitatifs. La Commission tient compte de la nécessité de faire en sorte que toute charge, financière ou administrative, incombant à l'Union, aux gouvernements nationaux, aux autorités régionales ou locales, aux opérateurs économiques et aux citoyens soit la moins élevée possible et à la mesure de l'objectif à atteindre.

5. Tout parlement national d'un État membre ou toute chambre d'un parlement national peut, dans un délai de six semaines à compter de la date de transmission de la proposition législative de la Commission, adresser aux Présidents du Parlement européen, du Conseil des ministres et de la Commission un avis motivé exposant les raisons pour lesquelles il estimerait que la proposition en cause n'est pas conforme au principe de subsidiarité. Il appartient à chaque parlement national ou à chaque chambre d'un parlement national de consulter, le cas échéant, les parlements régionaux possédant des pouvoirs législatifs.

6. Le Parlement européen, le Conseil des ministres et la Commission tiennent compte des avis motivés adressés par les parlements nationaux des États membres ou par une chambre de ces parlements.

Les parlements nationaux des États membres ayant un système parlementaire monocaméral disposent de deux voix tandis que chacune des chambres d'un système parlementaire bicaméral dispose d'une voix.

Dans le cas où les avis motivés sur le non-respect par une proposition de la Commission du principe de subsidiarité représenteraient au moins un tiers de l'ensemble des voix attribuées aux parlements nationaux des États membres et aux chambres des parlements nationaux, la Commission est tenue de réexaminer sa proposition. Ce seuil est d'au moins un quart lorsqu'il s'agit d'une proposition de la Commission ou d'une initiative émanant d'un groupe d'États membres dans le cadre des dispositions de l'article

III-165 de la Constitution relatif à l'espace de liberté, de sécurité et de justice.

À l'issue de ce réexamen la Commission peut décider, soit de maintenir sa proposition, soit de la modifier, soit de la retirer. La Commission motive sa décision.

7. La Cour de justice est compétente pour connaître des recours pour violation par un acte législatif du principe de subsidiarité introduits, conformément aux modalités prévues à l'article III-270 de la Constitution, par les États membres ou transmis par ceux-ci conformément à leur ordre juridique au nom de leur parlement national ou d'une chambre de celui-ci.

Conformément au même article de la Constitution, de tels recours peuvent aussi être introduits par le Comité des régions concernant des actes législatifs pour l'adoption desquels la Constitution prévoit sa consultation.

8. La Commission présente chaque année au Conseil européen, au Parlement européen, au Conseil des ministres et aux parlements nationaux des États membres un rapport sur l'application de l'article I-9 de la Constitution. Ce rapport annuel est également transmis au Comité des régions et au Comité économique et social.

Protocole sur la représentation des citoyennes et des citoyens au Parlement européen et la pondération des voix au Conseil européen et au Conseil des ministres

---

Les hautes parties contractantes

ont adopté les dispositions ci-après, qui sont annexées au traité établissant une Constitution pour l'Europe :

ARTICLE 1 : Dispositions concernant le Parlement européen

1. Tout au long de la législature 2004-2009, le nombre des représentants au Parlement européen élus dans chaque État membre est le suivant :

Belgique	24
République tchèque	24
Danemark	14
Allemagne	99
Estonie	6
Grèce	24
Espagne	54
France	78
Irlande	13
Italie	78
Chypre	6
Lettonie	9
Lituanie	13
Luxembourg	6
Hongrie	24
Malte	5
Pays-Bas	27
Autriche	18

Pologne	54
Portugal	24
Slovénie	7
Slovaquie	14
Finlande	14
Suède	19
Royaume-Uni	78

ARTICLE 2 : **Dispositions concernant la pondération des voix au Conseil européen et au Conseil des ministres**

1. Les dispositions suivantes sont en vigueur jusqu'au 1er novembre 2009, sans préjudice de l'article I-24 de la Constitution.

Pour les délibérations du Conseil européen et du Conseil des ministres qui requièrent une majorité qualifiée, les voix des membres sont affectées de la pondération suivante :

Belgique	12
République tchèque	12
Danemark	7
Allemagne	29
Estonie	4
Grèce	12
Espagne	27
France	29
Irlande	7
Italie	29
Chypre	4
Lettonie	4
Lituanie	7
Luxembourg	4
Hongrie	12
Malte	3
Pays-Bas	13
Autriche	10
Pologne	27
Portugal	12
Slovénie	4
Slovaquie	7

Finlande	7
Suède	10
Royaume-Uni	29

Les délibérations sont acquises si elles ont recueilli au moins 232 voix exprimant le vote favorable de la majorité des membres, lorsque, en vertu de la Constitution, elles doivent être prises sur proposition de la Commission. Dans les autres cas, les délibérations sont acquises si elles ont recueilli au moins 232 voix exprimant le vote favorable d'au moins deux tiers des membres.

Un membre du Conseil européen ou du Conseil des ministres peut demander que, lorsqu'une une décision est prise par le Conseil européen ou par le Conseil des ministres à la majorité qualifiée, il soit vérifié que les États membres constituant cette majorité qualifiée représentent au moins 62 % de la population totale de l'Union. S'il s'avère que cette condition n'est pas remplie, la décision en cause n'est pas adoptée.

2. Pour les adhésions ultérieures, le seuil visé au paragraphe précédent est calculé de manière à ce que le seuil de la majorité qualifiée exprimée en voix ne dépasse pas celui qui résulte du tableau figurant dans la déclaration relative à l'élargissement de l'Union européenne, inscrite dans l'acte final de la Conférence qui a arrêté le traité de Nice.

Protocole sur l'Eurogroupe

Les hautes parties contractantes,

désireuses de favoriser les conditions d'une croissance économique plus forte en Europe et à cette fin, de développer une coordination sans cesse plus étroite des politiques économiques dans la zone euro,

conscientes de la nécessité de prévoir des dispositions particulières pour un dialogue renforcé entre les États membres qui ont adopté l'euro, dans l'attente de l'adhésion de tous les États membres de l'Union à la zone euro,

sont convenues des dispositions mentionnées ci-après, annexées à la Constitution :

ARTICLE 1

Les ministres des États membres qui ont adopté l'euro se réunissent entre eux de façon informelle. Ces réunions ont lieu, en tant que de besoin, pour discuter de questions liées aux responsabilités spécifiques qu'ils partagent en matière de monnaie unique. La Commission et la Banque centrale européenne sont invitées à prendre part à ces réunions, qui sont préparées par les représentants des ministres chargés des Finances des États membres qui ont adopté l'euro.

ARTICLE 2

Les ministres des États membres qui ont adopté l'euro élisent un président pour deux ans et demi, à la majorité de ces États membres.

Protocole portant modification du traité Euratom

Les hautes parties contractantes,

rappelant qu'il importe que les dispositions du traité établissant la Communauté européenne de l'énergie atomique continuent de produire pleinement leurs effets juridiques,

désireuses cependant d'adapter ce traité aux nouvelles règles établies par le traité établissant une Constitution pour l'Europe, en particulier dans les domaines institutionnel et financier,

ont adopté les dispositions ci-après, qui sont annexées au traité établissant une Constitution pour l'Europe et qui modifient le traité établissant la Communauté européenne de l'énergie atomique comme suit :

ARTICLE 1

L'article 3 est abrogé.

ARTICLE 2

L'intitulé du titre III « Dispositions institutionnelles » est remplacé par l'intitulé suivant : « Dispositions institutionnelles et financières ».

ARTICLE 3

1. L'article 107 est remplacé par le texte suivant :

« Article 107 : Les dispositions institutionnelles et financières du traité établissant une Constitution pour l'Europe (articles I-18 à I-38, articles I-52 à I-55 et articles III-227 à III-316) et l'article I-58 dudit traité s'appliquent au présent traité sans préjudice des dispositions spécifiques prévues aux articles 134, 135, 144, 145, 157, 171, 172, 174 et 176.

2. Les articles 107 A à 133, 136 à 143, 146 à 156, 158 à 170, 173, 173 bis, 175, 177 à 183 bis sont abrogés. »

ARTICLE 4

L'intitulé du titre IV « Dispositions financières » est remplacé par l'intitulé suivant :

« Dispositions financières particulières ».

ARTICLE 5

Aux articles 38, troisième alinéa, et 82, troisième alinéa, les références aux articles 141 et 142 sont remplacées par les articles III-265 et III-266 respectivement du traité établissant une Constitution pour l'Europe.

Aux articles 171, paragraphe 2, 175, premier alinéa, et 176, paragraphe 3, la référence à l'article 183 est remplacée par l'article III-318 du traité établissant une Constitution pour l'Europe.

À l'article 172, paragraphe 4, la référence à l'article 177, paragraphe 5, est remplacée par l'article III-310 du traité établissant une Constitution pour l'Europe.

Aux articles 18, dernier alinéa, et 83, paragraphe 2, la référence à l'article 164 est remplacée par l'article III-307 du traité établissant une Constitution pour l'Europe.

Aux articles 38 et 82, le mot « directive » est à remplacer par « décision européenne ».

Dans le traité, le mot « décision » est remplacé par « décision européenne ».

ARTICLE 6

L'article 190 est remplacé par le texte suivant :

« Le régime linguistique des institutions est fixé, sans préjudice des dispositions prévues par le statut de la Cour de justice, par le Conseil des ministres, statuant à l'unanimité. »

ARTICLE 7

L'article 198 est modifié comme suit

« a) le présent traité ne s'applique pas aux îles Féroé ; »

ARTICLE 8

L'article 201 est modifié comme suit :

« La Communauté établit avec l'Organisation européenne de coopération et de développement économiques une étroite collaboration dont les modalités seront fixées d'un commun accord. »

ARTICLE 9

L'article 206 est modifié comme suit :

« La Communauté peut conclure avec un ou plusieurs États ou organisations internationales des accords créant unc association caractérisée par des droits et obligations réciproques, des actions en commun et des procédures particulières.

Ces accords sont conclus par le Conseil des ministres, statuant à l'unanimité après consultation du Parlement européen.

Lorsque ces accords exigent des modifications du présent traité, les modifications doivent d'abord être adoptées selon la procédure prévue à l'article IV-7 du Traité établissant une Constitution pour l'Europe. »

DÉCLARATION

annexée au Protocole sur la représentation des citoyennes et des citoyens au Parlement européen et la pondération des voix au Conseil européen et au Conseil des ministres

---

La position commune que prendront les États membres de l'Union européenne lors des conférences d'adhésion à l'Union européenne de la Roumanie et/ou de la Bulgarie en ce qui concerne la répartition des sièges au Parlement européen et la pondération des voix au Conseil européen et au Conseil des ministres est la suivante. Si l'adhésion de la Roumanie et/ou de la Bulgarie à l'Union européenne a lieu avant l'entrée en vigueur de la décision du Conseil européen visée à l'article I-19, paragraphe 2, de la Constitution, le nombre de leurs représentants élus au Parlement européen sera calculé sur la base des chiffres respectifs de 33 et 17, corrigés selon la même formule que celle ayant déterminé le nombre des représentants au Parlement européen de chaque État membre tel qu'indiqué dans le Protocole sur la représentation des citoyennes et des citoyens au Parlement européen et la pondération des voix au Conseil européen et au Conseil des ministres.

Le traité d'adhésion à l'Union européenne pourra prévoir, par dérogation à l'article I-19, paragraphe 2, de la Constitution que le nombre des membres du Parlement européen peut temporairement dépasser 736 pendant le reste de la législature 2004-2009.

Sans préjudice de l'article I-24, paragraphe 2, de la Constitution, la pondération des voix de la Roumanie et de la Bulgarie au Conseil européen et au Conseil des ministres est respectivement de 14 et 10 jusqu'au 1er novembre 2009. À chaque adhésion, le seuil visé dans le Protocole sur la représentation des citoyennes et des citoyens au Parlement européen et la pondération des voix au Conseil européen et au Conseil des ministres est fixé par le Conseil.

DÉCLARATION

Sur la création d'un Service européen pour l'action extérieure

« En vue d'assister le futur ministre des Affaires étrangères de l'Union, prévu à l'article I-27 de la Constitution, dans l'exercice de ses fonctions, la Convention reconnaît la nécessité pour le Conseil des ministres et la Commission de convenir, sans préjudice des droits du Parlement européen, de mettre en place sous l'autorité du ministre un service conjoint (service européen pour l'action extérieure), composé de fonctionnaires originaires de services compétents du secrétariat général du Conseil des ministres et de la Commission et de personnel détaché des services diplomatiques nationaux.

Le personnel des délégations de l'Union, visées à l'article III–230, est issu de ce service conjoint.

La Convention estime que les dispositions nécessaires à la mise en place du service conjoint devraient être prises au cours de la première année qui suit l'entrée en vigueur du traité établissant une Constitution pour l'Europe. »

DÉCLARATION

à l'Acte final de signature du Traité établissant la Constitution

Si, à l'issue d'un délai de deux ans à compter de la signature du traité établissant la Constitution, les quatre cinquièmes des États membres ont ratifié ledit traité et qu'un ou plusieurs États membres ont rencontré des difficultés pour procéder à ladite ratification, le Conseil européen se saisit de la question.

Liste des membres de la Convention européenne

PRÉSIDENCE

M. Valéry GISCARD D'ESTAING	Président
M. Giuliano AMATO	Vice-Président
M. Jean-Luc DEHAENE	Vice-Président

AUTRES MEMBRES DU PRAESIDIUM

M. Michel BARNIER	Représentant de la Commission européenne
M. John BRUTON	Représentant des Parlements nationaux
M. Henning CHRISTOPHERSEN	Représentant de la Présidence danoise
M. Alfonso DASTIS	Représentant de la Présidence espagnole (à partir de mars 2003)
M. Klaus HÄNSCH	Représentant du Parlement européen
M. Giorgos KATIFORIS	Représentant de la Présidence grecque (jusqu'en février 2003)
M. Iñigo MÉNDEZ DE VIGO	Représentant du Parlement européen
Mme Ana PALACIO	Représentante de la Présidence espagnole (jusqu'en mars 2003)

M. Giorgos Papandreou	Représentant de la Présidence grecque (à partir de février 2003)
Mme Gisela Stuart	Représentant des Parlements nationaux
M. Antonio Vitorino	Représentant de la Commission européenne
M. Alojz Peterle	Invité

LES CONVENTIONNELS

Représentants du Parlement européen

M. Jens-Peter Bonde (DK)
M. Elmar Brok (D)
M. Andrew Nicholas Duff (UK)
M. Olivier Duhamel (F)
M. Klaus Hänsch (D)
Mme Sylvia-Yvonne Kaufmann (D)
M. Timothy Kirkhope (UK)
M. Alain Lamassoure (F)
Mme Linda McAvan (UK)
Mme Hanja Maij-Weggen (NL)
M. Luís Marinho (P)
M. Íñigo Méndez de Vigo y Montojo (ES)
Mme Cristiana Muscardini (IT)
M. Antonio Tajani (IT)
Mme Anne Van Lancker (B)
M. Johannes Voggenhuber (ÖS)

Représentants de la Commission

M. Michel Barnier
M. António Vitorino

Représentants des États membres

PAYS

BELGIË/BELGIQUE

Gouvernement
M. Louis MICHEL

Parlement national
M. Karel DE GUCHT
M. Elio DI RUPO

DANMARK

Gouvernement
M. Henning CHRISTOPHERSEN

Parlement national
M. Peter SKAARUP
M. Henrik DAM KRISTENSEN

DEUTSCHLAND

Gouvernement
M. Joschka FISCHER
a remplacé M. Peter GLOTZ en novembre 2002

Parlement national
M. Jürgen MEYER
M. Erwin TEUFEL

ELLAS

Gouvernement
M. Giorgos PAPANDREOU
a remplacé M. Giorgos KATIFORIS en février 2003

Parlement national
M. Paraskevas AVGERINOS
Mme Marietta GIANNAKOU

ESPAÑA

Gouvernement
M. Alfonso DASTIS
a remplacé M. Carlos BASTARRECHE comme suppléant, en septembre 2002, puis Mme A. PALACIO comme titulaire, en mars 2003

Parlement national
M. Josep BORRELL FONTELLES
M. Gabriel CISNEROS LABORDA

FRANCE

Gouvernement	**Parlement national**
M. Dominique DE VILLEPIN	M. Pierre LEQUILLER
a remplacé M. Pierre MOSCOVICI	*a remplacé M. Alain BARRAU*
en novembre 2002	*en juillet 2002*
	M. Hubert HAENEL

IRELAND

Gouvernement	**Parlement national**
M. Dick ROCHE	M. John BRUTON
a remplacé M. Ray MACSHARRY	M. Proinsias DE ROSSA
en juillet 2002	

ITALIA

Gouvernement	**Parlement national**
M. Gianfranco FINI	M. Marco FOLLINI
	M. Lamberto DINI

LUXEMBOURG

Gouvernement	**Parlement national**
M. Jacques SANTER	M. Paul HELMINGER
	M. Ben FAYOT

NEDERLAND

Gouvernement	**Parlement national**
M. Gijs de VRIES	M. René van der LINDEN
a remplacé M. Hans van MIERLO	M. Frans TIMMERMANS
en octobre 2002	

ÖSTERREICH

Gouvernement	**Parlement national**
M. Hannes FARNLEITNER	M. Caspar EINEM
	M. Reinhard Eugen BÖSCH

PORTUGAL

Gouvernement
M. Ernâni LOPES
a remplacé M. João de VALLERA en mai 2002

Parlement national
M. Alberto COSTA
Mme Eduarda AZEVEDO

SUOMI/FINLAND

Gouvernement
Mme Teija TIILIKAINEN

Parlement national
M. Kimmo KILJUNEN
M. Jari VILÉN
a remplacé M. Matti VANHANEN en mai 2003

SVERIGE

Gouvernement
Mme Lena HJELM-WALLéN

Parlement national
M. Sören LEKBERG
M. Göran LENNMARKER

UNITED KINGDOM

Gouvernement
M. Peter HAIN

Parlement national
Mme Gisela STUART
M. David HEATHCOAT-AMORY

Représentants des pays candidats

PAYS

Κύπρος/CHYPRE

Gouvernement
M. Michael ATTALIDES

Parlement national
Mme Eleni MAVROU
M. Panayiotis DEMETRIOU

MALTA

Gouvernement	**Parlement national**
M. Peter SERRACINO-INGLOTT	M. Michael FRENDO
	M. Alfred SANT

MAGYARORSZÀG/HONGRIE

Gouvernement	Parlement national
M. Péter BALÁZS	M. József SZÁJER
a remplacé M. János MARTONYI	M. Pál VASTAGH
en juin 2002	

POLSKA/POLOGNE

Gouvernement	**Parlement national**
Mme Danuta HÜBNER	M. Jozef OLEKSY
	M. Edmund WITTBRODT

ROMÂNIA/ROUMANIE

Gouvernement	**Parlement national**
Mme Hildegard Carola PUWAK	M. Alexandru ATHANASIU
	a remplacé M. Liviu MAIOR
	en février 2003
	M. Puiu HASOTTI

SLOVENSKO/SLOVAQUIE

Gouvernement	**Parlement national**
M. Ivan KORČOK	M. Jan FIGEL
a remplacé M. Ján FIGEL	*a remplacé M. Pavol HAMZIK*
en novembre 2002	*en octobre 2002*
	Mme Irena BELOHORSKÁ

LATVIJA/LETTONIE

Gouvernement	**Parlement national**
Mme Sandra KALNIETE	M. Rihards PIKS

a remplacé M. Roberts ZILE
en janvier 2003

Mme Liene LIEPINA
a remplacé M. Edvins INKĒNS
en janvier 2003

EESTI/ESTONIE

Gouvernement
M. Lennart MERI

Parlement national
M. Tunne KELAM
M. Rein LANG
a remplacé M. Peeter REITZBERG
en avril 2003

LIETUVA/LITUANIE

Gouvernement
M. Rytis MARTIKONIS

Parlement national
M. Vytenis ANDRIUKAITIS
M. Algirdas GRICIUS
a remplacé M. Alvydas MEDALINSKAS, en décembre 2002, qui a lui-même remplacé comme suppléant Mme Dalia KUTRAITE-GIEDRAITIENE

България/BULGARIE

Gouvernement
Mme Meglena KUNEVA

Parlement national
M. Daniel VALCHEV
M. Nikolai MLADENOV

ČESKÁ REPUBLIKA/RÉPUBLIQUE TCHÈQUE

Gouvernement
M. Jan KOHOUT
a remplacé M. Jan KAVAN
en septembre 2002

Parlement national
M. Jan ZAHRADIL
M. Josef ZIELENIEC

SLOVENIJA/SLOVÉNIE

Gouvernement
M. Dimitrij RUPEL
a remplacé M. Matjaz NAHTIGAL en janvier 2003

Parlement national
M. Jelko KACIN
a remplacé M. Slavko GABER en janvier 2003
M. Alojz PETERLE

TÜRQÍYE/TURQUIE

Gouvernement
M. Abdullah GÜL
a remplacé en mars 2003 M. Yasar YAKIS, lui-même remplaçant de M. Mesut YILMAZ, en décembre 2002

Parlement national
M. Zekeriya AKCAM
a remplacé M. Ali TEKIN en décembre 2002
M. Kemal DERVIŞ *a remplacé Mme Ayfer YILMAZ en décembre 2002*

LES SUPPLÉANTS

Représentants du Parlement européen

M. William ABITBOL (F)
Mme ALMEIDA GARRETT (P)
M. John CUSHNAHAN (IRL)
Mme Lone DYBKJAER (DK)
Mme Pervenche BERÈS (F)
Mme Maria BERGER (ÖS)
M. Carlos CARNERO GONZÁLEZ (ES)
M. Neil MACCORMICK (UK)
Mme Piia-Noora KAUPPI (FI)
Mme Elena PACIOTTI (IT)
M. Luís QUEIRÓ (P)
M. Reinhard RACK (ÖS)
M. Esko SEPPÄNEN (FI)

The Earl of STOCKTON (UK)
Mme Helle THORNING-SCHMIDT (DK)
M. Joachim WUERMELING (D)

Représentants de la Commission

M. David O'SULLIVAN
M. Paolo PONZANO

Représentants des États membres

PAYS

BELGIË/BELGIQUE

Gouvernement
M. Pierre CHEVALIER

Parlement national
M. Danny PIETERS
Mme Marie NAGY

DANMARK

Gouvernement
M. Poul SCHLÜTER

Parlement national
M. Per DALGAARD
M. Niels HELVEG PETERSEN

DEUTSCHLAND

Gouvernement
M. Hans Martin BURY
a remplacé M. Gunter PLEUGER en novembre 2002

Parlement national
M. Peter ALTMAIER
M. Wolfgang GERHARDS
a remplacé M. Wolfgang SENFF en mars 2003

ELLAS

Gouvernement
M. Giorgos KATIFORIS
a remplacé M. Panayiotis IOAKIMIDIS en février 2003

Parlement national
M. Nikolaos CONSTANTOPOULOS
M. Evripidis STILINIADIS

ESPAÑA

Gouvernement
Mme Ana PALACIO
a remplacé M. Alfonso DASTIS en mars 2003

Parlement national
M. Diego LÓPEZ GARRIDO
M. Alejandro MUÑOZ LONSO

FRANCE

Gouvernement
Mme Pascale ANDREANI
a remplacé M. Pierre VIMONT en août 2002

Parlement national
M. Jacques FLOCH
a remplacé Mme Anne-Marie IDRAC en juillet 2002
M. Robert BADINTER

IRELAND

Gouvernement
M. Bobby McDONAGH

Parlement national
M. Pat CAREY, *en juillet 2002 a remplacé M. Martin CULLEN*
M. John GORMLEY

ITALIA

Gouvernement
M. Francesco E. SPERONI

Parlement national
M. Valdo SPINI
M. Filadelfio Guido BASILE

LUXEMBOURG

Gouvernement
M. Nicolas SCHMIT

Parlement national
M. Gaston GIBERYEN
Mme Renée WAGENER

NEDERLAND

Gouvernement
M. Thom de BRUIJN

Parlement national
M. Wim van EEKELEN
M. Jan Jacob van DIJK
a remplacé M. Hans van BAALEN en octobre 2002

ÖSTERREICH

Gouvernement
M. Gerhard TUSEK

Parlement national
Mme Evelin LICHTENBERGER
M. Eduard MAINONI
a remplacé M. Gerhard KURZMANN en mars 2003

PORTUGAL

Gouvernement
M. Manuel LOBO ANTUNES

Parlement national
M. Guilherme d'OLIVEIRA MARTINS
a remplacé M. Osvaldo de CASTRO en juin 2002
M. António NAZARÉ PEREIRA

SUOMI/FINLAND

Gouvernement
M. Antti PELTOMÄKI

Parlement national
M. Hannu TAKKULA
a remplacé Mme Riitta KORHONEN en mai 2003
M. Esko HELLE

SVERIGE

Gouvernement
M. Sven-Olof PETERSSON
a remplacé Mme Lena HALLENGREN en décembre 2002

Parlement national
M. Kenneth KVIST
M. Ingvar SVENSSON

UNITED KINGDOM

Gouvernement	**Parlement national**
Baroness SCOTLAND OF ASTHAL	Lord TOMLINSON
	Lord MACLENNAN OF ROGART

Représentants des pays candidats

PAYS

Κύπρος/CHYPRE

Gouvernement	**Parlement national**
M. Theophilos V. THEOPHILOU	M. Marios MATSAKIS
	Mme Androula VASSILIOU

MALTA

Gouvernement	**Parlement national**
M. John INGUANEZ	Mme Dolores CRISTINA
	M. George VELLA

MAGYARORSZÀG/HONGRIE

Gouvernement	**Parlement national**
M. Péter GOTTFRIED	M. András KELEMEN
	M. István SZENT-IVÁNYI

POLSKA/POLOGNE

Gouvernement	**Parlement national**
M. Janusz TRZCIŃSKI	Mme Marta FOGLER
	Mme Genowefa GRABOWSKA

ROMÂNIA/ROUMANIE

Gouvernement	**Parlement national**
M. Constantin ENE	M. Péter ECKSTEIN-KOVACS

a remplacé M. Ion JINGA en décembre 2002

M. Adrian SEVERIN

SLOVENSKO/SLOVAQUIE

Gouvernement
M. Juraj MIGAŠ

Parlement national
Mme Zuzana MARTINAKOVA
a remplacé M. Frantisek SEBEJ en novembre 2002
M. Boris ZALA
a remplacé Mme Olga KELTOSOVA en novembre 2002

LATVIJA/LETTONIE

Gouvernement
M. Roberts ZILE
a remplacé M. Guntars KRASTS en janvier 2003

Parlement national
M. Guntars KRASTS
a remplacé M. Maris SPRINDZUKS en janvier 2003
M. Arturs Krisjanis KARINS
a remplacé Mme Inese BIRZNIECE en janvier 2003

EESTI/ESTONIE

Gouvernement
M. Henrik HOLOLEI

Parlement national
Mme Liina TÕNISSON
a remplacé Mme Liia HÄNNI en avril 2003
M. Urmas REINSALU
a remplacé M. Ülo TÄRNO en avril 2003

LIETUVA/LITUANIE

Gouvernement
M. Oskaras JUSYS

Parlement national
M. Gintautas ŠIVICKAS
a remplacé en février 2003 M. Gediminas DALINKEVICIUS, qui

avait lui-même remplacé M. Rolandas PAVILIONIS, *déc. 2002*
M. Eugenijus MALDEIKIS
a remplacé M. Alvydas MEDALINSKAS *en février 2003*

България/BULGARIE

Gouvernement
Mme Neli KUTSKOVA

Parlement national
M. Alexander ARABADJIEV
M. Nesrin UZUN

ČESKÁ REPUBLIKA/RÉPUBLIQUE TCHÈQUE

Gouvernement
Mme Lenka Anna ROVNA
a remplacé M. Jan KOHOUT
en septembre 2002

Parlement national
M. Petr NEČAS
M. František KROUPA

SLOVENIJA/SLOVÉNIE

Gouvernement
M. Janez LENARČIČ

Parlement national
M. Franc HORVAT
a remplacé Mme Danica SIMŠIČ
en janvier 2003
M. Mihael BREJC

TÜRQÍYE/TURQUIE

Gouvernement
M. Oğuz DEMIRALP
a remplacé M. Nihat AKYOL
en août 2002

Parlement national
M. Ibrahim ÖZAL
a remplacé M. Kürsat ESER
en décembre 2002
M. Necdet BUDAK
a remplacé M. A. Emre KOCAOGLOU *en décembre 2002*

LES OBSERVATEURS

M. Roger BRIESCH	Comité économique et social
M. Josef CHABERT	Comité des Régions
M. João CRAVINHO	Partenaires sociaux européens
M. Manfred DAMMEYER	Comité des Régions
M. Patrick DEWAEL	Comité des Régions
M. Nikiforos DIAMANDOUROS *(a remplacé M. Jacob SÖDERMAN en mars 2003)*	Médiateur européen
Mme Claude DU GRANRUT	Comité des Régions
M. Göke Daniel FRERICHS	Comité économique et social
M. Emilio GABAGLIO	Partenaires sociaux européens
M. Georges JACOBS	Partenaires sociaux européens
M. Claudio MARTINI	Comité des Régions
Mme Anne-Maria SIGMUND	Comité économique et social
M. Ramón Luis VALCÁRCEL SISO *(a remplacé M. Eduardo ZAPLANA en février 2003, après la suppléance de Mme Eva-Riitta SIITONEN en octobre 2002)*	Comité des Régions

SECRÉTARIAT

Sir John KERR	Secrétaire général
Mme Annalisa GIANNELLA	Secrétaire général adjoint
Mme Marta ARPIO SANTACRUZ	Mme Agnieszka BARTOL
M. Hervé BRIBOSIA	Mme Nicole BUCHET
Mme Elisabeth GATEAU	M. Clemens LADENBURGER
Mme Maria José MARTÍNEZ IGLESIAS	M. Nikolaus MEYER LANDRUT
M. Guy MILTON	M. Ricardo PASSOS
Mme Kristin DE PEYRON	M. Alain PILETTE
M. Alan PIOTROWSKI	M. Etienne DE PONCINS
Mme Alessandra SCHIAVO	Mme Walpurga SPECKBACHER
Mme Maryem van den HEUVEL	

Table des matières

INTRODUCTION À LA LECTURE DU PROJET DE CONSTITUTION POUR L'EUROPE, PAR VALÉRY GISCARD D'ESTAING 7

PROJET DE TRAITÉ ÉTABLISSANT UNE CONSTITUTION POUR L'EUROPE

PRÉFACE 81

PRÉAMBULE 83

PARTIE I

TITRE I. Définition et objectifs de l'Union 87
TITRE II. Les droits fondamentaux et la citoyenneté de l'Union 90
TITRE III. Les compétences de l'Union 92
TITRE IV. Les institutions de l'Union 98

CHAPITRE I. Le cadre institutionnel 98
CHAPITRE II. Autres institutions et organes 107

TITRE V. L'exercice des compétences de l'Union 110

CHAPITRE I. Dispositions communes 110
CHAPITRE II. Dispositions particulières................................ 114
CHAPITRE III. Les coopérations renforcées 119

TITRE VI. La vie démocratique de l'Union 121
TITRE VII. Les finances de l'Union 125
TITRE VIII. L'Union et son environnement proche 128
TITRE IX. L'appartenance à l'Union.................................... 129

PARTIE II
LA CHARTE DES DROITS FONDAMENTAUX DE L'UNION

PRÉAMBULE 135

TITRE I. Dignité 137
TITRE II. Libertés 139
TITRE III. Égalité 143
TITRE IV. Solidarité 145
TITRE V. Citoyenneté 149
TITRE VI. Justice 152
TITRE VII. Dispositions générales régissant l'interprétation et l'application de la charte 154

PARTIE III

LES POLITIQUES ET LE FONCTIONNEMENT DE L'UNION

TITRE I. Clauses d'application générale 159
TITRE II. Non-discrimination et citoyenneté 161
TITRE III. Politiques et actions internes 164
CHAPITRE I. Marché intérieur 164
SECTION 1. Établissement du marché intérieur 164
SECTION 2. Libre circulation des personnes et des services 166
SOUS-SECTION 1. Travailleurs 166
SOUS-SECTION 2. Liberté d'établissement 168
SOUS-SECTION 3. Liberté de prestation de services.. 171
SECTION 3. Libre circulation des marchandises 173
SOUS-SECTION 1. Union douanière 173
SOUS-SECTION 2. Coopération douanière 174
SOUS-SECTION 3. Interdiction de restrictions quantitatives 175
SECTION 4. Capitaux et paiements 176
SECTION 5. Règles de concurrence 178
SOUS-SECTION 1. Les règles applicables aux entreprises 178
SOUS-SECTION 2. Les aides accordées par les États membres 182
SECTION 6. Dispositions fiscales 185
SECTION 7. Le rapprochement des législations 187
CHAPITRE II. Politique économique et monétaire 190
SECTION 1. La politique économique 191
SECTION 2. La politique monétaire 198
SECTION 3. Dispositions institutionnelles 203

SECTION 3 bis. Dispositions propres aux États membres qui font partie de la zone euro 206
SECTION 4. Dispositions transitoires 207

CHAPITRE III. Politiques dans d'autres domaines spécifiques 213
SECTION 1. Emploi 213
SECTION 2. Politique sociale 216
SOUS-SECTION 1. Le Fonds social européen 223
SECTION 3. Cohésion économique, sociale et territoriale 224
SECTION 4. Agriculture et pêche 226
SECTION 5. Environnement 230
SECTION 6. Protection des consommateurs 233
SECTION 7. Transports 234
SECTION 8. Réseaux transeuropéens 237
SECTION 9. Recherche et développement technologique et espace 239
SECTION 10. Énergie 244

CHAPITRE IV. Espace de liberté, de sécurité et de justice 244
SECTION 1. Dispositions générales 244
SECTION 2. Politiques relatives aux contrôles aux frontières, à l'asile et à l'immigration 247
SECTION 3. Coopération judiciaire en matière civile... 250
SECTION 4. Coopération judiciaire en matière pénale . 251
SECTION 5. Coopération policière 255

CHAPITRE V. Domaines où l'Union peut décider de mener une action de coordination, de complément ou d'appui. 257
SECTION 1. Santé publique 257
SECTION 2. Industrie 259
SECTION 3. Culture 260
SECTION 4. Éducation, formation professionnelle, jeunesse et sport 261
SECTION 5. Protection civile 263
SECTION 6. Coopération administrative 264

TITRE IV. L'association des pays et territoires d'outre-mer 265
TITRE V. L'action extérieure de l'Union 268

CHAPITRE I. Dispositions d'application générale 268
CHAPITRE II. La politique étrangère et de sécurité commune 270
SECTION 1. La politique de sécurité et de défense commune 279
SECTION 2. Dispositions financières 283
CHAPITRE III. La politique commerciale commune 284
CHAPITRE IV. La coopération avec les pays tiers et l'aide humanitaire 286
SECTION 1. La coopération au développement 286
SECTION 2. La coopération économique, financière et technique avec les pays tiers 287
SECTION 3. L'aide humanitaire 288
CHAPITRE V. Les mesures restrictives 290
CHAPITRE VI. Accords internationaux 290
CHAPITRE VII. Relations de l'Union avec les organisations internationales et les pays tiers et délégations de l'Union 295
CHAPITRE VIII. Mise en œuvre de la clause de solidarité 296

TITRE VI. Le fonctionnement de l'Union 297

CHAPITRE I. Dispositions institutionnelles 297
SECTION 1. Les institutions 297
SOUS-SECTION 1. Le Parlement européen 297
SOUS-SECTION 2. Le Conseil européen 302
SOUS-SECTION 3. Le Conseil des ministres 302
SOUS-SECTION 4. La Commission 303
SOUS-SECTION 5. La Cour de justice 306
SOUS-SECTION 6. La Cour des comptes 318
SECTION 2. Les organes consultatifs de l'Union 322
SOUS-SECTION 1. Le Comité des régions 322
SOUS-SECTION 2. Le Comité économique et social... 323
SECTION 3. La Banque européenne d'investissement.. 325

SECTION 4. Dispositions communes aux institutions, organes et agences de l'Union 326
CHAPITRE II. Dispositions financières 331
SECTION 1. Le cadre financier pluriannuel 331
SECTION 2. Le budget annuel de l'Union 332
SECTION 3. L'exécution du budget et la décharge 335
SECTION 4. Dispositions communes 337
SECTION 5. Lutte contre la fraude 338
CHAPITRE III. Coopérations renforcées 339

TITRE VII. Dispositions communes 344

PARTIE IV

DISPOSITIONS GÉNÉRALES ET FINALES

ANNEXES

Protocole sur le rôle des parlements nationaux dans l'Union européenne 359
Protocole sur l'application des principes de subsidiarité et de proportionnalité 362
Protocole sur la représentation des citoyennes et des citoyens au Parlement européen et la pondération des voix au Conseil européen et au Conseil des ministres 365
Protocole sur l'Eurogroupe 368
Protocole portant modification du traité Euratom 369
Déclaration annexée au protocole sur la représentation des citoyennes et des citoyens au Parlement européen et la pondération des voix au Conseil européen et au Conseil des ministres 372
Déclaration sur la création d'un Service européen pour l'action extérieure 373
Déclaration à l'Acte final de signature du Traité établissant la Constitution 374

LISTE DES MEMBRES DE LA CONVENTION EUROPÉENNE. 375

La fondation Robert Schuman, reconnue d'utilité publique par décret en date du 18 février 1992, a notamment pour mission de participer au développement et à l'avenir de l'Europe en coopération avec les autres fondations européennes.

Fondation Robert Schuman, 29, bd Raspail, 75007 Paris
www.robert-schuman.org

La composition de cet ouvrage
a été réalisée par Nord Compo
à Villeneuve-d'Ascq,
l'impression et le brochage ont été effectués
sur presse Cameron dans les ateliers
de ***Bussière Camedan Imprimeries***
à Saint-Amand-Montrond (Cher),
pour le compte des Éditions Albin Michel.

Achevé d'imprimer en septembre 2003.
N° d'édition : 21890. N° d'impression : 034434/4.
Dépôt légal : octobre 2003.
Imprimé en France